JN087282

柴田真一
鶴田知佳子

はじめに

ビジネスコミュニケーションの立場から

外国人と仕事で机を並べるのが日常の光景となり、海外とのテレカンファレンスが当たり前の時代となりました。英語はPCと同様にビジネスパーソンとして必須のツールとなっています。では、仕事に求められる英語のエッセンスは何でしょうか。

まず、**過不足なく分かりやすい英語で伝えること**です。聞き手は話し手が何を言いたいかに集中します。文法的には多少間違っていたとしても気にしないし、そもそも気付かないことすらあります。きれいな英語にこだわるのではなく、自分の考えや思いを的確に伝えることを心掛けるべきです。

次に、**世界標準の分かりやすい英語を使うこと**です。コロナウイルス危機下のリーダーとして支持を集めた米クオモNY州知事は、とても分かりやすい英語を使ってゆっくりとした口調で語りかけます。非英語圏の英語話者が大半を占める中、このような英語こそがグローバル時代にふさわしいのではないでしょうか。

英語を母語としないわれわれが話す場合も同じです。簡単な言葉を使ったからといってバカにされることはなく、上級レベルの表現を使ったからといってそれだけで尊敬されることもありません。**相手から一目置かれるかどうかは、あくまで発言の中身（what to say）、伝え方次第（how to say it）**なのです。

本書で学んでいただきたいのは、**訳しにくい日本語独特の表現を的確に、わかりやすい英語にするコツ**です。取り上げた表現には、ポジティブなものばかりでなく、ネガティブなものも含まれています。ビジネス現場も所詮は人の集まりですから、ときには皮肉を言ったり相手を批判したりすることもあります。仕事上のやりとりだけでなく、相手に共感し、自分の気持ちを言葉にすることで、相手との信頼関係は深まっていきます。

日本語を英語に訳すプロセスの面白さを知っていただき、外国人との対話に役立てていただけたら嬉しく思います。

柴田 真一 

はじめに

通訳者の視点から

かれこれ四半世紀以上、英語から日本語、日本語から英語へ通訳をする仕事に携わっています。常に英語の表現ではどうするのか、日本語ではどういうのだろうか、などと考えています。すると、その癖がついているのでしょうか、仕事を離れて一人の生活者として街中を見るときに、「英語で話す自分と日本語を話す自分では視線が違う」と感じます。この感覚は他の通訳者も共有しているもののようです。街中の同じ景色を見てもそれをどう表現するのか、**英語と日本語での表現の仕方の違いにいつも思いをはせて**います。この感覚は、アメリカ人の詩人のアーサー・ビナードさんが、英語で表現するときには「英語メガネをかける」、日本語での創作のときには「日本語メガネをかける」と言っている感覚に通じるものがあると思います。

この本で気付いていただきたいことが三つあります。まず、日本語と英語では、**伝えたい意味を何かに例えるときに、例えに使われるものが違う**ということ。例えば「危険を冒す」は英語ではgo out on a limb（木の枝の先にいく）という言い方で表しますが、日本語でこのまま言っても、意味はなんとなく分かってもすぐに理解してはもらえないでしょう。

二つ目は、**日本語の表現で言葉遊びがある**ときにどうするのかということ。「亀の甲より年の功」はWisdom comes with age.と英語で言えますが、「こう」という音合わせをしているのはそのまま英語で言えるわけではありません。三つ目の点ですが、日本語には**英語から借用してさらにそれを省略している表現が多くあります**。「スルーする」「コスパ」「ディスる」など、元の英語の一部を使っている表現でも、日本語として使われていく過程で違う意味を持つようになったことを考慮する必要があります。

これはどう言えば伝わるのか、と考えるのは楽しい作業ですし、ひいては元の日本語の意味を考え直し、言葉がどう変化してきたのかを考えるきっかけにもなります。辞書とは一味違った、文化背景を知ることのできる読み物としても本書を楽しんでいただければ幸いです。

鶴田 知佳子 

目次

本書の特徴

本書は、**四字熟語、故事成語、ことわざ、オノマトペなど**、日常生活で習慣的に使われる言い回しを**「慣用表現」**として取り上げ、それに対応する英語の訳や表現を紹介しています。「お互い様」「大義名分」「ディスる」…など、ビジネス頻出の言い回しから若者言葉まで多彩な表現をカバー。**「日本語ではこうだけど英語では何と言うのだろう？」という疑問に答えて**います。**五十音順に掲載**しているので、知りたい表現を**辞書のようにさっと引く**こともできますし、興味のあるところから、**読み物を読むように楽しみながら知識を身に付ける**こともできます。

▶ 語彙力と表現力がアップする

本書で取り上げた表現は全部で382。全てに「意味」と「例文」が付いているので、実際の場面での**慣用表現の正しい使い方が分かり**ます。対応する英訳として、**英語表現やイディオム、ことわざ**などを多数紹介。日本語、英語ともに、**語彙力が豊かになり、表現の幅が広がります。**

▶ 英語で伝えるコツが分かる

一流の英語話者は、訳しにくい日本語をどのように英語にしているのか？　その答えが分かるのが**「訳考」**※——英語で伝える際の思考回路（英訳プロセス）——です。柴田先生と鶴田先生が、**「なぜそう言えば伝わるのか」を解説**しながら、**分かりやすい英語にするコツとテクニック**を伝授しています。

※本書で使用している造語です。

▶ 知識と教養が身に付く

英語と異なる文化の中で育まれてきた言葉を英語で表現しようとする際には、文化のギャップ（違い）を理解することが大切です。先生方の豊富な知識と海外での体験談が、この文化ギャップを埋めるのに大いに役立ちます。**日英の言語的・文化的な発想の違いが分かり**、異文化理解に役立つ**知識と教養が身に付きます。**

構成と使い方

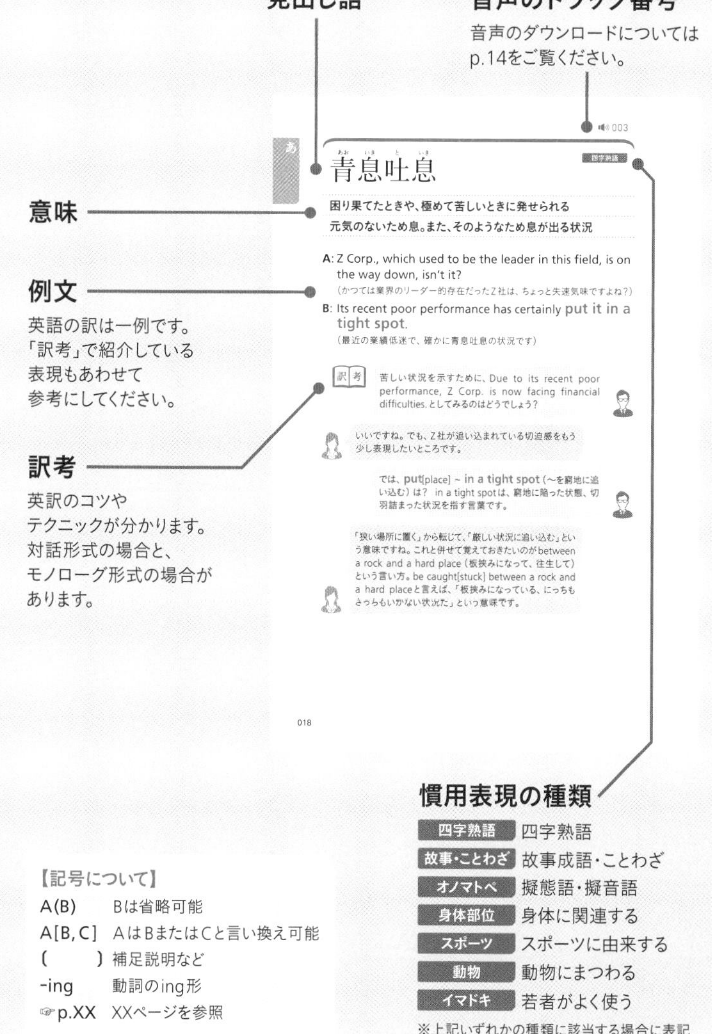

【記号について】

A(B)	Bは省略可能
A[B, C]	AはBまたはCと言い換え可能
（　　）	補足説明など
-ing	動詞のing形
☞p.XX	XXページを参照

音声ダウンロードのご案内

本書の例文の音声（英語）をパソコンまたはスマートフォンでダウンロードいただけます（MP3形式ファイル）。パソコンやスマートフォンにダウンロードしてご利用ください。ダウンロードにはインターネット接続が必要です。

パソコンにダウンロードする場合

下記のURLから音声ファイルを
パソコンにダウンロードいただけます。

アルクのダウンロードセンター » https://www.alc.co.jp/dl/

※書名もしくは商品コード（7020006）で検索してください。
※ダウンロード後、zipファイルを解凍してご利用ください。パソコンのOSによっては、圧縮ファイルの解凍ソフト（Lhaplusなど）が必要な場合があります。

スマートフォンにダウンロードする場合

スマートフォンに直接ダウンロードするには、アルクが提供する語学学習用アプリ「語学のオトモ ALCO」をご利用ください。
Android、iOSに対応しています。

ALCOについて詳しくはこちら » https://www.alc.co.jp/alco/

※ダウンロードセンター、ALCOともに、サービスの内容は予告なく変更する場合があります。あらかじめご了承ください。

音声ファイル名について

音声ファイル名と本文に記載しているトラック番号は
対応しています。

例）🔊001「ああ言えばこう言う」 ➡ **ファイル001**の音声

英語で言いたい
日本語の慣用表現

001

ああ言えばこう言う

相手の主張や指示に対して、
あれこれ理屈を並べて素直に従わない

A: We discussed the matter for nearly an hour, but we didn't come to any conclusion. What a waste of time!
（その件について1時間近くも話したのに、結論は出ませんでしたね。何という時間の無駄！）

B: It's our boss's fault. He's **argumentative** all the time.
（上司のせいです。彼はいつも、ああ言えばこう言いますから）

議論好きな人のことを **argumentative**（議論好きな）と形容します。

いますよね、議論を仕掛けてくるような人。He always talks back to us.（彼はいつも言い返してくる）、He has a comeback for everything.（彼は何を言っても反論してくる）といった始末です。

言い訳や文句が多いことを戒める表現に、no ifs, ands, or buts（弁解や言い訳はしないで）というのもありますね。

はい。「もし」とか「でも」ばかり言って渋る様子がよく分かる面白い表現です。No ifs, ands, or buts!（つべこべ言わないで！）は、親がよく子どもに言うせりふです。

阿吽(あうん)の呼吸

二人以上で一つの動作や作業をする際の、お互いの微妙な気持ちや呼吸。またはそれが一致すること

Jane and John **have perfect chemistry**.
（ジェーンとジョンの阿吽の呼吸は素晴らしいです）

訳考

「相性がいい」と解釈するとhave good chemistryが連想されます。chemistry（化学、化学反応）という名詞には「相性」の意味もあり、日本語でも人間関係を化学反応に例えることがあるのでイメージしやすいですね。「阿吽の呼吸」とは、もはや言葉すら交わさなくとも完璧に息を合わせることができる（つまり、They can communicate without even a word.）という状態なので、**have perfect chemistry**と形容して差し支えないでしょう。ただし、この表現は恋愛関係で使われることが多いです。「仕事で同僚の息がぴったり」といった場合は、have working chemistryのように言いましょう。

反対に、ネガティブな関係性を表すときもchemistryを使ってhave bad chemistry（悪い化学反応が生まれる＝そりが合わない）、have no chemistry（化学反応が生まれない＝関係が冷めきっている、相手に関心を持てない）のように言えます。

青息吐息（あおいきといき）

四字熟語

困り果てたときや、極めて苦しいときに発せられる元気のないため息。また、そのようなため息が出る状況

A: Z Corp., which used to be the leader in this field, is on the way down, isn't it?
（かつては業界のリーダー的存在だったZ社は、ちょっと失速気味ですよね？）

B: Its recent poor performance has certainly **put it in a tight spot**.
（最近の業績低迷で、確かに青息吐息の状況です）

苦しい状況を示すために、Due to its recent poor performance, Z Corp. is now facing financial difficulties.としてみるのはどうでしょう？

いいですね。でも、Z社が追い込まれている切迫感をもう少し表現したいところです。

では、**put[place] ~ in a tight spot**（～を窮地に追い込む）は？ in a tight spotは、窮地に陥った状態、切羽詰まった状況を指す言葉です。

「狭い場所に置く」から転じて、「厳しい状況に追い込む」という意味ですね。これと併せて覚えておきたいのがbetween a rock and a hard place（板挟みになって、往生して）という言い方。be caught[stuck] between a rock and a hard placeと言えば、「板挟みになっている、にっちもさっちもいかない状況だ」という意味です。

揚げ足を取る

身体部位

相手の言い間違いを捉えて、責めたり皮肉を言ったりする

Let's stop **jumping on each other's mistakes** and discuss measures.

（お互いの揚げ足を取るのはやめて、対策について議論しましょう）

お互いが非難し合うことをblame game（責任のなすり合い）と言いますが、ここは「発言の失敗を取り上げる」という意味。**jump on someone's mistake**（人の失敗につけ込む）を使うと揚げ足取りの感じが出ます。また、サッカーやバスケットボールの「トリッピング（足をかける反則）」の由来語であるtripを使ったフレーズtrip ~ up（～を故意につまずかせる）や、シラミの卵（nit）をちまちまと摘み取るように人の欠点探しをするという意味の動詞nitpick（細かなあら探しをする ☞p.198「重箱の隅をつつく」）など、さまざまな表現があります。

身体部位

足並みをそろえる

同じ目的を共有し、意見や気持ちを一つにして共に行動する

A: I know that each of us has a different idea. However, we should plan a common strategy to make this event successful.
（各々が別のアイデアを持っていることは分かっています。ですが、イベント成功のためには共通戦略を立てるべきです）

B: I also believe we should **act as a unit**.
（私もここは足並みをそろえるべきだと強く思います）

「足並みをそろえる」を辞書で引くと、まずkeep pace with ~が出てきます。これは「～と同じ速度で進む」という意味ですから、ちょっと日本語の意味と違ってきますね。

そうですね。ここは、みんなが一枚岩になって**act as a unit**（一団となって行動する）ということですから。

集団思考の強い日本人はとかく「一枚岩の」（monolithic）という表現を好みます。

アメリカで大学院生だったときにグループワークをよくやっていましたが、個性が強いメンバーの間の足並みをそろえるため、Let's get our act together.（足並みをそろえましょう）と指導力を発揮するのがリーダーの役割でした。私が同調する意見を言うと、それはアジア的な「同調」（act in harmony）と言われたものです。

身体部位

足元をすくわれる

ちょっとした隙につけ込まれて、相手に失敗させられる

A: We've already got what we want from the negotiation. We're almost there.
（交渉で欲しいものはすでに手にしました。あと一歩ですね）

B: Let's err on the side of caution before we sign the contract. We don't want to **be tripped up** at unexpected places.
（契約締結まで気を抜かないようにしよう。油断して足元をすくわれることがないように）

be tripped up（つまずく、引っ掛かる）は、I was tripped up on the final exam.（最後の試験でつまずいた）のように使われますが、ここでもそのまま使えそうです。

はい、足や手など身体の部位に関わる表現は、そのまま英語に置き換えられるものが多くあります。例えばgain a foothold on[in] ~（～に足場を固める、足がかりを得る）やgive ~ a helping hand（～を手助けする）などです。

「足元をすくわれる」の「ちょっとした隙に、思わぬところで」というニュアンスはat unexpected placesで表せるでしょうか？

そうですね、unexpectedは「予期せぬ」という意味なので、思いがけないということですよね。いいと思います。

身体部位

足を向けて寝られない

人に対する畏れ多い気持ち。感謝や恩義の気持ちの例え

A: The professor gave me some useful advice throughout my job-hunting process. I'm deeply indebted to him.
（あの教授は、就職活動期間中に有益なアドバイスをくれました。心から感謝しています）

B: Really? Actually, he's my mentor, too. **I can never sleep with my feet pointed in his direction.**
（本当？　実はね、あの先生は私の恩師でもあるんだ。先生に足を向けては寝られないよ）

これは英語にしにくいですね。例文のように言ってから、"**I can never sleep with my feet pointed in his direction**" is a Japanese way of saying I am deeply indebted to that person.（「彼に足を向けて寝られない」というのは、「彼に大きな恩がある」という意味の日本語の表現です）と、説明しましょうか？

そうですね。あるいはowe（恩がある）を使うとシンプルに言うことができます。I owe ~ a great deal（私は～に恩義がある）、I owe ~ one（私は～に借りがある）はよく使う表現です

教員は学生に対して常にmentor（良き師、助言者）でありたいものですね。

はい。私の場合は、むしろ恩を受けた方があまりにも多くて「立って寝ないといけないわね、どこにも足を向けられるところがないから」と笑い話を言うくらいなんですよ（笑）。

頭打ち

身体部位

物事が一定の水準や限界に達し、上昇が止まること。

成長が伸び悩むこと

A: The U.S. is a competitive market, but it still has growth potential. We have to be the engine for our company's growth strategy.
（アメリカ市場は競争は厳しいですが、まだまだ潜在的に成長が見込める市場です。わが社の成長戦略のけん引役にならないといけません）

B: That's right. We should try to end the past couple of years of **sluggish** sales growth in the U.S. market.
（そうだね。ここ数年頭打ちだったアメリカ市場の売り上げ成長から脱却しなければ）

金融の世界ではpeak out（天井に達して下り坂になる）、bottom out（底を打つ）といった熟語が飛び交いますが。

ここで言いたいのは、売り上げが頭打ちということです。例えば、「金利の上昇が頭打ち」というのは景気のために金融緩和になるので歓迎できることですが、ここはそうではないですよね。

伸び悩み傾向ということでstagnant sales growth（停滞した経済成長）でしょうか？

はい。あるいは**sluggish**[flattening] sales growth（低迷した［平坦な］売り上げ成長）のいずれもOKでしょう。また、reach a plateau（安定期［停滞期］に達する）もさまざまな場面での「伸び悩み」に使える表現です。

身体部位

頭が痛い

対処に苦労する

A: Have you heard the news that a bear has once again been spotted in a residential district in Sapporo?
（札幌の住宅地にまたクマが出現したというニュースを聞いた？）

B: Yes, I was very sorry to hear that. That must be a real **headache** for the local residents.
（ああ、とても気の毒だよね。地元の住民には本当に頭が痛い問題に違いない）

It gives me a headache.（頭が痛い）という感覚は万国共通ですか？

ええ、他にも「胸が痛む」とか「頭をひねる［知恵をしぼる］」などは共通です。break one's heartやrack one's brainのように言いますよ。

ということは、「対処に苦労する問題が頭痛の原因になる」と考えれば、「頭の痛い問題」も**headache**が使えますね。

はい。That must be a real headache.とすればいいでしょう。あるいは、cause a problem（問題を引き起こす）というポピュラーな表現をa real headacheに言い換えてcause a real headacheと言うこともできます。

頭ごなしに

身体部位

相手の言い分を聞かずに一方的に決め付けること

A: You just gave your views to the senior managing director, right? What made him so upset?
（君は自分の意見を専務に述べただけだろう？　専務はどうしてあんなに怒ったんだ？）

B: He must have felt that his opinion **was** being **brushed aside**.
（自分の意見が頭ごなしに否定されている気がしたんじゃないかな）

例文の「頭ごなし」は言い分を聞かずに「否定する」ということです。negatedではあまりに強いですよね。**be brushed aside**くらいですか？

brush asideは「脇に追いやる、どかす」という意味ですから、人の言い分を意に介しないといった感じが出ていいですね。

「頭ごなし」は命令されたり、しかられたりする場合にも使います。一言で言えば、be treated unfairly（不当に扱われる）といったところでしょうか？

そうですね。without listening to my words（私の言葉に耳も貸さずに）と表現してもいいと思います。有無を言わせず命令する場合なら、lay down the lawというイディオムがあります。lay downは「命じる」の意味です。

あ

故事・ことわざ

当たらずといえども遠からず

推測や予測が的中はしていないものの、大きく間違ってもいない

Not a bad guess at all, but that's not the whole story.
（当たらずといえども遠からずだけど、話はそれだけじゃないんだよ）

訳考

どのくらい「当たり」に近いかによっていろいろな言い方ができます。かなり近いのであればpretty closeですが、「当たりじゃないが外れでもない」という微妙なニュアンスをうまくにじませるには否定形の力を借りるといいでしょう。(That's) **not a bad guess**.（へたな推測とまでは言わない＝なかなか惜しい）やThat's not far off.（かけ離れてはいない＝まあまあ近い）などの表現をおすすめします。

オノマトペ

あっさり

いとも簡単に。事もなげに。(味や性格が)淡泊である

You have only been rejected once. Don't give up so **easily**!

(一回断られただけでしょう。そんなにあっさり諦めないで!)

「簡単に〜してしまう[できてしまう]」という意味で使われる「あっさり」は、**easily**でカバーできます。例文の場合は、Don't give up so easily! の他、「あっさり諦めるな」を逆の発想で「もっと粘れ」と読み替えて、Be persistent! と表現するワザもあります。easilyは汎用性が高く、I was surprised that they accepted it so easily[straight away, immediately].(先方があまりにもあっさりと[即座に]納得してくれたので驚いた)のように、さまざまな場面で活用できます。

「〔味などが〕淡泊である」という意味合いの「あっさり」なら、light(あっさりした、軽い、薄味の)やsimple[plain](あっさりした、普通の)が適訳でしょう。「このラーメンはずいぶんあっさりした味だ」なら、This ramen tastes pretty light.と言えます。反対に「〔味が〕濃い」場合はstrongやrichです(☞p.156「濃い」)。

「〔性格が〕淡泊である」場合にも「あっさりしたタイプ、サバサバした性格」などと言いますね。微妙なニュアンスの違いによって、frank[straightforward](率直な)、cool(都会的で大人な感じの)、dry(ドライな)、standoffish(素っ気ない)などの形容詞を使い分けるといいでしょう。

故事・ことわざ

危ない橋を渡る

目的を達成するために、あえて危険な手段を取る

A: With your ambition and positive attitude, you can have a go at anything.
（あなたの上昇志向と前向きな姿勢があれば、どんな新しいことにも挑戦できますよ）

B: But if you have a family, you shouldn't **knowingly risk your life**.
（ですが、家族を抱えていると危ない橋は渡れません）

If you have a family, you cannot expose yourself to risk.（もし家庭を持っているなら、自らを危険にさらしてはいけない）ってところでしょう。

「危ない橋」という言い方も独特ですね。わが子がまだ小さかったころ、上司が「子どもの預け先が見つからなくても、妥協して信用できない施設に預けるような危ない橋は渡るな」と気遣ってくれたのを思い出しました。

knowingly risk one's life（リスクを承知で冒す）ようなことはするな、というアドバイスだったわけですね。「命懸け」（risk one's life）というとオーバーに聞こえますが、要するに「危険を承知でやる」ということです。

他に、go out on a limbも「危ない橋を渡る」に近い表現でしょう。limbは「枝葉」という意味の名詞で、このイディオムは「落ちるリスクを覚悟で、木の幹のみならず枝葉にまで乗り出す」というニュアンスです。しかし男性も女性も、家族を大切にしつつ仕事をするべきですよね。

故事・ことわざ

あめとむち

甘い報酬と厳しい指導をバランスよく使い分けながら支配・統制すること

A: There are some who are a little immature on our team.
（このチームには、社会人としてまだまだ未熟な社員もいますね）

B: That's true. We need to **use the carrot and stick** to motivate them.
（そうなんだ。あめとむちでやる気を引き出しながら育てていかないと）

「あめとむち」は19世紀のドイツ統一の立役者ビスマルクが取った国民懐柔策からきています。ドイツ語ではZuckerbrot und Peitsche（菓子パンとむち）、英語では、ニンジンをぶら下げて馬を棒でたたきながら走らせることに由来するcarrot and stick（ニンジンと棒）ですね。

そう、**use the carrot and stick**です。carrot and stick foreign policyと言えば硬軟織り交ぜた外交政策のことを指します。

「硬軟織り交ぜた」という意味では、balance rewards and punishments（賞罰のバランスを取る）という表現がありますね。

rewards and punishmentsと言えば「信賞必罰〔賞罰を厳格に行うこと〕」。後輩や部下の指導においては、あめとむちの「メリハリ」をつけることが肝要というわけですね。

故事・ことわざ

雨降って地固まる

もめごとの後、以前よりも落ち着いた良い状態になる

A: I hope time will solve the problem.
（時間が解決してくれることを願っているんだ）

B: Let's hope that **after rain comes fair weather.**
（雨降って地固まることを信じよう）

get through the rough times（困難な局面を切り抜ける）とstrengthen（〜をより強くする）を足して考えればいいでしょうか？

ええ、getting through these rough times helps to strengthen one's relationshipのように言えます。

会話の中でことわざが出てくることもありますよね。**After rain comes fair weather.**（雨の後には晴天が訪れる）、After a storm comes a calm.（嵐の後には静けさがやってくる）、After a storm, a relationship can become even deeper.（嵐の後には絆が深まる）のように言ったりします。

Overcoming problems could make a relationship even closer.（トラブルを克服することが、関係をより密にすることもあり得る）などと言うこともできますね。

歩み寄る

双方が意見や主張を一致させるため、互いに譲り合って近づく

A: We've come a long way. Now, the only remaining issue is delivery terms.
(やっとここまで来ました。さて、あと残っているのは配送の問題だけです)

B: The clock is ticking. Why don't we **meet halfway**?
(時間が切迫してきました。お互い歩み寄りませんか?)

compromiseには「妥協する」という日本語ほどネガティブな響きはないと思います。でも、黄金のフレーズは**meet halfway**(歩み寄る)でしょうか? お互いが半分ずつ歩み寄る感じですね。

はい。compromiseは「何かを犠牲にする」という文脈で使う場合もありますので、通訳をするときにはこの単語に結構気を使います。

確かに「体面を損なう」といった意味もありますよね。その点meet halfwayは口語的な表現ながら誤解される心配はありません。

同感です。使いこなせれば便利なフレーズだと思います。また、split the differenceという言い方もしっくりきますね。直訳すると「違いを折半する」ですが、「中間をとって歩み寄る、妥協する」という意味になります。主に金額面や交渉の場などで、双方が折れ合ってそれぞれ提示している条件の半分を取る、というような場面で使われます。

荒療治

物事を改善するための思い切った処置

A: Our company has grown too rapidly. I think the organization needs to be restructured and the staff have to be reshuffled.
（わが社は急に大きくなり過ぎた。組織の再編と人員の配置替えが必要だと思う）

B: In order to further improve productivity, we need rather **drastic measures**.
（さらに生産性を上げるには、やや荒療治が必要です）

rough treatmentだとちょっと直訳過ぎますね。bold measures（大胆な策）だとニュアンスが違ってきますか？

悪くはないですが、bold measuresはどちらかと言うと「前向きにリスクを取っていく」というニュアンスなので、「状況改善のための抜本的な荒療治」なら**drastic measures**の方がいいと思います。こちらの方が、多少の痛みを伴う覚悟で本格的にテコ入れするというニュアンスが出ます。

なるほど、そしてここでは複数形を使うのもポイントですね。

はい。なお、ここでの「荒療治」は「リストラ」を示唆していますが、本来restructureは「再構築する、再編成する」という意味ですから、むやみに辞めさせるということではありません。「減らすところは減らし、戦略部門は増やす」という見直しを行うことです。

あわよくば

良い機会があれば。うまくいけば

A: Honestly, I didn't expect that our new product would be so well received by consumers.
(正直言って、新製品がこれほど消費者に受け入れてもらえるとは思いませんでした)

B: **If things go well, we have a good chance of** receiving the Creative Design Award for this year.
(あわよくば、今年のクリエイティブデザイン賞を受賞できるかもしれないね)

have a good chance（見込みがある）と**if things go well**（ことがうまく運べば）を組み合わせて表せそうです。

if luck is on one's side（もし運が味方すれば）、with a little bit of luck（ほんの少しの運があれば）なんて表現もありますよ。

great opportunity（絶好の機会）という表現もですね。If there is a great opportunity, let's go for it!（めったにない機会、やってみよう！）とか。

さらにオーバーに言えばan opportunity that is second to none（他に比べるべくもない機会）。そうなるともはや「千載一遇」（☞p.225）という感じですね。

故事・ことわざ

案ずるより産むがやすし

事前にあれこれ心配するよりも、実際にやってみると案外たやすい

You should stop worrying about it and give it a shot!
You never know until you try.
（いつまでも思い悩んでないで、取りあえずやってみなよ！　案ずるより産むがやすしだよ）

英語でよく聞くのはSometimes things are easier than they look.（物事は見かけより易しいことがある）というフレーズですが、ここではもう一歩進んで「チャレンジしてみるまでは分からない」というニュアンスを出したいところです。意味が近いのは、**You never know until you try.**というフレーズ。「くよくよ心配しないでとにかくやってみよう、やってみなければ結果は分からない」という意味で、自分を奮い立たせたり相手の背中を押してあげたりしたいときに役立つ言い回しです。

「アイスホッケーの神様」と称されるカナダの元プロアイスホッケー選手、ウェイン・グレツキーの名言をご紹介しましょう。“You miss 100 percent of the shots you don’t take.”（「打たないシュートは100パーセント入らない」）。あれこれ思い悩んでしまう前にまず行動を起こしてみることの大切さを教えてくれる言葉です。

イマドキ

いい感じ

印象や雰囲気が好ましく、とても良いさま

A: You see that we have replaced all of the furniture in our showroom. What do you think?
(見ての通り、ショールームの家具を全部入れ替えたんです。どうですか?)

B: Very **impressive**. Who chose this stylish furniture?
(とてもいい感じです。このセンスのいい家具は誰が選んだんですか?)

使う場面によって「いい感じ」の意味が多少違ってくると思いますが、「好印象である、雰囲気が出ている」と考えると、**impressive** (印象的な、感じの良い、素晴らしい) 一語でポジティブな感じが表現できますね。

「物事の進行がうまくいっている」と言いたいなら、シンプルにgo well (うまくいく) です。

コカ・コーラの昔のCMに、"Things Go Better With Coke" (『コカ・コーラがあるともっとうまくいく』) というのがありました。

アメリカで流れていたこのCMを懐かしく思い出します。日本語だと『スカッとさわやかコカ・コーラ』でしたけどね。いまだに世界的な人気が衰えないのはImpressive! (お見事!)。

いいこと尽くめ

うれしいことが続くさま。

何から何まで良いことばかりであるさま

A: Why does this kind of thing always happen when important projects are in the pipeline?
（なんでいつも、重要なプロジェクトが目白押しという時期に限ってこんなことが起きるんだ？）

B: **Luck was on our side** last year, but we don't know if we'll be lucky again this year.
（昨年はいいこと尽くめでしたが、今年はどうか分かりませんね）

例文は「思いがけずいいことが重なった」というニュアンスですね。be full of unexpected good newsではあまりにもひねりがなさ過ぎでしょうか？

そんなことないですよ。でも、「運がついていた」と考えて、luck was on one's side（☞p.33「あわよくば」）とか、we were so fortunate[lucky]のように言ってもいいと思います。

運とかではなく、実際に何かが「いいこと尽くめ」という場合なら、シンプルに言ってhave a lot merit（メリットがたくさんある）ですか？

そうですね。あるいは、be full of good thingsでしょう。This anti-aging cream is very effective and environmentally friendly. It's full of good things.（このアンチエイジングのクリームはすごく効果があって、環境にも優しい。いいこと尽くめだ）のように。

イマドキ

いいとこ取り

種類の違う複数のものや相反するものの中から、
それぞれの長所や利点だけを取って集めること

When you work from home, you get to spend family-bonding time and still make a living. You **get the best of both worlds**!
（在宅勤務なら、家族との時間も大切にできるし収入も途切れない。まさにいいとこ取りだよ！）

異なる魅力を持つ複数の選択肢があるとき、それぞれの「おいしい」部分だけうまく手に入ったらいいのに…と思うことは少なくないですよね。そんな状況を表すイディオムが**get**[have] **the best of both worlds**（両方の世界の最上の部分を得る＝いいとこ取りをする）です。

反対に、You cannot have your cake and eat it.（ケーキを食べればケーキを持っていることはできない＝両方のいいとこ取りはできない）ということわざもあります。

微妙に意味が異なるので注意が必要ですが、「一つの集団から〔主観的に〕最上のものだけを選び取る」という意味を表す動詞cherry-pickも一緒に覚えておきましょう。文脈によって、良い意味（良いものだけを選りすぐる、厳選する）にも悪い意味（選り好みする）にもなる言葉です。Stop cherry-picking!（選り好みしちゃダメ！）などのように使います。

身体部位

胃が痛い

悩ましい。不安だ。緊張している

Making a presentation in front of a large audience makes me feel like **I have a knot in my stomach.**
（大勢の前でプレゼンすることを考えると、胃が痛いです）

文字通り「〔体調不良で〕胃腸に痛みを感じる」場合はI have a stomachache.、My stomach hurts.などですが、「〔緊張や不安などから〕胃が痛い」場合は別の表現を使いましょう。プレゼンで緊張して胃がキリキリ痛むとき、まずはシンプルにIt makes me nervous.という表現を押さえましょう。

日本語の「胃が痛い」という語感にもっと近づけるなら、**I have a knot in my stomach.**、My stomach is in knots.などのフレーズがあります。knotは名詞で「結び目、しこり」という意味で、「胃の中にしこりがあるような違和感を抱く」というイメージですね。My stomach feels tight.（〔緊張や不安で〕胃が締め付けられる）という表現もよく使われます。

また、面白い表現でhave butterflies in one's stomach（胃の中に蝶がいる）というイディオムがあります。不安で不安で仕方ない心理状態を、胃の中をたくさんの蝶がひらひら舞っているという何とも居心地の悪い状況で表現しています。このフレーズは不安や緊張だけではなく、ときめきや期待でソワソワする感覚にも使うことができます。

イマドキ

いじる

からかう。おちょくって反応を楽しむ

Don't be so mad. I was only **teasing** you!

（そんなに怒らないで。ちょっといじっただけだってば！）

親しい間柄の軽いふざけ合いや、ちょっとからかう程度の「いじる」なら、**tease**がよく使われます。お互いにふざけているだけと理解し合っているならplayful teasing（〔遊び感覚の〕いじり、ジャブ）と言えますが、中にはいじる側に悪意があったり、いじられる側が傷ついていたりすることもありますから慎重にならなければいけません。

ちょっとばかにする感じがあったり、人によっては嫌だと感じるかもしれないようないじり方は、make fun of ~やlaugh at ~でしょう。「いじり」が高じて「いじめ」まで発展してしまうとbullyingです。たとえ「愛情の裏返し」のつもりでも、敏感な時代ですから、teaseするときは相手や状況に十分に配慮した方がいいかもしれませんね。

以心伝心

四字熟語

言葉にしなくてもお互いに心が通じ合うこと

A: They say French people read each other's mind by looking into their eyes.
（フランス人は「目で会話をする」と言われています）

B: That may be true. Perhaps that's their way of **"getting" each other without a word**.
（確かにそうかも。彼ら流の以心伝心かもしれませんね）

「以心伝心」をかみ砕いて解釈すると、We don't need to say anything because we're on the same page.（同じ認識の上に立っているのでわざわざ言葉にする必要がない）ということですね。

be on the same page（同じ考えや認識を持つ、考えを一つにする）はよく会話で使われます。この言葉も文脈によっては「以心伝心」と訳せそうですね。ここからさらに一歩進んで、「お互いに考えていていることが分かる」というニュアンスに焦点を当てて考えてみたいです。

"get" each other without a word（言葉なしで互いに「通じる」）とか、read each other's mind without saying anything（言葉に出さずに互いの考えていることを読み取る）というふうに具体的に言う方法があります。思っていることがまるでテレパシーのように通じるという感じもしますね。

テレパシー、なるほど！　英語のtelepathyは、特殊能力としての「テレパシー」という意味だけでなく、いわゆる「以心伝心、心を読む」というニュアンスで日常的に使われている印象ですよ。

イマドキ

イタい

年不相応な格好をしたり、
空気の読めない言動をしたりするなど、
はた目から見て気まずく気恥ずかしいさま

I find her recent behavior a bit **pathetic**. She often lies, even though the lies are obvious.
（最近の彼女の言動はちょっとイタいですね。バレバレの嘘ばかりついたりして）

「イタい」という、同情と軽蔑が入り交じった気持ちを表すのはなかなか難しいですが、**pathetic**（痛ましい、惨めな）、pitiful（哀れな、可哀想な）といった形容詞を使うことができます。

また、かなり口語的な表現ですがShe is so cringey [cringy]. というフレーズも同様に「〔言動などが〕イタい」という意味です。cringey[cringy]とは動詞cringe（不快感や嫌悪感で身がすくむ、縮こまる）を形容詞化したもので、見ていてこちらまで居心地が悪くなったり恥ずかしくなったりするような状況を表せます。I cringed at what he said. やIt made me cringe. だと「〔イタい言動などに対して〕引いた」という意味になります。

イマドキ

イチ押し

複数の選択肢の中でひときわ高く評価し、推薦できる物事

This steak restaurant **is highly recommended.**
（このステーキレストランはイチ押しです）

誰もが自分のおすすめのレストランや宿をSNSで発信する時代です。自分の「イチ押し」を推薦し合うならI highly recommend ~（～を強くおすすめします）と言えますが、**be highly recommended**と受け身で言うことで柔らかさが出ます。「レコメンド」とカタカナ語にもなっているrecommendにhighly（非常に）という副詞を加えることで、「一番〔イチ〕」のニュアンスが伝わります。他にも、heartily（心から）、thoroughly（完全に）、unreservedly（無条件に）など強調の副詞を組み合わせることが多いようです。

一抹の不安

ほんの少しだけ心に兆す、または解消されずに残っている、不安の念

A: Mr. Wang told us that they would ship the goods without delay this time.
（王さんは、今回は遅れずに出荷すると言っていました）

B: I still feel **a little uneasy**. I hope things go well.
（まだ一抹の不安を感じます。うまくいくといいですね）

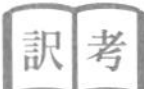

どこか不安の残っている気持ちを表現するには**uneasy**（不安な、心配な）でしょうか。easyには「落ち着いた」という意味があって、uneasyはその反対の状態です。これに**a little**を付ければ「一抹の」のニュアンスも出せます。他に、uncomfortable（落ち着かない）はどうでしょうか？

uncomfortableは「落ち着かない」状況全般に使えるので汎用性が高いですが、どちらかといえば「うれしくない」というニュアンスです。「何か不安を抱えている」状況にはuneasyの方がふさわしいでしょう。

例えば、I feel uneasy about the pick for our next CEO.（新しい最高経営責任者の人選に不安を覚える）とか？

はい、これがI feel uncomfortable with our next CEO.だと、「新しい最高経営責任者と一緒だと落ち着かない」という意味になって、その人と馬が合わないみたいな感じにとられます。

029

一蓮托生（いちれんたくしょう）

四字熟語

結果の良しあしにかかわらず、

最後まで行動や運命を共にすること

We've come this far, and there's no turning back. We **are in the same boat**.

（ここまで来たら、後戻りはできません。一蓮托生ですよ）

「運命を共にする」をそのままshare one's fateとするとちょっと大げさかもしれません。**be in the same boat**（同じ船に乗っている）を覚えておきましょう。相手が辛い境遇や苦しい局面に陥っているときに「私もあなたと同じ立場ですよ」と伝えるわけです。まさに「運命共同体」です。

似た表現にbe on the same page（同じページを読んでいる ☞p.40「以心伝心」）がありますが、こちらは「同じ考えや意見を持っている」という意味です。We need to get environmentalists and businesses on the same page to deal with climate change issues.（気候変動の問題に取り組むには、環境活動家と企業が考えを一つにしなければならない）というように使えます。be in the same boatとは似て非なるイディオムなので注意しましょう。また、前置詞inとonの取り違いにも気を付けてください。

一触即発

四字熟語

ちょっとしたきっかけで、
ある事態が今にも発生しそうな危機に直面しているさま

A: The management failed to reach a compromise with the labor union over wages.
（経営陣は、賃金について労働組合と妥協点を見いだせませんでした）

B: The relationship **is on the edge**. A strike looks unavoidable.
（関係は一触即発ですね。ストライキは避けられないようです）

ギリギリのところでとどまっている感じを出すには、edge（端、縁、瀬戸際）から来た表現 **be on the edge**（危険にさらされて、イライラして）が有効です。何か悪いことが起こりそうで神経質になっている状態ですね。

Things are edgy.（状況がピリピリしている）なんていう表現もありますよね。口語的ですが。

push ~ over the edgeと言うと、許容範囲（我慢）を超えた状態、つまり「～の分別を失わせる」ということになります。

例文の状況で「ストライキに実際に突入した」場合には、Things did go over the edge.（一線を越えた）となります。あるいは、tension（緊張）を使って、Tension boiled over.（堪忍袋の緒が切れた）とか。この表現の直訳は「緊張が煮立って吹きこぼれる」ですが、boil（煮えたぎる）という動詞からは、日本語の「〔怒りのあまり〕頭から湯気を立てる」という表現も連想されますね。

一体感を持つ

価値観を共有し、一つにまとまること。

目標に向かって団結すること

A: Given the current positive sales momentum, I believe our performance will improve further in the coming years.

（現在の好調な販売状況から考えると、今後数年、業況はさらに上向くと確信しています）

B: It's of the utmost importance that management and those out in the field **share the same ideas**.

（それには、経営陣と現場が一体感を持つことが肝心でしょう）

be on the same page（同じ考えや意見を持つ、考えを一つにする）という表現は、「一体感を持つ」という感覚になかなか近いと思います（☞p.40「以心伝心」、p.44「一蓮托生」）。ここからイメージを広げて、**share the same ideas**[philosophy]（同じ考えを共有する）というのはどうですか？

いいですね。「気持ちが一つになる」というニュアンスが伝わってきます。あるいは、share common values（価値観を共有する）、share a common vision（ヴィジョンを共有する）のように伝えることもできます。

目指す方向が一致している、と考えれば、have a common goal（同じ目標を持つ）と言ってもいいですね

2019年のラグビーワールドカップで一躍流行語になったone teamも、一体感を表す表現として使えると思います。ニューヨークの同時多発テロやイギリスのEU脱退（Brexit）のときによく使われたスローガン、United we stand, divided we fall.（団結すれば立ち、分裂すれば倒れる）、これも心を一つにして、ということですね。

動物

一匹狼

組織に頼ったり仲間をつくったりせず、自分の力だけで行動をする人

A: You know Boris, who joined a couple of months ago? They say he's not a good team player.
(数カ月前に入社したボリスを知ってるだろう？　彼はいいチームプレーヤーではないと言われているね)

B: He's definitely a **lone wolf**, but I respect him because he always gets results.
(彼は間違いなく一匹狼だけど、必ず結果を出すので尊敬しているよ)

"Top Gun: Maverick"（『トップガン2』）という映画のタイトルに使われたmaverick（所有者を示す焼印が押されていない牛。転じて、「独立独行の人」）は「一匹狼」の意味に近いですが、「異端者、はぐれ者」というニュアンスもあります。

よくmaverickと称された人物として思い浮かぶのはマケイン米上院議員とGE（米ゼネラル・エレクトリック社）のCEOジャック・ウェルチですが、それぞれ立派な実績を残していて、必ずしもgo it alone（単独行動主義）タイプではありません。

やはり政治でもビジネスでもトップになるには一匹狼では難しいということですね。ここでは「一人でいることを好む」という程度の意味で**lone wolf**がいいでしょうか？

はい、「孤高のリーダー」という意味でも使えますね。あるいはway（方法、やり方）を使って、go one's own way（自分のやり方を貫く）、get one's own way（自分の好きなようにする）のように言い換えるのも手です。

一歩間違えば

少しでも間違えば。もう少しで

A: Have you heard the news about the aircraft near-miss in the Atlantic Ocean?
（大西洋で起こった飛行機のニアミスのニュースを聞いた？）

B: Oh, yes. **One false step and** it could have been a disaster.
（うん、聞いた。一歩間違えれば大惨事になっていたかもね）

ちょっとかみ砕いて「一つの動作を間違えると」と考えればいいですね。one wrong move and ～でもいいし、**one false step and** ～もありでしょうか？

そうですね。フランス語からの借用語でfaux pas（発音はフォゥ・パーに近い）という言い方があります。文字通りにはfalse step（誤った一歩）ですが、「行為の過失、不作法」を表す語なので、用法は違います。例えばStanding chopsticks up in your rice bowl is a faux pas.（ご飯に箸を突き刺すのはマナー違反です）のように使います。

英語になったフランス語は数多くありますが、「似て非なるもの」もあるんですよね。いわゆるfaux amis（＝false friends。「異なる言語において、似ているが意味の異なる語」）です。

そうです、通訳翻訳の世界ではこういう言い回しに大いに注意が必要なんです。

スポーツ

一本取る

議論などで相手をやり込める。言い負かす

A: If we spend the amount you want to on advertising, we won't have any money left to actually make the products we're advertising.
（お望みの額を広告に費やすとなると、実は商品を作る費用が残らないんですがね）

B: **Touché**. How about halving the advertising budget then?
（これは、一本取られました。では、広告費を半分にするのはどうですか？）

「一本取る」は、会話で相手に対して言うならI got you.でいいんでしょうが、ここでは「言い負かす」という意味です。

柔道や剣道で「技が一つ決まる」ことに由来する表現ですが、英語ではフェンシングからきた言い方があるんです。**touché**という、フランス語から英語に入ってきた語です。

直訳すると「剣が身体に触れた、当たった」ということですね。

はい。フランス語から英語になったこの言葉は、ちょっと気の利いた表現として、「あら？　これはあなたの方が一枚上手だったわ！」みたいな軽妙な雰囲気で使います。A: How do you deal with a problem?（どうやって問題に対処しますか？）B: We don't have a problem in the first place; we act proactively.（前もって対処するからそもそも問題は起きません）A: Touché.（これは一本取られましたね）のように。

イマドキ

イマイチ

特に良い点がない。いまひとつパッとしない

I'm not sure it's the best idea to organize more family-friendly events.
(より親子向けのイベントを企画するというアイデアは、イマイチな感じがします)

内心「良くない」と思っても、ダイレクトに言ってしまうと角が立ってしまいます。**I'm not sure it's the best ~.**（ベストな～かどうか自分は確信が持てない）のように遠回しな言い方をしましょう。他に、It's not that great.（すごく良いというわけではない）、It could be better.（もっと良くなるんじゃないかな）、Well, yes and no.（イエスでもありノーでもある＝どちらとも言えないかな）…なども全て「イマイチ」というニュアンスのフレーズです。

癒やし(系)

イマドキ

精神的な不安やイライラを静め、安心感を与えること。
また、そのような作用や雰囲気を有する人やもの

A: Here are a couple of options to reduce employees' burnout and stress-induced health issues.
(従業員の燃え尽き感やストレスからくる健康上の問題を減らす方法を、いくつか用意しました)

B: I believe a mindfulness program would be most effective. The key word is "**healing**."
(マインドフルネスの企画が一番効果的だと思います。キーワードは「癒やし」です)

「癒やし」というと、「ヒーリング効果」といった日本語にもなっている**healing**が思い浮かびます。動詞heal（癒やす）の名詞ですね。他にいい表現はあるでしょうか？

景色などについてならgive me inner peace（心の平安を与える）とも言いますし、音楽などの「もの」ならsoothing[healing] music[videos]（癒やし系の音楽[動画]）と表現できます。ただしsoothingやhealingは、人には使えません。

「相手がくつろぎを与えてくれる」ということだと、You are a comfort to me.やYou make me feel comfortable.でしょう。あるいは、You make me feel relaxed.（あなたがいると気持ちが安らぐ）とも言えますね。

会話で第三者を指して「あの人は癒やし系」なんて言いたいときには、She creates a comforting atmosphere.（彼女には安心できる雰囲気があるよね＝癒やし系だよね）などのフレーズが自然でしょう。

いわく付き

何らかの込み入った事情や特別な理由があること。
特に、好ましくない前歴があること

A: I've been checking the price for a particular apartment in Kyoto. The offer was reduced by 20 percent just within one month.
（京都のとあるマンションの価格をチェックしてるんだけど、価格がたった1カ月で20パーセントも下がったんだ）

B: By 20 percent? I can't believe it. Maybe it's a property **with a shady history**.
（20パーセント？　信じられない。いわく付き不動産かもしれないね）

この日本語は「何か隠れた事情がある」という意味ですが、直訳してhidden situationといっても相手はピンとこないでしょう。shade（影）の形容詞shady（怪しい、疑わしい）を使って**with a shady history**のように言うのがよさそうです。

うまい話には裏がある、これは万国共通だと思います。「いかがわしい取引」ならa shady dealがぴったりきますね。

「うさん臭い、いわくありげな」ということだと、suspicious（疑わしい）、with certain reasons（何らかの理由で）といった表現も使えます。

「certain＋名詞」は、分かっていてもはっきり言いたくないときに「ある～、例の～」とぼかして伝えることができますね。

慇懃無礼

いん ぎん

四字熟語

表面上は丁寧だが、内心ではばかにしている様子。

言葉や態度が丁寧過ぎてかえって失礼であること

A: That salesclerk was so polite while serving you, wasn't he?

（あの店員、あなたに接客しているとき、ものすごく丁寧だったね？）

B: Actually, he might have seemed **polite on the surface, but** I bet he was **rude on the inside**.

（実際のところ、あれは慇懃無礼に違いない）

表面上がoverly polite（あまりにも丁寧）なのとは裏腹に、内心ではlook down on（見下す）、ひどい場合はridicule（あざ笑う）という、この様子をどう表現するかですね。

日本では「本音と建前」が大事な処世術とされていますが、「慇懃無礼」もこの延長線上にある気がします。

この言葉は決して褒め言葉ではないので、批判的なニュアンスを出すことが必要です。**polite on the surface but rude**[contemptuous] **on the inside**とか。contemptuousとは（人をばかにした、さげすんだ）という意味ですが、やや硬い語なので、rude（失礼な、無礼な）の方が日常会話では使いやすいかもしれません。

そうですね。あるいは、His overly polite behavior seems rather rude[disingenuous, sarcastic].（彼の行き過ぎた丁寧な振る舞いは、かえって無礼［不誠実、皮肉］に映る）と言っても十分伝わると思いますよ。

039

イマドキ

浮く

周囲に溶け込めていない。周囲になじめず悪目立ちしてしまう。

場違いである

The new arrival seems to be **having a hard time fitting into the group**.

（あの新人は周りから浮いているように見えるね）

「浮く」といってもfloat（水に浮かぶ）ではなく、**fit into the group**[community]（周りの人や集団になじむ）ことができずに目立ってしまうことです。この表現と**have a hard time -ing**（なかなか〜できない）を組み合わせて使ってみましょう。

また、out of place（場所の外にいる）で「場違い、浮いている」と訳せます。seemと一緒にHe seems a little out of place.（彼、ちょっと浮いてるよね）、feelと共にI felt totally out of place at the party last night.（昨晩のパーティーは完全に場違いだったよ）のように使います。

受け流す

まともに取り合わず、適当にあしらう

A: Did you watch ABC Corporation's press conference on TV last night?
（昨晩テレビでABC社の記者会見を見ましたか？）

B: Yes, I did. The deputy president skillfully **dodged** the critics.
（ええ、見ましたよ。副社長は批判をうまく受け流していましたね）

「スルーする」（☞p.216）という意味ではignoreが思い浮かびますが、きわどい質問や批判をサラっと受け流す感じをもっと出すには**dodge**（巧妙に逃げる）でしょう。昔はやったスポーツで、ボールに当たらないようにコート内を逃げまわる「ドッジボール」（dodgeball）をイメージするといいですね。

「危ないところで逃れる、辛くも免れる」という意味でdodge a bulletも使います。

弾丸（bullet）なんて、銃社会アメリカならではですね。

はい。言葉の応酬の中で、飛んでくる批判をかわすイメージです。他に、take ~ in (one's) strideという変わった表現があります。これは「～をさらりとこなす、～を楽々と処理する」という意味で、日本語の「柳に風」にも当たります。

うざい

イマドキ

うっとうしい。わずらわしい。面倒だ

He complains all the time. Frankly, he is a bit **annoying**.
（彼っていつも文句たらたらだよね。正直、ちょっとうざい）

訳考

「うっとうしい、イラっとくる」といった気持ちを表す形容詞としてぴったりなのが**annoying**です。人だけでなく、annoying noises（うっとうしい音）、annoying pop ads（わずらわしいポップアップ広告）のように、物事にも使うことができます。bother（～に迷惑をかける、～を悩ませる）も、He bothers me a lot.（彼は邪魔ばかりしてくる＝本当にうざい）のような形でよく登場します。

また、かなり口語的な表現ですが、名詞bug（ハエなどの虫）を動詞として使うと「うざい」の意になります。You're bugging me!（うざいなぁ！）、Stop bugging me!（邪魔しないで！＝うざいんだってば！）といった形です。顔のまわりを虫が飛んでいてイライラさせられる様子がイメージできますね。使うのはかなり親しい間柄に限定しておいた方がよさそうです。

後ろ髪を引かれる

身体部位

未練が残って、その場から離れがたい

A: Who would have thought you would leave the company? Everyone misses you so much.
（君が会社を辞めるとは思いもよらなかった。皆寂しく思っているよ）

B: I had mixed feelings about it. I quit the job **with a heavy heart**.
（複雑な気持ちだったんだ。仕事を辞めるときは、後ろ髪を引かれたよ）

訳考

「躊躇（ちゅうちょ）する」ならbe reluctant to ~でいいと思いますが、「後ろ髪」はもっと感傷的なニュアンスを帯びているので、**with a heavy heart**（重い気持ちで）としましょうか？

はい。かつてイギリスの外相が辞任するときに、この表現を使ったのを覚えています。やり残したことがあって、重い心を抱えながら退く感じがよく出ていました。

会社や職務を辞するときによく使う表現といえるかもしれません。他に、「非常に難しい決断だった」と解釈すればIt was a difficult decision to make.、It was hard for me to decide.のように表現できますね。

ところで、"I left my heart in San Francisco"（『想い出のサンフランシスコ』）という歌がありました。この題名に込められた、心を街に残して去る感じも「後ろ髪」に通じると思います。

打たれ強い

イマドキ

精神的に強く、少々のことではへこたれない

We want someone who is **tough** and determined.
（打たれ強く、意志の固い人材が欲しいですね）

訳考

「打たれ強い」を一言で言えば**tough**（タフな）となるでしょう。toughはphysical（肉体面）の強さとmental（精神面）の強さの両方を表すことができますが、mentally strong（メンタル的に強い）という意味合いで使われることが多いです。

have a thick skinという面白い表現もあります。「〔批判や叱責などに対して〕耐性がある、少々のことではへこたれない、神経が図太い」という意味で、We want someone who has a thick skin.（打たれ強い人材を求めている）というように使います。日本語の「面の皮が厚い」にも通じるところがありますね。

打って出る

スポーツ

チャンスをつかもうと思い切ったことをする。

活動の場に自ら積極的に進み出る。

Now is the time to **go for it**.

（ここで打って出るのが得策だ）

命令形で「頑張れ！」と訳されることも多い**go for it**ですが、コアの意味は「自らの意志で決断し、全力を尽くして実行する」ということです。つまり、Now is the time to go for it.で「今こそ勝負に出るときだ、ここで打って出るべきだ」という意味合いになります。

bold（思い切った、大胆な）を使ってNow is the time to take bold action.（今こそ思い切った行動をとるときだ）、あるいはもっとシンプルにNow is the time to be bold.と言っても自然です。

「本気を出して［全力を尽くして］チャンスをつかみにいく」と解釈すれば、give it one's all（全ての力を捧げる）、give all one's best（全力を注ぐ）などの表現も適訳です。

「打って出る」とは、ある意味では「後先のリスクをいとわず一か八かの大勝負に出る」ということなので、throw caution to the wind(s)「慎重さを風に投げ捨てる＝思い切った行動をとる」というイディオムを用いてもいいでしょう。文脈によって「大胆な行動、大博打」とも「不注意な［軽率な］行動」とも訳せるフレーズです。

「選挙に打って出る」のように、具体的な語句と組み合わせて使う場合もありますね。「彼女は選挙に打って出る決意を固めた」なら、She has made a decision to run for the election.やShe has decided to make her political debut in the next election.のように表せます。

馬の耳に念仏

故事・ことわざ
動物

いくら意見をしても全く効き目がなく、無駄であること

Making a proposal to the managing director will be like **talking to a brick wall**.
（常務に意見しても「馬の耳に念仏」でしょうね）

訳考

「その価値が分からない相手に言い聞かせる」ということですね。日本語では「念仏」ですが、英語でもキリスト教的にpreach（説教）を使ったpreach to the deaf[wind]（耳の聴こえない人［風］に説教する）という表現があります。ただし、実際にもっと使われているのは、**talk to a brick wall**（レンガの壁に向かって話しかける）のようです。

go in one ear and out the other（右の耳から左の耳に抜けていく）という頻出表現も、併せて覚えておきましょう。ただ、上記のフレーズとはニュアンスが微妙に異なり、Making a proposal will go in one ear and out the other with him. と言えば「聞く耳を持たない、真面目に聞く気がない、〔そのため〕話が全く頭に残らない」という意味になります。これに近い表現が、have no ears for ~（～に耳を貸さない）やbe deaf to ~（～に聞く耳を持たない）などです。また、何か言っても全然聞き届けられていない、というときにfall on deaf ears という言い方をします。

海千山千

四字熟語

長い年月世間にもまれながらさまざまな経験をし、世の中の裏も表も知り尽くして悪賢いこと。またそのような人

A: They have been heavily engaged in that project.
（先方はあのプロジェクトにかなり入れ込んでます）

B: With **such strong and formidable** clients, the negotiations will be an uphill battle.
（海千山千の取引相手なだけに、交渉は難航するでしょうね）

あらゆる経験を積んだ、したたか者のことですね。「手ごわい」というニュアンスは形容詞のformidableで伝わるでしょうか？　formidableは「素晴らしい」という意味だけでなく、手に負えない敵や仕事を「手ごわい、恐るべき」と形容するときにも使われます。

そうですね。でも、もう少し強めた言い方にしたいところです。strongを付けてstrong and formidableとか。さらにsuchを加えて**such strong and formidable**として、いかに手ごわい相手なのかを強調してはどうでしょう？

いいですね。clever and tricky（巧妙で油断のならない）といった形容詞も使えそうです。

はい。他には、sly old fox（ずるい老狐）という面白い表現もあって、That client is a sly old fox.と言えば「あの取引先はしたたか者だ」という意味になります。経験豊富な策略家というイメージが伝わってきますよね。

紆余曲折

四字熟語

事情が込み入って、複雑な経過をたどること

A: Speaking of sub-Saharan Africa, I think you found it a rather difficult market to enter despite its huge potential.
（サハラ以南のアフリカといえば、大きな将来性があるとはいえ、なかなか参入しにくい市場だったことと思います）

B: Indeed. We took many **twists and turns**.
（全くです。われわれも紆余曲折を経てやっとここまで来ました）

twists and turns（曲がりくねり、紆余曲折）というちょうどいい英語表現があります。

似たような言い方でups and downsがありますが、これは運の上がり下がりですから違いますよね。

「紆余曲折」は「複雑な経過」ということであって、ups and downsのような「浮き沈み」のニュアンスはありません。ところで、ビートルズの名曲“The Long and Winding Road”は私の大好きな曲の一つですが、long and winding（長く曲がりくねった）が「紆余曲折」を連想させます。

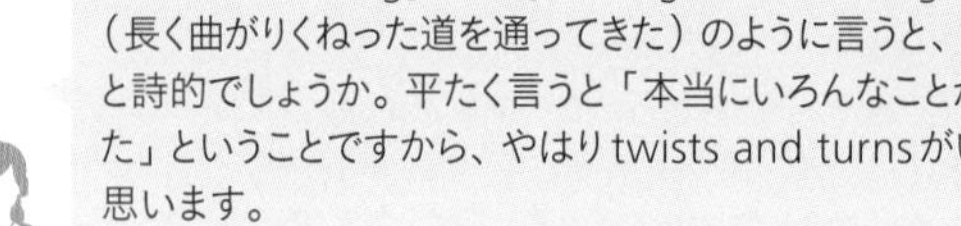

We came along[down] a long and winding road.（長く曲がりくねった道を通ってきた）のように言うと、ちょっと詩的でしょうか。平たく言うと「本当にいろんなことがあった」ということですから、やはりtwists and turnsがいいと思います。

うれしい悲鳴

(特に身辺が忙しくなったために)悲鳴をあげるほどうれしい

A: I hear your overseas sales teams have been performing extremely well due to the huge demand for your product.

(製品の大幅需要増で海外部門の販売が極めて好調らしいですね)

B: That's why we've been so busy recently. We're literally **screaming for joy** over our sales results!

(そのせいで忙しいんですよ。売り上げの成果にまさにうれしい悲鳴ですけどね!)

oxymoron(矛盾語法)という修辞法がありますね。例えば、an open secret(公然の秘密)やa clever fool(賢い愚者)というふうに、本来なら相反する内容の形容詞と名詞をあえて結び付けることで、複雑なニュアンスを効果的かつ印象的に伝えることができます。

そう、この場合も「うれしい、悲鳴」とは、一瞬、不釣り合いに感じますが、英語でも同じ感覚で表現できるんです。scream(悲鳴)や(ため息)といった一見ネガティブな語も、happy scream[sigh]や**scream for joy**と言えば文字通り「うれしい悲鳴」の意味になります。

あるいはgood problem(好ましい問題)という頻出表現を使って、I've got too many job offers to decide among them. It's a good problem to have.(仕事が舞い込み過ぎて選びきれず、まさにうれしい悲鳴だ)のように言ってもいいでしょう。これもoxymoronですね。

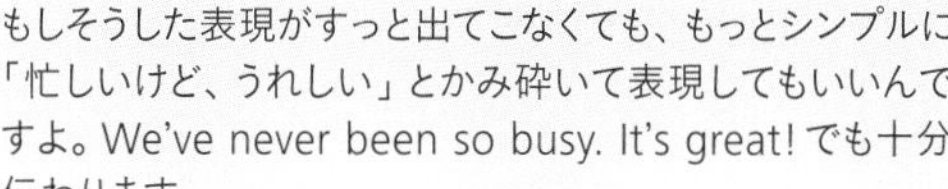

もしそうした表現がすっと出てこなくても、もっとシンプルに「忙しいけど、うれしい」とかみ砕いて表現してもいいんですよ。We've never been so busy. It's great!でも十分伝わります。

うんちくを傾ける

自らの蓄えている知識の全てを発揮する

A: Now I realize the hidden depths of Japanese sake. There is a lot to learn from you.
（日本酒の奥の深さを改めて認識しました。いろいろと勉強になります）

B: My colleagues tell me not to **act like a know-it-all** in front of our clients.
（同僚からは、お客さんの前でうんちくを傾けるのはやめろ、って言われます）

draw on one's learning（学んだことを生かす）とか share one's profound knowledge（博識ぶりを共有する）よりも、ちょっと強い方がいいですよね？

本来の「うんちくを傾ける」の意味、つまり「知識を出し尽くす」ということならそうした表現になると思います。でも、この語は最近では、一方的に知識を披露する人に対する皮肉として使われることも多いようです。

なるほど、上の例文もそうですよね。では、show off one's deep knowledge（博識をひけらかす）は？　ニュアンスが強過ぎるでしょうか？

いいと思います。また、ちょっと卑下した感じの表現で、know-it-all（物知り、○○通〔ツウ〕、物知り顔の人）という言い方があります。文脈によって、文字通り「ある方面において知識が豊富な人」という意味にも「いかにも物事や事情を全て分かった風に言う人、知識が多いことを得意がっている人」という皮肉的な意味にもなります。ここでは、**act like a know-it-all**（知ったような口を聞く）のように言うといいでしょう。

雲泥の差がある

故事・ことわざ

大きな差がある

A: How come that A Corp. launched a bid for us? Their size is roughly a third of what we are.
（どうして A社がうちの会社に買収を？　規模は、わが社の1/3程度です）

B: **There is** also **a huge gap** in terms of profit.
（収益面でも雲泥の差がありますしね）

「月とすっぽん、歴然とした差」と同類項ですね。ここでいう「差は」differenceかgapになりそうですが、どちらがいいでしょうか？

there is a big difference（大きな違いがある）や**there is a huge gap** in terms of ~（～の点で大きな隔たりがある）といった言い方ができますが、gapを使うと、A社を下に見ているニュアンスが感じられます。

なるほど。differenceが単なる「違い」を意味するのに対し、gapには「埋められない溝、隔たり」という意味があるからですね。

はい。でも、ここでは「よりによってなんであんなA社に」という感じですので、gapを使っていいと思います。

悦(い)に入る

物事がうまくいって満足し、心の中で喜びに浸る

A: Look at Ms. Suzuki. She's grinning at her own photos.
（鈴木さんを見て。自分で撮った写真を見ながらニヤニヤしてる）

B: That's not unusual for her. Whenever she takes a good shot, she seems to **be pleased with herself**.
（よくある光景だよ。うまく撮れたときはいつも一人悦に入るんだ）

「悦に入る」は、人の評価は関係なく自分が満足している状態なので、self-satisfied（自己満足の）が思い浮かびます。

self-satisfiedは自分では満足しているが他人はそうでもないという響きがありますね。

一方、「悦に入る」は「心の中で喜ぶ」、つまり他人と一緒にではなく「一人で」という感じです。

はい、なので文字通り**be pleased with oneself**という言い方ができます。ちなみに、complacentという語がありますが、これは満足していて現状を変えたくないと思っている場合に使います。happy and complacent（喜んで独りよがりでいる）と思いがけず足元をすくわれることもありますから、気を付けたいものですね。

絵に描いた餅

故事・ことわざ

到底実現できそうもない、意味のない計画

A: I hear that the Asian division has doubled its net profit target for this financial year.
（アジア事業部は今年度の純利益目標を前年比2倍にしたそうです）

B: I respect their ambition, but I think it's just **pie in the sky**.
（頑張るのはいいけど、それじゃ絵に描いた餅になるよ）

目標がちょっときついときに、英語ではThe target is a bit too ambitious.（その目標はちょっと意欲的過ぎる［高過ぎる］）と言いますよね。これは「絵に描いた餅」の感覚に近いのではないしょうか？

うーん、意味としては伝わりますが、「絵に描いた餅」の持つ「非現実的な」というニュアンスを伝えたいですね。

では、The picture is too rosy.（その見方は楽観的過ぎる）、あるいはIt's difficult to achieve ~.（～を成し遂げるのは困難である）といった言い方はどうでしょう？　「できる」という可能性を残さない方がいいですか？

そうですね。実現不可能という意味合いを表すには、ストレートにIt's just unrealistic[impossible].と言いましょう。また、「絵に描いた餅」とまさに同じニュアンスの**pie in the sky**（空に描かれたパイ）という言い回しを使うと日本語のニュアンスにぐっと近づきます。パイ・イン・ザ・スカイは口に出して言ってみると韻を踏んでいてきれいですね。

縁起でもない

(不吉な感じがして)幸先が悪い。縁起が悪い

A: I've just realized that our next big event falls on Friday the 13th.
(次の大きなイベントの日が13日の金曜日だって今気付いた)

B: Don't say things like that. It might **bring bad luck**.
(そんなこと言わないで。縁起でもない)

程度の差こそあれ、superstitious(迷信を信じる、縁起を担ぐ)なのは人間の性かもしれませんね。「縁起でもない」を一言で表すのは難しいですが。

「悪いことが起きそう」ということなので、シンプルに**bring bad luck**と言えるでしょう。ちなみに、英語圏で使われる縁起を担ぐ言い方に、knock on wood(災難除けに木でできたもの〔机や椅子など〕をたたく。イギリス英語ではtouch wood)、rabbit's foot(〔幸運をもたらすと言われている〕ウサギの足)というのがあります。

knock on woodは、本当に机をコンコンとたたくポーズをしながら言う人もいますね。rabbit's footの方は、小型のものをgood-luck charm(お守り)として、例えばお財布につけたり車の中にぶら下げたりしている人もいます。

はい、何か大事なときに「悪いことが起きないように」と魔除けをするのは万国共通です。

四字熟語

援護射撃

関係のある人の立場をかばうため、
行動や発言によってバックアップすること

Passion moves people. I'm sure that John would most definitely give us his **backup**.
（情熱が人を動かします。ジョンなら必ず援護射撃してくれると思います）

訳考

簡単に言ってしまうと、英語でのそのまま**backup**でしょうか？

はい、後ろに控えている人が行ってくれることなので、supportでもいいと思います。supportは職場でもよく聞く単語で、形容詞のsupportiveを使ってShe is very supportive.（彼女はとても協力的だ）なんて言ったりしますね。

なるほど、supportに加えて、helpでもいいかもしれないですね。直訳して「助け」とするよりも、「支援」もしくは「応援」と訳すとしっくりきます。

また、get one's backというフレーズもあり、これは「人の肩を持つ、応援する」という意味なのでまさに「援護射撃をする」というニュアンスで使えると思います。

イマドキ

炎上

SNS、ブログ、掲示板等のコメント機能を通じて特定の個人・企業に対する批判や誹謗中傷が殺到し、収拾がつかなくなること

I don't understand why people are **flaming** the company because of its TV commercial.
（どうしてこの企業のCMが炎上しているのか理解できません）

ネット上の「炎上」には動詞**flame**（燃える、燃え上がる）が使えます。目的語に炎上の対象を伴い、Many people flamed me for saying that ~.（私の～という発言が炎上した）のように表現します。There were flame wars on my recent post.（私の最近の投稿が炎上合戦を巻き起こした）のようにflame warsという語を使うと、議論が議論を呼んで炎上がエスカレートしていく様子が伝わってきますね。

注意したいのは、flameの主語は「バッシングされる側」ではなく「バッシングする側」であるということです。受け身にしてI've been flamed on my own blog.（私のブログが炎上している）のように言うか、もしくはMy blog has come under fire for saying that ~.（私の～という発言でブログが炎上している）ならOKです。under fireは「非難［攻撃］を受けて、砲火を浴びて」という意味です。

ネットスラングの一種であるflameを避けて表現するなら、My blog got a lot of negative reactions.（私のブログに批判的な反応が殺到した）やMy blog was criticized online by everyone.（私のブログがネットで多くの人々から批判された）などと言ってもいいでしょう。

イマドキ

おいしい

(状況や条件が)自分にとって好都合である

You mean I can get a double degree in four years? That sounds like a **sweet deal**.

(4年間で2つの大学の学位が取れるということ？　それはおいしい)

この「おいしい」は、金額が安かったり特典が付いたりといった、何らかの「お得感がある」ことですね。英語でもよく使われるa **sweet deal**（甘い［うまみのある］取引）、a good deal（良い取引）という表現がこれに近いでしょう。

juicyという形容詞にも「〔果汁がしたたるように〕うまみのある、もうけの多い」という意味があり、Too juicy to pass up.（断るにはもったいない）などと言ったりします。金銭に特化した話題ならa lucrative deal[business]（もうかる仕事［ビジネス］）が使えます。

しかし、世の中おいしい話ばかりではありません。It's too good to be true.（そんなの話がうま過ぎる）とつぶやきたくなるシーンの方が残念ながら多いかもしれませんね。

あ

スポーツ

王手をかける

成功や勝利を勝ち取るため、最終段階の勝負に出る

Now **it's make-or-break time.**
（ここで王手をかけよう）

訳考

将棋の「王手」はチェスでいえばcheck（チェック、王手）の状態ですから、checkmate、put ~ in check [checkmate]（～をチェックメイトに追い込む）と言っても通じます。また、「優勝に王手をかける、優勝まであと一歩だ」という状態は、We are one win away from the title.、We're just one step from winning the game.というフレーズで言い表せます。

例文のように「詰めの勝負に出る」という場合は別の表現を考えてみましょう。「勝負を終わらせる」ならシンプルにLet's finish off the game.（ゲームを片付けてしまおう）と言えますし、最後の一手とは言っても「一か八か」の勝負だったら**It's make-or-break time.**（一か八かのときだ）、It's do or die.（やるかやられるかだ）、It's all or nothing.（全てを得るか全てを失うかだ）などのフレーズがあります。

スポーツ

大一番

競技の優勝を決定するような大事な勝負のこと

A: Finally, we're going to announce that new product at the trade fair in Hannover.
（いよいよハノーバーの見本市で例の新製品を発表するんですね）

B: I can't wait. It'll be a **defining moment** in the history of our company.
（待ち遠しいです。わが社の歴史にとっても大一番ですから）

この場合の「大一番」はスポーツとは違いますからgameではないですね。decisive moment（決定的な局面）はどうでしょうか？

それよりもさらに劇的な表現だと思うのは、オバマ元大統領が選挙の勝利宣言で使っていた**defining moment**ですね。"In this election, at this defining moment, change has come to America."（この選挙戦で、この決定的瞬間に、アメリカは変わった）。

「正念場」という感じの決定的瞬間なら、crucial momentやcrunch momentという表現が思い浮かびます。後者は特に勝負がピンチを迎えている場合に使われます。

「大手をかける」（☞p.72）で紹介した表現にも類似しますが、sink-or-swim situation（のるかそるかの状況）、once-in-a-lifetime event（一世一代の大舞台）なども覚えておくといいでしょう。

イマドキ

大コケ

事業や計画、商品やサービス、
(映画やドラマなどの)コンテンツなどが全く当たらないこと。
大失敗や大損に終わること

Actors who star in massive hit movies get fame, but then they get beaten up if the movies turn out to be **flops**.
(大ヒット映画で主演する俳優は名声を得るが、映画が大コケしようものなら袋叩きに遭う)

訳考

単純に「コケる(＝歩いたり走ったりしていて転ぶ)」というのはfall (down)やslipですが、この文脈では「失敗すること」(failure)です。目も当てられないほどの「大失敗」の「大」の感じを出すにはdisaster (大失敗、失敗作、大惨事) が使えます。The movie was a disaster.(その映画は大コケだった) のように、「大失敗」の意味で使うときは可算名詞、「災害、災難」という意味では不可算名詞になることに注意しましょう。

また、**flop**という名詞にも「失敗作」という意味があります。もともとの意味である「音を立ててぶざまに倒れる[落ちる]」様子をイメージすると、腑に落ちますね。非常によく使われる表現です。

大風呂敷を広げる

故事・ことわざ

ほらを吹く。

実現するはずもない大げさなことを言ったり、計画したりする

A: I told my boss that we're going to win some big contracts this year.

(今期はうちのチームが大型受注をバンバン勝ち取ってきます、って上司に伝えてきた)

B: You shouldn't **overstate** it, should you?

(そんな大風呂敷広げて大丈夫?)

blow ~ out of proportion (~〔問題など〕を大げさに騒ぎ立てる、大げさに扱う) はちょっとニュアンスが違いますね。make a mountain out of a molehill (もぐらの掘り土から山を作る) だと、「針小棒大」という感じだし。

lay it on thick (厚く積み上げる) という似た表現がありますが、これは「〔話を〕盛る」(☞p.369) に近いです。

かみ砕いて「誇張する」と解釈すれば、**overstate** またはexaggerateを使えますね。overstateを名詞にしたoverstatement (誇張して言うこと) を使って、That's an overstatement. (それは言い過ぎだよ、ちょっと大風呂敷を広げ過ぎじゃないか) と言うこともできます。

「大口をたたく」という意味のtalk bigも「大風呂敷を広げる」、和製英語の「ビッグマウス」に近い意味ですよ。ついでに、反対の意味のunderstate (控えめに言う)、level with ~ (~にありのままに言う) も覚えておきましょう。level with ~は、They are leveling with us on the impact of the sales decline. (売り上げ減の影響について率直に語ってくれている) といった感じで使われます。

お蔵入り

ボツになること。公にしないこと

A: Do you remember the Project M in Chicago back last year? With the situation changed for the better, we've decided to start it again from scratch.
（昨年のシカゴのプロジェクトMを覚えてる？　状況が改善したので、仕切り直すことになったんだ）

B: Yes, I remember that. It **didn't see the light of day** at the time.
（うん、覚えてる。当時はお蔵入りした案件だね）

「お蔵入り」は計画などが取り止めになったり、いったん中止になったりする場合に使いますね。「実現しなかった」というニュアンスはdid not materializeで表せるでしょうか？

「実を結ぶことなく終わった」ことがシンプルに伝わっていいですね。暗い蔵の中にしまい込まれてしまうイメージまで伝えたいときには、**not see the light of day**（日の目を見ない）というフレーズがあります。本や映画などが公開されずに終わることを表す表現です。

「～を棚上げする」という意味のshelveも使えそうですね。The project was shelved.で「（また後から再開する可能性もゼロではないが）そのプロジェクトはいったん中止［取り止め］にする」という意味合いになります。

はい。shelve（棚に載せる）には、日本語の「棚上げする」と同じように「見送る、延期する」という意味もあります。ちなみにビジネスでは「解雇する」の意味もあります。

おこぼれにあずかる

他人が得た利益の中からわずかな一部を、
恩恵にあずかって与えてもらう

A: Our company showed a record profit, but speaking of myself, I haven't achieved my quota.
（会社は記録的な利益を計上したけど、自分に関して言うと、ノルマは達成できなかった）

B: Neither have I. We could **get a tiny share of the profit** for our bonus, though.
（私もそう。でも、ボーナスは利益のおこぼれに預かれるかも）

「おこぼれ」はa tiny share。よく耳にするのは**get a tiny share of the profit**（利益の小さな配分を得る）というフレーズです。

はい、a small shareを使ったget a small share of what someone is enjoying（人の分け前を少しだけもらう）という言い方もありますね。

なるほど、このenjoyは「享受する」ですね。「おこぼれ」とはニュアンスが違いますが、「漁夫の利」（第三者が利益をかっさらう）という状況だったら何と言えばいいでしょうか？

それだったら、Two dogs fight for a bone, and the third runs away with it.（直訳は「二匹の犬が骨を巡って争ったが、骨をつかんで逃げたのは別の犬だった」）ということわざがありますよ。

押しも押されもせぬ

実力があって堂々としているさま。

世間から実力を認められているさま

A: A thorough product review by Y Corporation's new management seems to have borne fruit in the end.
（Y社の新しい経営陣による製品の徹底的な見直しが、結局実を結んだようです）

B: That's right. It has **earned a strong presence** in the industry.
（そうですね。Y社は業界で押しも押されもせぬ存在に成長しました）

「強い存在感を確立する」という意味で、establish a strong presenceでしょうか？

うーん、いいと思いますが、もうひとひねりしませんか？　かつては弱小だったけど、ここまで立派に成長した、というニュアンスを込めて…。

それなら、「勝ち取る、獲得する」といった意味合いのearnがいいですね。**earn a strong presence**と言うことができます。

あるいは、grow to ～（成長して～になる）を使った、grow to establish a strong status（成長して盤石の地位を築く）もいいでしょう。

お互い様

利益や負担、責任などにおいて、双方が同じ立場にあること。

A: We'll make sure this kind of misunderstanding will not happen again.
（このような誤解が二度と生じないように徹底いたします）

B: No worries. **It's on both of us.**
（ご心配なく。悪いのはお互い様ですから）

困ったとき、苦しいとき、悪いときなどに使う「お互い様」。どっちもどっちという意味ですから、ここでは**It's on both of us.**がいいでしょうか？

そうですね。ここでは「お互い悪い」という意味なのでWe're both at fault.と言ってもいいと思います。

ところで、「お互い様」は「困ったときはお互い様、だから助け合おう」という文脈で使われることも多いですね。そんな場合は、We should help each other out when times get tough.と言い表せばいいでしょう。

はい、その場合は、give and takeという意味合いです。「お互い様」は使用範囲の広い、非常に日本語的な表現ですね。

お調子者

軽々しくすぐ調子に乗る人。

いい加減に周囲の調子に合わせる人

A: Do you happen to know James who recently transferred to the export department?
(最近輸出部に異動になったジェームスって知ってる?)

B: Yes, I do. James is a bit of a **clown**, but he's a nice man.
(うん、知ってる。ちょっとお調子者だけど、とてもいい人だ)

訳考

「お調子者」は「調子はいいけど、ちょっと抜けたところがある」ニュアンスですよね。英語に相当するのは**clown**(道化)でしょうか?

道化の役割はシェイクスピアを筆頭に英文学で必ず必要となる存在です。イタリアのオペラブッファもそうです。ブッファとはcomedy(喜劇)のこと。

対するは「オペラセリア」。セリアはserious(真面目な)の意味で、神話や伝説に基づくオペラですね。

All the world's a stage, and all the men and women merely players.(この世は舞台、男も女も役者にすぎない)というシェイクスピアの名言もありますね。お調子者には場を和ませる役割がありますが、調子に乗り過ぎて雰囲気にのまれてしまうことはget carried away(図に乗る、悪乗りする、度を越す)と言います。

落とし所

両者が納得する解決策。折衷案

A: I'm afraid I'm not so easily convinced. Aren't there any remaining issues?
(そう簡単には安心できそうもありません。解決すべき問題はもうないのでしょうか?)

B: We still have a few minor ones, but we'll be able to find **some common ground** after sorting them out.
(些細な点がいくつかありますが、解決すれば落とし所を見つけられると思います)

「落とし所」は「着地点」などとも言いますよね。意見の相違があるときに、how to come to an agreement(どう着地させるか)といった表現を使ったりします。

comeではなくreachを使ってhow to reach an agreementとすると、合意点を探るという感じが出ますね。あるいは、find **some common ground**(共通の土台を見いだす)のように言ってもいいと思います。

合意までのプロセスに焦点を当てれば、find a point of compromise(妥協点を見いだす)といった表現も使えるかもしれません。

あるいは、We still have a few minor issues that need to be worked on.(話し合わなければならない些細な問題がまだいくつかある)のように説明しても言いたいことは十分伝わると思いますよ。日本語にとらわれずに柔軟な発想をすることも大切です。

故事・ことわざ

同じ釜の飯を食う

生活を共にした親しい仲間であることの例え

A: It has become quite common for Japanese business-people to change their career.
（日本の会社員にとって転職はごく普通のことになっています）

B: The expression "working together **through thick and thin**" seems to no longer apply.
（「同じ釜の飯を食う」、という考えはもはや通用しないようですね）

「同じ釜の飯を食う」は、「仲間として苦楽を共にする」ということですよね。仲間意識として「同じ義務と忠誠心を持つ」と解釈して、have the same sense of duty and loyaltyのように言うのはどうでしょうか？

いいと思います。あるいは、「楽しいことも辛いことも共有する」という点にスポットを当てて、**through thick and thin**（良いときも悪いときも）や(come) rain or shine（晴れの日も雨の日も）というイディオムを動詞表現と組み合わせて表すこともできます。例文ではwork together（共に働く）を使っています。

be in the same boatというフレーズもありますが、これは「一蓮托生」(☞p.44) で紹介したように、困難などあまり好ましくない状況を共にする場合に使います。

はい。ところで、「仲間」(company) という単語は"com pane"、つまり「共にパンを食す」という意味のラテン語がルーツの言葉で、まさに日本語の発想と同じように「一緒に食べる」という意味から「仲間」となったんですよ。

鬼に金棒

故事・ことわざ

強い者にさらに強さが加わること

A: We're desperate to find a replacement. We've been trying to recruit Mr. Kuroda of X Corp., but he's hesitant to move to our company.
（何とか後任を探さなければ。X社の黒田さんを採用しようとしているんだが、彼はこっちに移ることをためらっているんだ）

B: His move would **give** us **a tail wind**.
（彼が来れば鬼に金棒ですけどね）

「さらに強くなる」という意を汲んで、further strengthen our positionではどうでしょう？

でもこれだと鬼が金棒を得た、つまりもともと強いものが味方や武器を得てさらに強力になったというニュアンスが出せません。

なるほど。日本語でなら、他にも「竜の雲を得るごとし」という表現がありますが、英語で伝えるには…。

例えば「追い風」を表すtail windという表現を使うのはどうでしょう？ **give ~ a tail wind**で「～に追い風になる」という意味になります。ちなみに「向かい風、逆風」はa head windと言います。

オブラートに包む

遠回しな言い方をする

A: His English is difficult to understand. I sometimes don't know what he's driving at.
（彼の英語は分かりにくい。言わんとしていることが分からないときがあるし）

B: The same thing can be said of his Japanese. He often **speaks very indirectly**.
（彼の場合、日本語でも同じ。オブラートに包んだ言い方をするからね）

To put it mildly, ~（柔らかく言うと～）と切り出すのはどうでしょう？　put things in milder terms（もっと柔らかく言う）と言いながら、実際にはきつい内容的だった…ということもありますが（笑）。

そうですね。in other words（他の言い方をすれば）、to paraphrase ~（～を言い換えると）などと言って、手を替え品を替え、何とか相手を説得しようというのはよくある交渉術です。あるいは、直接的な言い方をしないという意味で、**speak very indirecty**[softly]を使ってもいいですね。

beat around the bush（やぶの周りをたたく＝遠回しな言い方をする）というイディオムが思い浮かびましたが、これも表現も日常会話ではよく使われますよね。はっきり言ってほしいときに、Don't beat around the bush.（回りくどい言い方はやめて）のように。

はい。あと、sugarcoatという語も紹介しておきましょう。「錠剤を糖衣で包む」ことからきた表現で、「うわべをよく見せかける」という意味で使われます。日本語の「オブラートに包む」にも通じるところがありますね。

オフレコ

記録に残さないこと。世間に公表しないこと

A: I hear that your project in Myanmar has been a great success.
（ミャンマーでのプロジェクトは大成功だったようですね）

B: Thank you. **Off the record**, there were a couple of big issues.
（お陰様で。オフレコですが、いくつか大きな問題があったんですよ）

オフレコはそのまま**off the record**でよさそうですね。「オフ・ザ・レコード」の音をカタカナ4語にまとめて言ったものですから。

何を記録に残すか残さないかは非常に重要ですよね。もっと限定された「ここだけの話」ということであれば、between you and meやkeep it between[among] ourselves（私たちの間だけのことだけど）と言って切り出すこともできます。

他に、off the cuff（即興の、とっさの）というイディオムには、「非公式で[内々に]何かを伝える」という意味もあります。

cuffとは「袖口」の意で、舞台役者が袖口にせりふを書いて急な出番に臨んだことがこの語の由来になっているんですよね。私も会議で議事録の書記役が回ってくるときがありますが、そのときも、やはりありますよ、「オフレコで」ということ。

四字熟語

汚名返上

不名誉な評判を覆すこと。名誉挽回

A: It seems that the East Coast market has finally turned the corner.
(東海岸市場に関しては、ようやく最悪期を脱したと思う)

B: We should **regain our reputation** by keeping up the good work.
(このまま頑張って汚名返上といこう)

clear one's name(汚名をそそぐ)はどうでしょうか? ストレート過ぎて芸がない?

いえ、英語も日本語と同じような意味で使われているので悪くないと思います。ただし「下がった評判を取り戻す」という、いわば「名誉挽回」に近い意味で使うのであれば、もうちょっと説明が必要ですね。

なるほど。では **regain one's reputation**(名声を取り戻す)、redeem oneself(自分自身を取り戻す、名誉挽回する)はどうでしょう?

いいですね。こんなふうに前向きに言われると、単純な私だったら「よし、やるぞ!」となりそう。

思うつぼ

相手の意図した通りになること

A: They initially proposed a fifty-fifty joint venture, but now they insist on taking a controlling stake.
(当初、先方は折半出資の合弁会社を提案してきたのに、今では経営権を握りたいと主張しています)

B: If we accepted it, it would all **go according to their plan**.
(もし承諾したら、相手の思うつぼですね)

「相手の思い通りになる」ということですね。It turned out just as they wanted.（相手の望んでいた通りになった）という言い方もありますが、相手の「はからい」のニュアンスが出る**go according to someone's plan**（全てが人の計画通りに進む）の方がしっくりくるでしょうか？

play (right) into someone's hands（人の都合のいいように行動する）という言い方もあります。

つまり「(まんまと) 術中にはまる」という意味で、カードゲームに由来する表現ですね。

はい、英語ではこのようにカードを使った表現も多用されます。他によく使われるカード由来の言い回しに、play one's cards close to one's chest（手の内は見せない）というのがあります。

四字熟語

お役御免

もう役目を果たす必要がないとして、担当や地位を退かされること。また、それまで使われていたものが、新しいものに取って代わられて用いられなくなること

A: I respect your samurai spirit, but to be honest with you, your way of thinking is outdated.
(君の武士道精神は尊重するけど、正直言って、今どきもう古い考え方だと思う)

B: Well, you're right. I could **be asked to leave my position** at any time.
(うん、確かにね。今の仕事も、そろそろお役御免かもしれないし)

「お役御免」をI could be dismissed soon.（私はもうすぐ解雇されるかもしれません）としたら、あまりにも直接的ですよね。

そうですね、ちょっと強いでしょうか。could beで「かもしれない」という和らげる感触は出ているといえば出ていますが。あと「お役」にぴったりの語感のものって、なかなか難しいですね。

「お役」は「仕事」という意味ですが、jobではないので、positionの方がいいかもしれませんね。jobは「職業、職種、職歴、経歴」、positionは「〔会社などでの〕地位、職」の意味で使われます。

「お役御免」は、地位や職を追われるということなので、**be asked to leave one's position**のように、positonの方がしっくりくると思います。また、抽象的に「〔属している集団や世間から〕必要とされなくなった」という場合の「お役御免」なら、I was told I was no longer needed[required, necessary].と言えるでしょう。

オワコン

イマドキ

かつては人気があったが、時代に合わなくなり大衆から見捨てられたコンテンツ・サービス・商品

Flip phones are said to be **obsolete**, but I'm still using one.

（ガラケーはオワコンのように言われていますが、私はまだ使っています）

広く「時代遅れだ、廃れている」と解釈すると、outdatedという形容詞が汎用性も高く使いやすいでしょう。ですが、「オワコン」という言葉に含まれる冷やかしやあおりのニュアンスをより忠実に表すなら、**obsolete**がいいかもしれません。「そんなものにはもう誰も見向きもしないよ」と突き放すような感じが出ます。

この他にもout of fashion（〔ファッションや価値観などが〕流行遅れになった）、past one's prime（最盛期［ピーク］を過ぎている）など、時代に取り残された物事に関する表現はたくさんあります。ちなみにガラケー（ガラパゴス携帯電話）は、折り畳み式の携帯ならflip phone、スマートフォン以前に主流だったテンキー付きの多機能携帯ならfeature phoneで通じます。

恩知らず

恩を受けても感謝せず、それに報いようとしないこと

A: It's a pity that she left the company. I spent so much time teaching her skills and know-how.
（彼女が会社を辞めたのは残念だ。時間をかけてスキルやノウハウを教え込んだのに）

B: I'm sure she's not **ungrateful**, but she was offered twice her salary here!
（彼女が恩知らずなんてことはありません。でも、ここの2倍の給料を提示されたんです！）

「恩知らず」はきつい言葉なので、和らげて言うのは難しいですね。grateful（感謝している）の反対語 **ungrateful**（感謝の念を持たない）が近い感じでしょうか？

逆に「恩に着る」という感覚なら、I owe you one.（世話になったので後で必ず返しますよ）という言い方はありますよね。

借りたものは返すというのがbilateralism（双務主義）の原則ですが、このところ世界的にunilateralism（一国主義）がはびこり始めているのが気になります。

何を恩義に感じるのか、お互いにどのように報いるのか、国際関係はまさにこの問題であふれているといえますね。

温度差

ある物事に対する関心や熱意、態度の差、違い

A: Is your band going to break up?
（君のバンドは解散するの？）

B: Yeah, there is a widening **gap between** us over music.
（ああ、音楽の理解を巡ってかなり温度差が出てきてるんだ）

「温度差」は「熱意や関心度の差」ということですが、そのまま**gap between ~**（～の間にある差、隔たり）は使えますか？

はい。メディアでもa widening gap between ~（～の間に広がる差）というフレーズが使われていました。There's a widening gap between the United States and Japan over the North Korean issue.（北朝鮮問題を巡って、日米の温度差が開きつつある）のように。あるいは、a difference in the level of ~（～の程度における違い）と言ってもいいと思います。

「物事の持つ意味は人によって異なる」と捉えれば、物事を主語にして~ mean different things to different peopleという言い方もできそうですね。

形容詞のdifferentで関心度の違いを表すのはありですね。I really think music means different things to different people.（確かに人によって音楽の感じ方は違うと思う）のように。

恩を売る

相手からの感謝や見返りを期待し、
のちのち自分の立場を有利にする目的で恩を施す

A: We have to add another supplier to cope with the increasing number of orders. How about asking XYZ Corp.?
（注文増に対処するため、仕入れ業者を1社追加しなくてはなりません。XYZ社にお願いするのはどうでしょうか？）

B: Doing so would **make them feel obligated to** give us some of their business **in return**.
（そうすることで、恩を売っておけますね）

頭に浮かんだのはdo ~ a favorですが、「～に手を差し伸べる」という意味なので、「借りをつくる」というニュアンスはあまりありませんね。

favorは純粋に「親切心から助ける」という感覚なので違うかな。

「売る」という言葉に込められた計算ずくのニュアンスを表すなら、make ~ feel obligated to ...（～に…する義務を感じさせる）でしょうか？

そうですね。その義理が恩の「見返り」であることを明確にして、**make ~ feel obligated to ... in return**のように言うといいと思いますよ。

078

顔色をうかがう

身体部位

相手が何を考えているか推察しようとしたり、
相手の機嫌を気にしたりする

A: Could you explain the current situation of the project to the board?
（プロジェクトの現状を役員に説明しておいてもらえますか？）

B: All right. I will try to **read their faces** while having a pint of Guinness.
（了解。ギネスビールでも一杯やりながら、顔色をうかがっておくよ）

「顔色をうかがう」はfind out what they think（彼らが何を考えているのか探り出す）という意味ですよね。

はい。「顔色」というなかなか味のある言い方を生かすなら、**read one's face**[mind]（表情［心の中］を読み取る）という表現もあります。

一方で、この言葉には「保身のために相手の表情や機嫌を気にする」というネガティブな意味もありますよね。「彼はいつも上司の顔色ばかりうかがっている」のような。

そんなときは形容詞sensitive（敏感な）を使ってみましょう。He is always (too) sensitive to his boss's facial expressions[moods]. と言えますよ。

顔が利く

身体部位

か

信用や力があり、相手に便宜を図ってもらえる

A: Have you heard from the Ministry of Trade and Industry in Singapore about the approval for the project?
（プロジェクト認可に関してシンガポールの貿易産業省から連絡は来ましたか？）

B: Not yet. We need to find someone who **has influence** in speeding up the process.
（まだですよ。急いで進めるには、顔が利く人を探す必要がありますね）

物事を有利に進めるための「影響力がある」ということですから、**have influence**とか、be influentialを使ったらどうでしょうか？

influencerという名詞もありますよ。最近ではSNSなどを通じて社会に影響力を持つ人のことをinfluencerと呼びますが、この言葉は日本語にも入ってきていますね。

「コネがある」と捉えて文字通り英語にするなら、have connectionsですね。

「広いコネ」なら、have wide connectionsと言います。アメリカではセレブがコネに頼って子どもを大学に不正入学させていたという残念な事件もありました。

顔が広い

身体部位

か

交際範囲が広い。知り合いが多い

A: Look at Louise! She's been talking to different people, one after another.
（ルイーズを見て！ 次々にいろんな人と話をしている）

B: I'm amazed that she **knows so many people** across industries.
（彼女が業界を超えて顔が広いのには驚くね）

顔は直訳すればfaceですが、big faceやwide faceとは言えないですよね。

はい、顔の特徴になってしまいます（笑）。

定番表現は**know so many**[a lot of] **people**でしょうか？ 他にはどんな表現がありますか？

交際範囲の広さを強調するなら、be very sociable（非常に社交的だ）、have a wide circle of acquaintances（知り合いが多い）という言い方ができます。また、主に地位の高い人やセレブリティに対して使う言葉ですが、「社交家」を表すsocialiteも的確でしょう。She is a well-known socialite in the art world.（彼女はアート界で名の知れた社交家だ）というように使います。

身体部位

顔に泥を塗る

名誉を傷つける。面目を失わせる。恥をかかせる

か

Don't **make me lose face** in front of the client.
（取引先の前で私の顔に泥を塗るようなまねはしないで）

Don't put mud on my face. では相手にうまく伝わらないでしょう。humiliateやembarrass（恥をかかせる）はDon't humiliate[embarrass] me.のような形で日常的に使える語ですが、「顔に泥を塗る」ほど強い意味合いではありません。

lose face（面目を失う）ならニュアンスをうまくカバーすることができるでしょう。**make ~ lose face**で「～の面目をつぶす、～の顔に泥を塗る」の意味になります。

よりフォーマルな言い方としては、bring shame to ~（～の面目をつぶす、～の名を汚す）やdisgrace（～に不名誉をもたらす、～の品格を貶める）などの語も使えます。

顔パス

イマドキ
身体部位

顔なじみであったり、地位や権力があったりすることから、利用に制限のある施設や場所に無料で入れること

Oscar **has a VIP entry**, so if you go with him, you could probably get in for free, too.
（オスカーは顔パスで入場するから、彼と一緒に行けば君もおそらく無料で入れるよ）

訳考

「顔パス」は、施設やイベントの関係者と通じているため事前に話がついていて、入場料を免除されたり、制限のある場所に通してもらえたりすることを指します。ぴったりと対になる訳語はありませんが、シンプルにHe can get in (for free) because he has connections.（コネがあるから〔無料で〕入れる）と言えば十分伝わります。

また、know the right peopleという表現があり、いわゆる「関係者、〔特に〕有力者」とつながりがあるという意味です。

「顔パス」を「VIP待遇」の一種であると解釈すると、もっとスマートに言えそうです。「VIP」はVery Important Personの略称で、He gets the VIP treatment at this event, so he can get in for free.（このイベントでは彼はVIP待遇だから、タダで入れるんだよ）、またはよりシンプルにHe **has a VIP entry**.（彼はVIP入場だ＝顔パスだ）と表現することができます。

身体部位

顔を立てる

人の面目が立つようにする。名誉を保てるようにする

か

A: Frankly, it's the first time for me to negotiate with a Chinese person. Any advice?

（実は、中国の方との交渉は初めてなんです。何かアドバイスは？）

B: What is important is to **save face**, no matter how tough the negotiations become.

（重要なのは、相手の顔を立てること。どんなに交渉が厳しいときでもね）

lose face（面目を失う）（☞p.96「顔に泥を塗る」）の反対語の**save face**でどうでしょう？

save faceは日本語の「面目を保つ」に似ているのでイメージしやすいですね。

アジアでは特に、相手の立場を尊重することがコミュニケーションの上で非常に大切ですよね。他の言い方としてはshow consideration（配慮を示す）、convey respect for someone's position[standing, reputation]（人の立場に敬意を払う）があります。

「～に恥をかかせない」（avoid making ~ feel embarrassed）、「名誉を守る」（retain one's respect）というのがポイントですね。交渉においてこれはぜひ守らねばならない要件です。

かけがえのない

他に代わるものがないほど価値のある。唯一無二の

A: His sense of responsibility and leadership were remarkable. He also had a good rapport with his subordinates.
（彼の責任感とリーダーシップは素晴らしかった。部下からの人望も厚かったしね）

B: Yes, you're right. He was just someone that **we couldn't do without** in our company.
（おっしゃる通りです。わが社にとってかけがえのない存在でした）

例文では、退職した社員を「かけがえのない存在だった」と惜しんでいるようですね。most valuable（極めて貴重な）といった形容では、ちょっとMVP（most valuable player＝最優秀選手賞）みたいでしょうか？

確かに（笑）。「特別な存在だ」という意味合いのフレーズはいろいろありますよ。like no other（比類ない、唯一無二の）を使ってHe is special to us like no other. と言ったり、one of a kind（ユニークな、比類ない）を使ってHe is our one of a kind. と言ったりします。

もう少しひねって「彼がいないと困る」と解釈し、He is just someone that **we can't do without**. のように言うこともできそうです。

そうですね、「なくてはならない」というニュアンスがよく表現されています。

か

牙城を崩す

手ごわい相手の本拠地や実績に壊滅的な打撃を与える

A: Despite our recent positive performance, there is still a sales gap of 10 billion yen between ourselves and X Corp.

(最近これだけ業績が伸びているのに、X社とわが社とでは売り上げでまだ100億円もの開きがある)

B: We need to **pull** it **down from its dominant position**.

(X社の牙城を崩さなければなりませんね)

「牙城」はdominance(支配)と言い換えられそうですね。「崩す」は、pull down(引きずり下ろす)を使って、pull down the dominance of ~となるでしょうか?

dominanceのところがちょっと直訳過ぎるような気もします。「支配的な地位」ということなので、dominant positionを使って、**pull ~ down from its dominant position**、もしくはtake ~ on to pull it down from its dominant positionとするのがいいと思いますよ。

文脈によって、簡潔にget one's market share(市場シェアを奪い取る)のように言ってしまってもよさそうです。一番簡単なのは、Go get them!(いけ、やっつけろ!)というバスケットボールなどの声援みたいに、シンプルなものですね。

熱が入ったスポーツ談義ならともかく…。ここではビジネスの話題なので、最初のpull downを使った言い方にしましょう。

かすりもしない

（成功や正解から）かけ離れていて、惜しい状態ですらない

We thought our proposal was attractive, but they **didn't show any interest at all**.

（われわれとしては魅力的な提案をしたと思ったのですが、かすりもしませんでした）

「大外しをする」、つまり「相手の要望にはほど遠い」ということですね。They **didn't show any interest at all**.（彼らは全く興味を示さなかった）、またはIt was far (off) from attracting them.（彼らを魅了するにはほど遠かった）などと言えば「かすりもしない」に近いでしょう。

not even (remotely) closeという表現もよく使われます。この文脈でのnot remotelyは「ほんのわずかも〜ない」（not slightly）という意味の副詞で、You're not even remotely close to the (right) answer.なら「正解にはほんのわずかも近くない＝かすりもしない」となります。また、do not even come closeも、同じ意味の頻出フレーズです。

オノマトペ

ガタガタ

安定を失って、混乱した大変な状況に陥っているさま。

あれこれとしつこく文句を言うさま。

寒さや恐怖に耐えきれず激しく震えるさま。

戸や窓、家具などが小刻みに揺れ、触れ合って音を立てるさま

Since he resigned, that department has **been a shambles**.

（彼が辞めてから、もうあの部署はガタガタですよ）

組織やチームが安定や秩序を失って「ガタガタ」になる場合は、**be a shambles**（混乱を極める、目を覆う有様だ）でうまく表せます。動詞shambleは「よろよろ歩く、よろめく」という意味ですが、名詞shamblesでは「大混乱」の意になります（単数形でもsが付いていることに注意してください）。よりシンプルに言い換えると、be very disorganized（組織が乱れて、散らかって）やbe out of order（秩序が乱れて）といったところです。

「ガタガタ文句を言う」にはcomplain（不平不満を言う）がいいでしょう。「細かいことでガタガタ言うんじゃない」ならDon't complain about trifle matters.となります。

「ガタガタ震える」ともよく言いますね。shakeやshiverは寒さ・恐怖いずれの震えも表現できる語です。特に恐怖からくる震えの場合は、shake[shiver] with fearという言い方もします。

「雨戸が風でガタガタ音を立てている」は、rattle（ガタガタ［カタカタ、ガラガラ］と揺れる、鳴る）を使ってSliding shutters are rattling in the wind.と言い表せます。

肩透かしを食(ら)う

身体部位
スポーツ

相手に軽くかわされたりはぐらかされたりして、拍子抜けする

I have made the proposal several times, but so far, they **haven't taken it seriously**.

（何度も提案していますが、肩透かしを食らってばかりですよ）

　このような表現は、意味の「明示化」を先に行うと以外に訳しやすくなります。「肩透かし」とは相撲に由来する言葉で、相手が突進してくるところを、身をかわしてよけ、相手の肩口をはたいて引き落とす技のこと。要は「真剣に向き合ってもらえない、真剣に検討してもらえない」ということでしょうから、そのニュアンスを**don't take it seriously**やdon't deal with it seriouslyなどで表してみましょう。

　あるいは、スラングですがdon't give a damn（気にも留めない、知ったこっちゃない）という表現もあります。「受け流す」(☞ p.55）のdodge（巧妙に逃げる)、「スルーする」(☞ p.216）のignore（無視する）などの訳考もぜひ参考にしてください。

「〔期待外れ、あるいは予想外で〕拍子抜けする」というニュアンスを強調したいなら、文脈によってはanticlimactic（拍子抜けの）という形容詞が使えます。例えば「同僚の間で評判のセミナーに参加したが、肩透かしを食らってがっかりだった」なら、When I attended the seminar that my colleagues had spoken of so highly, I found it anticlimactic and a bit of a letdown.といった具合です。

肩に力が入る

身体部位

か

緊張やストレスなどで、身体に余計な力が入る。

頑張り過ぎてしまう

A: The presenter looks so nervous and tense. We can see that even from this distance.
(あの司会者、やけに緊張して硬くなっているように見えるね。遠くからでも分かる)

B: Look at the large audience. No wonder he's a little **stiff** in the beginning.
(大勢の聴衆を見て。最初はちょっと肩に力が入るのも無理ないよ)

若干冷やかしのニュアンスを含んでいますが、同僚同士の会話で、Don't try too hard to impress.（いい格好をしようとするな）という表現に出合ったことがあります。

それ、「肩に力を入れるな」の意味としても使えそうですね。無理に直訳するよりも、意味が通るようにした方が分かりやすいですから。

「冷や汗をかく」というのはそのまま訳せますけど（☞p.327）、どうも英語では直接に「肩に力が入る」とは言わないようですね。もっとも、「肩が凝る」はshoulders become[get] stiffと言いますが。

確かに。だとしたら「肩に力が入る」はbe[become, get] **stiff**と言えばいいと思います。私、昔は極端な上がり症だったんです。でも、本番になるとどういうわけか肝が据わって日頃以上の実力が出る、というパターンで今まで生き抜いてきました。いわゆる「本番に強い」（perform well under pressure、do good when it counts）というものです。

肩の力を抜く

身体部位

リラックスし、緊張やストレスでこわばった身体をほぐす。

気負い過ぎずに、ゆったりと構える

When making a presentation, just **loosen up your shoulders**.

（プレゼンのときは、肩の力を抜いてリラックスしよう）

英語で仕事をしていると、プレゼンの前にDon't be so still! Relax! Enjoy!（そんなに硬くなるなよ！　リラックスして！　楽しもう！）などと励まされるシーンには必ずと言っていいほど出くわすものです。これらの言葉は日常会話でもビジネスの場でもよく使われるものですが、もう一つポピュラーな表現としてぜひ使いこなせるようになりたいのが、Take it easy.（気楽にいこう）というフレーズです。Take it easy and relax. というように、セットで使われたりもします。

また、まさしく「肩の力を抜いて」と訳せる**Loosen up your shoulders.**もぴったりです。unwind（巻いたものをほどく、くつろぐ）も時々耳にしますね。Just relax and unwind. と言いますが、これは仕事を終えたときに、「風呂でも入ってゆっくりしてください、ゆったりとした音楽でリラックスしてください」という感じです。

ガチで

イマドキ
オノマトペ

真っ向勝負で。本気で。手加減なしで

か

This time, we'll try to close the deal **in earnest**.
（今回はガチで取引成立を狙いますよ）

訳考

「ガチで＝全力を尽くして」と解釈してシンプルにThis time, we will try our best to close the deal.と言ってもいいですし、普通の文に**in earnest**（真剣に）を加える方法でもニュアンスが出せます。

副詞seriously（真剣に）やliterally（文字通りに）も、「本気度」を表せる頻出表現です。感覚的には、seriouslyが「マジで」、literallyが「ガチで」に近いでしょう。literallyをこの用法で使うようになったのは比較的最近のことで、主に若い世代に支持される表現です。I'm literally starving!（ガチで飢え死にしそう！）のように、literallyの後に程度の強い表現を組み合わせる傾向があります。

ガチガチに

オノマトペ

非常に硬い様子。物事やしきたりが堅苦しく、
あるいはこだわりが細部にまで及び、自由度がない状態。
人の表情や動きがこわばっているさま

Lawyers try to draft contracts so that they're **watertight**.
（弁護士は、契約書をガチガチに固めようとするからなあ）

「ガチガチ」のコアの意味は物事が非常に固い［硬い］ことです。物理的に固い「もの」に関してはfirmが使われます（筋肉や地面、食べ物などの表面が「固い」）。一方、solidは、中身がしっかり詰まっていて、あるいは金属や氷など密度の高い物質でできていて「硬い」という意味合いです。

「ガチガチ」でがんじがらめのルールや規制はtight [stringent, rigid] rules[regulations]と言います。物事に自由度や遊びがない様子は、Everything is so square.（ガチガチで堅苦しい）やThere's no flexibility.（柔軟性がない、融通が利かない）などのフレーズで表せます。

人がガチガチに緊張している様子は、tenseでしょう。nervousよりも、緊張し過ぎて動きが不自然になってしまうニュアンスがあります。

例文では「契約書の内容」を「ガチガチ」と形容していますが、議論や文書、計画などが異論を挟む余地がないほど念入りに作り込まれている場合は**watertight**（水も漏らさぬ、隙のない）という形容詞が使えます。元は「〔ボートやハッチなどが〕水漏れしない、水密性の」という意味で、意味の派生の仕方が面白いですね。

勝って兜(かぶと)の緒を締めよ

故事・ことわざ

勝った後こそ油断せず気を引き締め、ますます精進せよ

A: Don't worry. They have already signed a commitment letter. The project raised our presence in Illinois.
(大丈夫です。彼らは同意書にサイン済みですから。このプロジェクトのおかげでイリノイ州でのわが社の存在感は高まりました)

B: That's good, but **we shouldn't lower our guard**.
(それはよかった。でも、勝って兜の緒を締めよ、ということを忘れずに)

We should remain modest after success.（成功の後は謙虚に）というのはピンとこない、と言われたことがあります。

ニュアンスを正しく伝えるというのは、時に難しいことがありますね。この表現は、「成功の後こそ気持ちを引き締めるのが大事」ということを伝えたいんですよね。

We shouldn't lower our guard. で「守りを固めろ」ということでしょうか？

そうですね。「油断してはならない」というニュアンスがうまく出ています。あるいは、形容詞complacent（満足して悦に入る）を使ってWe shouldn't be complacent.（現状に安住してはならない）と言い表してもいいでしょう。どちらの表現も、気の引き締まる緊張感が伝わってきて、このことわざの訳語としてふさわしいと思います。

かぶる

イマドキ

重複する、重なる

Mr. Iida, we accidentally **have the same** tie on. Where did you buy yours?
（飯田さん、ネクタイかぶっちゃいましたね。どこで買いましたか？）

「同じだ」ということなので、**have the same ~**（同じ～を持っている）と表現できます。少し強調してhave the exact same ~（全く同じ～を持っている）と言ってもいいでしょう。「着ているものがかぶった（＝同じものを身に着けている）」であれば、have the same ~ on、wear the same ~のように言えます。accidentally（偶然にも）を加えると感じが出るでしょう。

Somehow our outfits match.（何か服装がかぶってるよね）でもいいでしょう。また、We are twins today!（私たち、今日は双子コーデ！）という表現もインスタグラムなどでよく見かけます。

「テーマがかぶった」はI have the same topic (as someone else).、「予定がかぶっている（＝バッティングしている）」ならThere is a schedule conflict.、「うっかり予定をかぶらせてしまった（＝ダブルブッキングした）」ならI double-booked (myself [by accident]).となります。

果報は寝て待て

故事・ことわざ

幸運は、自然とやってくるのを焦らず待つのが良い

A: Mr. Okajima, whom we'd like to hire as deputy general manager of the European division, hasn't made up his mind yet.

（欧州部の次長として採用したいと思っている岡島さんは、まだ決心がついていないらしい）

B: Just give him some time. As we say, "**Good things come to those who wait.**"

（時間をあげましょう。「果報は寝て待て」って言いますから）

じっくり辛抱強く待て、ということですよね。We should be patient for good news.というのもイマイチ…。

「果報は寝て待て」にぴったりの表現がありますよ。**Good things come to those who wait.**（待つ者のもとに幸運は訪れる）です。

「忍耐が大事」と「転機が来るまでを待つべきだ」の両方のニュアンスが含まれていて、「待てば海路の日和あり」ということわざにも当てはまりそうですね。

ところで海といえば、a tide to turnという英語の表現があります。これはa reversal of fortune（運命の逆転）を意味しますが、良い運命か悪い運命かは文脈によって決まります。

鎌をかける

相手に本音を言わせようと、たくみに誘いをかける

A: How can we draw out their honest opinion on a possible joint venture?
（どうしたら合弁事業の可能性について先方の正直な意見を引き出すことができるのでしょうか？）

B: Don't worry. Our representative is good at **asking leading questions**.
（心配無用。わが社の営業担当者は鎌をかけるのが上手ですからね）

trapだと「わな」だし、trick ~ into confessing（～をだまして告白させる）では警察の尋問みたい。うまく相手に話をさせるよう誘導するわけですから、**ask leading questions**（誘導質問をする）がいいのでは？

そうですね。あと、provocative questionsという言い方もあります。授業で学生にわざと「挑発的な質問」をして答えを引き出すことがありますが、アメリカ人の友人からYou do a good job by provoking[stimulating] the students.（学生を刺激する教え方がいいね）と褒められたことがあります。

しかし、交渉の一手段としてわざと「遠回しに言う」こともありますね。そういうときは、「オブラートに包む」（☞p.84）で紹介したbeat around the bushという表現を思い出したいものです。

頼りになるのは、who can pose good questions（良い質問のできる人）です。もっとも、There is no stupid question, although there is a stupid answer.（ばかげた質問はない、ばかげた答えはあったとしても）と言うように、どんな質問でも手掛かりになりますよね。

イマドキ

神対応

この上なく素晴らしい対応。細やかで思いやりのある対応

か

The cabin attendants of that airline are always **attentive**.

(あの航空会社のCAはいつも神対応だ)

求められた水準・想定された範囲以上に気が利いて配慮が行き届いた対応を評して使われる言葉です。状況や程度に応じて形容詞を効果的に活用しましょう。**attentive**(気配りの行き届いた、親切な)、thoughtful(よく気が利く、思いやりのある)、warmhearted(心温まる)、generous(寛大な)、perfect(完璧な)、amazing(素晴らしい)、awesome(〔くだけた表現で〕最高の)などが使えます。

逆に、非常に素っ気ない対応のことを「塩対応」と言ったりしますが、こちらはunfriendly(友好的でない、無愛想な)、standoffish(よそよそしい、打ち解けようとしない)、chilly(冷ややかな)などでどうでしょう。curt responseと言えば、悪気はないものの言動がぶっきらぼうで淡々とした印象を与える様子を指します。

また、「冷たい態度を取る」という意味のcold shoulderというイディオムも頻出で、I got the cold shoulder from her.(彼女から塩対応をされた)のように使います。

亀の甲より年の功

故事・ことわざ
動物

長年かけて積んだ経験は尊く、価値がある

I don't think that the proverb "**Wisdom comes with age**" always holds true.
(「亀の甲より年の功」ということわざがいつも当てはまるわけではないと思います)

年齢とは関係なく、単に「経験がモノをいう」なら、Experience is the best teacher.（経験は最良の師）、It's a question of experience.（経験が問題だ）、It's all about experience.（全ては経験次第）などの言い方があります。

年長者が培ってきた経験の尊さについて言うなら、**Wisdom comes with age.**（知恵は年齢に宿る）、The older (you are), the wiser (you are).（年を取るほど賢くなる）、Years bring wisdom.（年月が知恵をもたらす）などの英語のことわざがぴったりです。

身体部位

体が資本

健康が第一であること

A: I can't cancel an important business trip just because of a slight temperature.
（ちょっとの微熱くらいで、重要な出張をキャンセルするわけにはいきません）

B: I appreciate your sense of responsibility, but you shouldn't overstretch yourself. **Health comes first**, work second.
（君の責任感は買うけど、無理してはいけない。体が資本で、仕事は二の次だ）

ここはストレートに**Health comes first.** でいきたいですね。Work (comes) second. を加えると、体が資本であることが強調されると思います。

「健康第一」という直接的な言い回しではないですが、例文に出てくるYou shouldn't overstrech yourself.（無理し過ぎないで、頑張り過ぎないで）もよく使われます。stretchは「伸ばす」、overstrechは「無理して伸ばす」と考えると分かりやすいですね。

take care of oneselfも使えそうですね。Take good care of yourself. は「ご自愛ください」みたいなニュアンスですよね。

そうですね。健康面だけでなく精神面も含むフレーズで、心身ともに、といった感じです。別れ際のTake care! は、相手のことを思いやる「ほっこりフレーズ」ですね。

空振り

スポーツ

振ったバットやラケット、手足などが目標に当たらず空を切ること。ある目的を持って起こした行動が、成果がないまま終わること

Though I did loads of preparation for the presentation, I **struck out**. The client wasn't interested at all.

（プレゼンのためにたくさん準備したのに、空振りだった。取引先は全然興味を示してくれなかった）

訳考

スポーツの「空振り」はswing and missあるいはnot hit the ball (at all)などと言いますが、比喩的に「空振りに終わる」と言う場合は**strike out**を使うといいでしょう。strike outには「空振りする、〔人や計画などが〕失敗する」という意味があり、ちょうど日本語の「空振り三振」に当たります。なお、冒頭で述べたhit the ball（ボールを打つ）のニュアンスはhit the target（目標を達成する）と同じような感覚ですが、not hit the ball (at all)はやはりスポーツの文脈で使われることが多いので、比喩として通じるかどうかは微妙なところです。

他の方法としては、in vain（無駄な）を使って、Again, we swung the bat in vain. と表現するのも一つの手です。

また、「失敗に終わる」と解釈すれば、end in failureやfall throughといった表現も視野に入ってくるでしょう。

空回り

同じところを回っていて進展しない。堂々巡り

A: How much progress have you made in discussing the draft contract?
（契約書の草稿についての議論はどのくらい進みましたか？）

B: We've been discussing the wording of some clauses, but it's proved **fruitless**.
（いくつかの条項の文言について議論してきたんですが、空回りに終わりました）

spin one's wheels（車輪が空回りする＝努力しても結果につながらない）はアメリカで俗語として使われますが、世界共通という観点からは**fruitless**（成果の出ない）がいいでしょうか？

望んでいた成果（fruit）がない（-less）というのは分かりやすいですよね。花が咲いて実になることは誰しも望むことですから。もっと平たく言うならto no avail（努力が無駄になる）という表現も使えますね。

一方、ちょっと変わったイディオムですが、beat[flog] a dead horse（死んだ馬にむち打つ）を聞いたことはありますか？

はい、「無駄骨を折る」という意味ですが、馬に乗る文化ならではの発想ですよね。車の場合なら、「エンジンを無駄にふかす（アイドリングする）」に由来するidle away（無駄に［ぼんやりと］過ごす、ぶらぶらして過ごす）という表現もあります。

仮押さえ

イマドキ

場所やスケジュールを暫定的に予約しておくこと

Shall we **pencil in** the venue? It's better to be safe than sorry.

（その会場を仮押さえしておきましょうか？　備えあれば憂いなし、ですからね）

単純に「その会場を予約する」ということならbook the venueと言えば済みますが、問題は「仮押さえ」という意味合いをどう表現するかです。provisional[tentative] booking（仮予約、仮押さえ）という言葉は一応存在しますが、この表現はあまり一般的ではないため相手によっては通じないことがあります。

一方、イベントの予定や人と会う約束、場所、担当者などを「取りあえず［仮で］入れておく」場合に便利なのが、**pencil in**というフレーズです。「会議を来週の月曜日に仮決めしておく」なら、pencil in next Monday for the meeting、pencil in the meeting for next Mondayのいずれも大丈夫です。We penciled you in for 10 A.M. tomorrow.（明日の午前10時に〔あなたの〕仮の予約をお入れしておきます）のように、目的語に人を置いて使うこともできます。「鉛筆だから後で消せる＝仮の」という発想が面白いですね。

あくまで「仮」の予約にすぎず後からキャンセルする可能性もある、というニュアンスをはっきりと伝える必要があるなら、I've booked the venue, but it could be canceled if needed.（会場を押さえましたが、必要に応じてキャンセルすることもあり得ます）とダイレクトに言ってしまうのも一つの手です。

オノマトペ

ガンガン

勢いが盛んで激しいさま。頭がひどく痛いさま

か

Let's take a **proactive** approach to our potential clients.

（新規取引先に、ガンガン当たっていこう）

「守り」ではなく「攻め」の営業、という感じですね。自分から一歩進んで攻めていくときは、**proactive**（積極的な、前向きな）という形容詞がぴったりでしょう。

ものが「飛ぶように売れる」様子を表すフレーズにsell like hotcakesというのがありますが、これを使って「ガンガン売り込む」を言い表すこともできそうです。腕利きの営業担当が「自分に任せればガンガン売れるのに」などと言いたいのであればI would make them sell like hotcakes.のように使えます。

「メッセージをガンガン送るからね」ならI'll send you messages all the time.のように言えるでしょう。

「ガンガン」をややネガティブな意味合いで使うなら、aggressiveが使えます。Don't be too aggressive.と言えば「そんなにガンガン言わないでくれ」の意味になります。aggressiveは前向きな意味で使うこともありますが、一方で「攻撃的な」と言うニュアンスも含むので、使う場面には気を付けましょう。

「頭がガンガン痛い」の「ガンガン」に近い感覚の語は、pounding（ガンガンたたかれるような）やsplitting（割れるような）などです。I have a pounding[splitting] headache.、My head is pounding.のように言います。

オノマトペ

カンカン

非常に怒っているさま。日光が強く照りつけるさま

か

We have a situation. The president of Y Corp. is **furious** about it.

（えらいことになった。Y社の社長がカンカンに怒ってる）

angryを超えた怒りは、やはり**furious**（猛烈に怒る、激怒する）の一語で決まりでしょう。手が付けられないほどカンカンに荒れ狂っているときは、この言葉の出番です。furious about ~で「～についてカンカンに怒る」、furious with ~で「～に激怒する」の意味になります。

主にアメリカで支持される用法ですが、形容詞mad（気の狂った、ばかげた）を動詞として「～に腹を立てる、～に対して頭にくる」の意味でも使います。意味上は「カンカンに怒る、怒り狂う」とか「はらわたが煮えくり返る」くらい強いニュアンスですが、実際には日常会話で頻繁に登場しています。その点では、日本語の「キレる」に似た立ち位置の言葉かもしれません。Don't get mad. It was an accident.（そんなに怒らないでよ、わざとじゃなかったんだ）や、My wife is mad at me because I forgot our anniversary.（記念日を忘れたせいで妻がキレてきた）のような具合です。

「非常に暑い」様子を表すときにも「カンカン照りの暑さ」と言ったりしますね。blazing（焼け付くような、灼熱の）やsizzling（うだるような暑さの、猛暑の）といった語が、近いニュアンスを持っています。副詞的に用いて、It's blazing[sizzling] hot.のように言うのが一般的です。

危機一髪

四字熟語
身体部位

髪の毛一本ほどのわずかな差まで危険が迫る状態

か

A: The stock market is crashing. What happened to the bulk orders that we bought last week?
（株式市場が暴落している。先週買った大量注文はどうなっている？）

B: I sold all of them yesterday. That was truly a **narrow escape**.
（昨日全部売却しました。まさに危機一髪でしたよ）

これは**narrow escape**で決まりでしょう。きわどいタイミングで逃げた危機感が漂う熟語ですね。

「危機一髪」は髪の毛一本くらいのきわどい差、つまり「間一髪で」(narrowly) セーフということに由来するんですよね。

barely made it in time（辛うじて間に合った）ということでしょう。barelyは副詞で「辛うじて、やっと」の意味。これにmake it（間に合う）を付けて、「ギリギリ間に合った」という表現になります。

justを加えてjust barely made itとすると、より緊迫感が出るでしょうか。スリル満点ともいえますが、リスクを取らねばリターンも得られないのが世の常です。

机上の空論

頭の中でだけ成立する、
実際にはあまり役に立たない理論や主張

A: I heard a rumor that you had a fierce argument with your senior managing director.
（専務と激論したっていううわさを聞いたけど）

B: His proposal **looked good on paper, but** unfortunately, it **wasn't very practical**.
（専務の提案が残念なことに机上の空論だったからね）

good on theory but not in practice（理論上は良いが実際には役立たない）という意味をどう表すかですね。

「絵に描いた餅」（☞p.67）でpie in the skyというイディオムを紹介しましたが、それに近いですね。

こういうとき、日本語では「机の上」ですが、英語では「紙の上」（on paper）なんですよね。It **looks good on paper, but** (unfortunately), it's **not very practical**.（紙の上［理論上］は悪くないが、実用的ではない）のように言えるでしょうか？

looks good on paperは定番フレーズで、Looks good on paper. だけでも成り立ちます。あるいは、後半に ~ but won't work（役に立たない、うまくいかない）のようなフレーズを置いたり、That strategy looks good on paper, but it would be too complicated and time-consuming in reality.（その戦略は一見よさそうだが、実際にはあまりに複雑で時間がかかり過ぎるだろう）のように具体的に言い表してもいいですよ。ちなみに、looks good on paperには「履歴書［学歴、経歴］は申し分ない（が、実際には…）」という意味もあります。

疑心暗鬼

四字熟語

一度疑いだすと、あらゆることが信じられなくなる

A: The staff members don't trust each other like they used to.
（社員の間で信頼関係にひびが入ってしまったようだ）

B: It's too bad everyone seems so **skeptical** of each other.
（皆がお互いに疑心暗鬼になっているのは良くないね）

訳考

fear and doubt（恐怖と疑念）では、あまりにも直訳調でしょうか？

そんなことありませんよ。give and takeやup and downと同じく、リズムを持たせて言葉を重ねるのはスマートだと思います。でも、「疑心暗鬼」のニュアンスがちょっと伝わりにくいかもしれません。「疑う気持ちがあると、何でも怪しく見えてしまう」という意味を分かりやすく伝えたいですね。

「疑いだすと信じられなくなる」感じを出すには、形容詞の**skeptical**（懐疑的な）やsuspicious（疑い深い）が使えそうです。

そうですね。ここでは、お互いが疑いを抱いているということなので、skeptical[suspicious] of each otherと説明するといいでしょう。

期待外れ

物事が期待していた通りにならず、
見込みと食い違う結果に終わること

か

A: Ms. Ishida, could you explain briefly about the latest performance in Southeast Asia?
(石田さん、東南アジアでの最新の業績について簡潔に説明してもらえますか?)

B: Yes. In a nutshell, the sales in ASEAN countries are rather **disappointing**.
(はい。端的に言うと、ASEAN諸国での売り上げはむしろ期待外れでした)

がっかり感を出すなら、ずばり**disappointing**でしょう。I was disappointed by ~ と言えば肩を落とした光景が目に浮かびます。

期待という言葉をそのまま使って「期待に応えない」とするなら、not meet one's expectationsでしょうか?

~ is not what I had expected [hoped for]と言ってもいいですね。

でも、日本語の「期待外れ」はもっと強い意味で「失望した」という感覚ですよね。そう考えると、やはりしっくりくるのはdisappointingです。

狐につままれる

動物

どうなっているか分からず、ぽかんとする様子

か

A: I've just heard from the president that Z Corp. has announced a hostile takeover attempt for our company.

（たった今社長から、Z社がわが社に敵対的買収を仕掛けてきたと聞きました）

B: I don't get why it's happening. I feel just like **a deer in the headlights**.

（どういうことでしょう。狐につままれたような気持ちです）

「困惑した、当惑した」ということですから、be puzzledかbe confusedはどうでしょうか？ puzzledは「冷静になってよく考えても分からない」、confusedは「頭の中の整理がつかずにパニクっている」という感じです。

ええ、バッチリですよ。シンプルにこれらの語で表現できれば十分だと思います。しかし「狐につままれる〔化かされる〕」という日本語の面白い感覚を何とか英語で言えないでしょうか？

動物つながりでは、**a deer in the headlights**というイディオムがありますね。林の中で車のヘッドライトに突然照らし出されて身動きが取れなくなった鹿のように、驚きや戸惑い、恐怖などで呆然としてしまった様子を表します。

面白いですね。こうしたイディオムは頻出表現でこそないですが、プラスアルファの知識として頭に入れておき、ここぞというシチュエーションでうまく使えると教養を感じられますね。他には、drive ~ out of one's mind（正気を失った状況に～を追い込む）という意味の表現も覚えておきましょうか。It drives us out of our minds.で「全く気が知れない」という意味になります。

希望の光

暗闇のような状況で現れる良い兆し。明るい見通し

A: I've just heard that the negotiation seems to have reached a deadlock.
（交渉は行き詰まってしまったようだと、たった今聞きました）

B: Things are tough, but there seems to be **a glimmer of hope**.
（厳しい状況ですが、希望の光はあるようです）

「かすかな光」のことはglimmerと言いますよね。定番フレーズだと**a glimmer of hope**（かすかな希望）でしょうか？

これはよく使う表現です。トンネルの向こうに光が見えてくるイメージですね。

値引き交渉で散々たたかれたけど、数量は確保してくれたので希望が見えてきた、というようなときはまさにそうです。adversity（逆境）の中に差し込んでくる希望は、silver lining（希望の兆し）とも言いますね。

はい。この表現の由来は「雲の裏に輝く銀色の光」で、Every cloud has a silver lining.（どんな暗い状況にも必ず良いことがある）ということわざもあります。

肝に銘じる

身体部位

か

戒めや教訓などを心に深く刻み付け、忘れないようにする

A: Thanks to your advice, what was bothering me has sorted itself out.
（いただいた助言のおかげで、頭の中でもやもやしていたものが晴れました）

B: Good. Just remember to **keep in mind** that you have to take it one day at a time.
（それは良かった。日々の仕事を大事にする、これを肝に銘じることだね）

Be aware of ~.（～に気を付けなさい、～を心得なさい）ではちょっと弱いですよね？

はい。「肝が据わっている」「肝試し」など、日本語の「肝」には「心、精神、気力」といった意味がありますから、そうした「肝に銘じる」感を出したいですね。

では、take ~ to one's heart（～を深く心に刻む）はどうでしょう？　あるいは、**keep**[bear] **in mind**というフレーズもありますね。

どちらもheart、mind（心）という言葉が入っていて、日本語の「肝」に通じるものがありますね。心にしっかりと刻み付けるというニュアンスを表せていると思います。

九死に一生を得る

危ういところで奇跡的に命が助かる。

絶望的な状況で、どうにか最悪の事態を免れる

A: I hear that the production site in Bangladesh was in big trouble.
（バングラデシュの生産拠点は相当大変だったそうですね）

B: A huge strike paralyzed production and we were about to be forced to close, but we **managed to get** ourselves **out of the precarious situation**.
（大規模なストライキで生産が滞って危うく閉鎖に追い込まれるところでしたが、何とか九死に一生を得ました）

「危機一髪」（☞p.120）で紹介したnarrow escape（辛うじて逃げ切る）を応用して、have a narrow escape from death（辛うじて死を免れる）というふうに表現する手があります。

ポピュラーな表現だと思います。have a lucky[miraculous] escape（幸運にも［奇跡的に］命拾いをする）というフレーズも、事故や災害などのニュースでたびたび耳にします。あるいは、「九死に一生を得る」は極めて危険な状況を辛くも脱する、ということでもあるので、precarious（危険な、不安定な）を使うのはどうでしょう？

そうすると、**manage to get out of the precarious situation**（危ない状況から抜け出す）となりますね。他には、イディオムを使ってWe barely got out by the skin of our teeth.（辛うじて切り抜けた）と表現することもできます。

by the skin of one's teethは、「歯の皮」って何？と思わず歯を触ってみたくなるような面白い表現ですが、日本語の「首の皮一枚」のようなニュアンスかもしれませんね。

牛耳る

動物

か

団体・党派や業界の中心となって支配する

A: I'm excited about the launch of our new product. It may change the dynamics of the medical equipment industry.
（新製品の発売がとても楽しみです。医療機器業界の流れを変えるかもしれません）

B: Absolutely. It'll be a breakthrough for the industry. We'll undoubtedly **become the dominant players**.
（その通り。業界にとって画期的なことです。間違いなくわが社が業界を牛耳ることになりますね）

become a market leaderとかlead the marketでもいいかもしれませんが、「市場を支配する、業界に君臨する」ほどの感じが出ないですよね。「牙城を崩す」（☞p.100）でも紹介したdominantを使って、**become a dominant player**（立役者になる）としてはどうでしょうか？

いいですね。あるいはdominant force（支配者）と表現してもいいと思います。動詞dominateでdominate the market[industry]（市場［業界］を支配する）と言うのも自然です。

ちょっとそれますが、関連用語としてはa driving forceとかa driver（牽引する力、原動力）もあります。We will become a driving force[a driver] for the market.（わが社は市場を牽引する存在となるだろう）のように言い表せます。

あとは、イディオムrule the roost（牛耳る、実権を持つ）も一緒に覚えておきたいですね。

四字熟語

旧態依然

体制や手法が、昔と比べて少しも進歩や発展がない様子

か

A: Market practices in the country are not exactly the same as in Europe.
（この国の市場慣行はヨーロッパと全く同じというわけではありません）

B: We will have to confront its **outdated** bureaucracy.
（旧態依然のお役所体質に立ち向かわなければなりませんね）

old-fashioned（昔ながらの）だとスタイルや様式がニュートラルに「古い」ということを指し、文脈によっては「古風な、古き良き」という意味にすらなるので、「旧態依然」のネガティブなニュアンスが伝わらないですよね？

そんなこともないみたいですよ。Our company still has a very old-fashioned management structure.（わが社の管理体制は昔のままだ）のようにも言ったりしますので。old-fashionedの場合、ひとえに文脈によるのでしょう。あるいは「考え方が古い」という点に着目して、**outdated**を使ってみるのもいいと思います。

なるほど。ここではbureaucracy（官僚政治、お役所仕事）という皮肉のニュアンスを含む語とoutdatedが結び付くことで、まさに「旧態依然のお役所体質」という感じが出ますね。

はい。少しそれますが、cut the red tape（形式主義的なしきたりを破る）という表現も紹介しておきましょう。red tapeとは公文書を赤い紐で綴じたところからきているのですが、bureaucracyの意味でよく使います。トランプ米大統領は選挙の際、cut the red tape in Washington（ワシントンにはびこる官僚主義を打ち破る）と宣言して人気を得ました。

急転直下

四字熟語

形勢が急変して終結に向かうこと

か

A: It reminded me of what you said last week about local manufacturers being happy to be involved but X Corp. withdrew in the middle of the project.
（そういえば先週、地元のメーカーは乗り気だけど、X社はこのプロジェクトから途中で降りた、と言ってましたね）

B: Things **suddenly took a turn** for the worse, then.
（それで、状況は急転直下、悪い方向に向かったんです）

「急に、突如として」に当たる英語には、all of a sudden、all at once、**suddenly**などの言い方があります。

「出来事の突然の変化」と考えると、a sudden change of eventsでしょうか。

「急転直下」は急速に解決に向かうときなど、良い方に転ぶときも使いますが、ここでは悪い方に転んだということなので、suddenly turned for the worseとしますか？

turnを名詞で使った**take a turn** for the worse（悪化する）という表現も覚えておきたいですね。「〔急転直下で〕好転する」場合は、suddenly turn[take a turn] for the betterと表現しましょう。

キュンキュンする

イマドキ
オノマトペ

ときめく。胸が苦しくなるほど普段と違う感情が湧く

That was a super-cute show! **My heart was beating fast** while watching it.
（超かわいいドラマだった！　見ている間ずっとキュンキュンしちゃった）

「キュンキュンする」を「胸がドキドキする」と解釈し、**My heart is beating fast.**（心臓が速く鼓動している）、またはpounding（ドンドンたたく）を使ってMy heart is pounding.（胸がドキドキ鳴っている）と言えばいいでしょう。やや「キュンキュン」からは外れますが、ドキドキに切ない感情が含まれるなら、My heart is aching.、It makes my heart ache.（胸が締め付けられる〔ほど切ない〕）という表現もありです。

また、have butterflies in one's stomachという面白いイディオムがあります（☞ p.38「胃が痛い」）。主に緊張や不安、恐怖などで落ち着かないさまを指す言葉ですが、ときめきや恋愛感情からくるソワソワした気持ちやキュンとする感覚も、この表現で表せます。There were so many romantic scenes in this movie that I even felt butterflies in my stomach.（この映画、ロマンチックなシーン満載でかなりキュンキュンしちゃった）のように使えます。汎用性の高い表現なので、ぜひ覚えておきたいですね。

四字熟語

玉石混交

優れたものと劣ったものが入り交じっていること

か

A: As for the West Coast market in general, we anticipate the same level of top and bottom line growth as last year.

（西海岸全般については、売り上げ、利益ともに、増加率は昨年と同じレベルと見ています）

B: The market is **a mixed bag**, so we should find customers who have growth potential.

（玉石混交のマーケットだから、成長性がありそうな顧客を探してみましょう）

景気がまだら模様のときにpatchy（まだらの、むらのある）と形容しますが、この場合はちょっと違うかな。market where there is hidden treasure（宝が隠されている市場）ではあまりにも稚拙だし。

いいえ、a market in which we can still find hidden treasuresというようにstillを使うと、ニュアンスが出ますよ。副詞一つで表情が変わります。

状況に応じて、a mixture of skilled and incompetent employees（実力のある社員と無能な社員の玉石混交）というように具体的に述べるのも伝わりやすいかもしれませんね。a mixture of ~を覚えておけばいろいろな形に展開できます。

あとは、「良いものと悪いもの［多種多様なもの］の詰め合わせ」という意味の**a mixed bag**というフレーズを活用する手もありますよ。The market is a mixed bag. と言えば、「見込みのある顧客（＝玉）」と「見込みのない顧客（＝石）」が混在している、という意味になります。

キラキラ(女子)

イマドキ
オノマトペ

仕事、オシャレ、恋愛などさまざまな面で人生を満喫し、キラキラ輝いて見えること。また、充実した人生を送っていることをアピールすることが好きな女性〔ときに皮肉の意味も含む〕

She really represents "a **radiant woman.**"
（彼女はまさに「キラキラ女子」の代表格ですね）

訳考

radiantは「輝いている」という形容詞です。radiant sunなら「まぶしい太陽」、radiant smileなら「輝く笑顔、満面の笑み」という意味で、「幸せそうで生き生きと輝いている人」を形容するときにも使うことができます。

また、She is glowing.も「彼女、輝いてるね＝キラキラしてるね」の意味になります。glowingは「内側から〔オーラのように〕光を放っている」イメージです。

「キラキラ女子」の定義に着目して、She is always chasing a perfect and fulfilling life.（彼女は常に、完璧で充実した人生を目指している）と言っても自然です。

皮肉のニュアンスまで同時に含んだ訳語を当てるのは非常に難しく、前後の文脈や表情、言い方などに頼る必要があります。例えば指を使って引用符（"　"）のジェスチャーをしながらShe is "a radiant woman."と言えば、「彼女って、いわゆる"キラキラ女子"だよね」という皮肉の意味合いを込めることもできるでしょう。

ギリギリ

オノマトペ

限度すれすれで、それ以上余裕のない状態

か

It's too late to scramble to meet the deadline **at the last minute**.

（期限ギリギリになってから慌てるのでは遅いよ）

「期限ギリギリに、直前に」は**at the last minute** [moment]。cancel at the last minuteで「直前にキャンセルする=ドタキャンする」、leave ~ until the last minuteで「期限ギリギリまで～をしない、後回しにする」です。

「時間にギリギリ間に合う」にはjust in timeを使いましょう。I made it just in time[I just (barely) made it in time]. なら「ギリギリ滑り込みセーフ」といった感じです。副詞barely（かろうじて～する［できる］）を付け足してjust barelyとすると、さらに切迫感が高まります。

just barelyは「時間」だけではなく、「金額」や「範囲」などがギリギリの限界であるときにも活躍します。「予算ギリギリ」はjust barely within the budget、あるいはjust barelyをstillに変えてstill within the budgetのように言うと、「今のところはまだ何とかギリギリ収まっている」というニュアンスになります。

「ギリギリのところで～を回避した」は副詞almostで表せます。I almost forgot to bring a résumé to the interview. は「面接に履歴書を持っていくのを忘れるところだった（=ギリギリ覚えていた）」という意味です。

「ギリギリの状況である」というようなときは、be on the edge of ~を使ってみましょう。The company is on the edge of bankruptcy.（その会社は倒産の危機に頻している）―まさにギリギリ崖っぷちの状況です。

琴線に触れる

感動し、共鳴する心に触れる

A: In particular, I found the part about the company's tough times very interesting.
（特に、会社が厳しい状況だったときの話がとても興味深かったですね）

B: That lecture really **struck a chord** with me.
（あの講演は私の琴線に触れました）

heartstrings（心の線）ですから、touch my heartstringsですか？

strike[touch] **a chord**（共感を得る、心の琴線を打ち鳴らす）という言い回しがあります。日本語と全く同じ言い方なので、かえってびっくり。

「琴線」というのがしゃれた言い方ですが、chord（〔楽器の〕弦）には「調和、和音」という意味もあって、ここから、「共感」の意味になっているんですね。音楽的な言い方です。

そう、不協和音にならないようなコミュニケーションができるか、が大事ですね。

グイグイ

オノマトペ

か

積極的に。強引に

The person in charge is very **aggressive**.
（あの担当者はグイグイと攻めてきますね）

他人の意見を聞きつつ自己主張をしっかりとする場合ならassertive（はっきりとした、自己主張の強い）が合いそうですが、「グイグイと攻める」はどちらかというと**aggressive**（攻撃的）な印象です。「強引に押してくる、隙間に身をねじ込んでくる」感じなので、pushy（押しの強い）という形容詞でグイグイと攻める姿勢を形容してもいいでしょう。pushyには「図々しい、出しゃばりな」という意味もあり、大抵はネガティブなニュアンスで使われる単語です。Sorry to be pushy, but ~.（押し付けがましくてすみませんが～）や、I don't mean to be pushy [rude], but ~.（失礼を承知で申しますと～）などは、遠慮がちに意見や提案を申し述べたいときに使える定番表現です。

空気を読む

イマドキ

その場の雰囲気を察し、
周囲から暗黙のうちに求められる振る舞いが適切にできる

A: Frankly, I don't know why he made such negative comments in the meeting.
（正直言って、どうして彼がミーティングであんなネガティブなコメントをしたのか分からない）

B: He got on everyone's nerves. He really should **read between the lines**.
（彼は皆の神経を逆なでしたね。本当に空気を読んでくれないと）

意味としては、understand what others are thinking about（他の人が考えていることを理解する）ということですよね。**read between the lines**（行間を読む）はそのまま「空気を読む」という意味にも使えますか？

英字新聞などでは「忖度する」（☞p.231）がこのように訳されていました。「行間を読む」という表現なら、違う文化の人にも通じるのですね。Don't read too much into it.（そんなに深読みし過ぎないで）のように、「深読みする」をread into itと表現したりもします。

sense the tone（雰囲気で察する）や、take a hint（感づく、それと気付く）というフレーズもありますね。

ちなみに、あえて誰も触れようとしない問題のことをan elephant in the roomと言います。「部屋の中の象」のように目立って見えているはずなのに皆が「見て見ぬふりをする」、ちょっと不気味で面白い表現ですね。気まずくて重い話題（sensitive topics）や社会的タブーなどを指す場合が多く、日常の些細な出来事にはそぐわない語句なので、使う際には注意が必要です。

くぎを刺す

相手にあらかじめきつく言って念を押す

A: I think it's too risky to concentrate all of our new investment on one particular region.
（特定の地域に新規投資を全て集中させるのはリスクが高過ぎると思います）

B: We need diversification. We should **give** them **a warning before** the next meeting.
（分散させるべきですね。彼らには次回ミーティングの前にくぎを刺しておいた方がよさそうです）

「念を押す」ということだけなら、make sure ~（確実に～する）やremind ~ of ...（～に…を思い出させる）ですね。「くぎを刺す＝警告・ブレーキ」と考えると、**give ~ a warning**やwarn againstでしょうか？

give a warningで伝わると思います。**before**（～の前に）やbeforehand（あらかじめ）を付けると、意味がよりはっきりしますね。「念を押す＝くぎを刺す」という言い方は、江戸時代になってくぎを使った建築工法が発展したことから生まれたそうです。

こういう文化に根差した表現というのは面白いですよね。他には、make it clear in no uncertain terms（はっきりと分かるように［きっぱりと、ストレートに］言う）、call someone's attention to ~（～に人の注意を喚起する）という言い方もあります。

in no uncertain termsはよくtellと一緒にも使います。例えば、「～に夜の一人歩きは避けるようにくぎを刺す」ならtell ~ in no uncertain terms not to walk alone at nightのように言い表せます。

イマドキ

腐る

思い通りにことが運ばないため、やる気をなくしてしまう

A: Odd duties are not a waste of time. The point is, what you can learn from them, right?
（雑用は時間の無駄ではありません。重要なのは、そこから何を学ぶことができるか、ですよね？）

B: That's right. Don't **fret**.
（その通り。腐ったらダメだよ）

ここはポジティブにいきたいですね。enthusiasm（熱意、意欲）は人事評価でもよく使われますが、「腐るな」ということならkeep enthusiasticはどうですか？

「熱意を保つ」という表現ですね。それでもいいですが、そのものずばりの言い方があるんですよ。以前、なかなか思うような仕事を与えてもらえなくて腐っていたら、Don't fret.と言われました。

そうか、「心配する、思い悩む」という意味の動詞**fret**を使えばいいですね。

ええ、そう言われて、それ以来ずっとポジティブ思考で今日まできています。Don't fret about[over] these small details[the past]（細かいこと［過ぎたこと］で腐っていてもしょうがない）のように、前置詞を使って目的語を置くこともできます。「くよくよ悩む」という意味の類似語broodも、全く同じように使えます。

スポーツ

苦戦を強いられる

不利な状況で苦しい戦いを強要される

A: Z Corp. decided to pull out of Turkey. They seem to have thought the investment wouldn't pay off.
（Z社はトルコから撤退することを決めました。採算が合わないと考えたようです）

B: They'd been **going through a tough time** there.
（あそこでは苦戦を強いられていましたからね）

「苦戦」を直訳するとtough fightですが、fightはそのまま使えませんよね。殴り合いみたいな感じになってしまって。

通じないことはありませんが、裁判など特定のシチュエーションを連想させられますね。timeを使ってtough time（厳しい時期）と言った方が一般的です。

「直面する」と考えれば動詞はfaceでいいですよね。face a tough time、あるいはもっと簡単にhave a tough timeでしょうか。go through（〔苦難などを〕経験する）を使って、**go through a tough time**と言い表せば、苦しい状況から抜け出そうとしている感じがさらに出ますね。

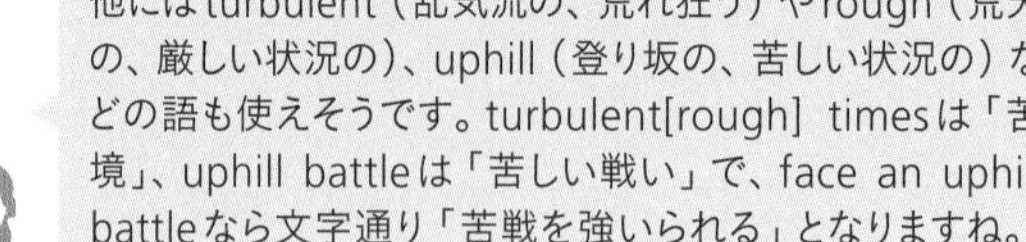

他にはturbulent（乱気流の、荒れ狂う）やrough（荒天の、厳しい状況の）、uphill（登り坂の、苦しい状況の）などの語も使えそうです。turbulent[rough] timesは「苦境」、uphill battleは「苦しい戦い」で、face an uphill battleなら文字通り「苦戦を強いられる」となりますね。

口裏を合わせる

身体部位

あらかじめ内密に相談して、
話の内容が食い違わないようにしておく

A: We can't tell them that we heard about the takeover from George.
（ジョージから買収について聞いていたとは、彼らには言えません）

B: Let's just **pretend** that we didn't know about it.
（口裏を合わせて、知らなかったことにしましょう）

coordinate our stories beforehand（あらかじめ話を合わせる）というのもくどいので、**pretend**（ふりをする）でいいでしょうか？

確かにcoordinate storiesという言い方もありますが、簡潔にpretendでいいと思います。

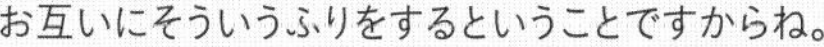

お互いにそういうふりをするということですからね。

はい、交渉のときにはやはり演技も必要です。collaborate on a story（話を合わせる）、arrange to tell the same story（同じ話をするように示し合わせる）といった言い方もしますが、このためにはおそらくnegotiation behind the scenes[behind closed doors]（水面下での交渉）も大いに行われているのでしょう。

グッとくる

心に響く。強い感銘を受ける

Ikumi's whole life story really **touched my heart**.
（郁美さんの人生の話を聞いてグッときました）

「感動する、胸にこみ上げてくるものがある」状況を表す英語は豊富にあります。It **touched my heart**.（心に触れた）、It moved me.（心が揺さぶられた）、It impressed me.（心に強い印象を残した）、It blew my mind.（心が吹き飛ばされるくらい感銘を受けた）、It hit my heart（胸を打たれた）、It hit me like a thunderbolt.（雷に打たれたような感動を覚えた）…などその瞬間の感情に素直に従って、最も「グッとくる」フレーズを選べばいいと思います。

まさに「心に響く」というイメージが伝わってくるstrike a chord with meもいいですね。chordとは「（楽器）の弦、調和、和音」のことで、転じて情緒的な反応（特に共感）の意味を持ちます（☞p.135「琴線に触れる」）。

くどい

わずらわしくてうんざりさせる。やり過ぎな。

しつこい。あっさりしていない

The lecturer's talk at the seminar was **tedious**.
(セミナー講師の話はくどかった)

「くどい」にはいろいろな意味がありますね。「くどい話」は、不必要な情報が多くうんざりさせるような話のこと。insistent(執拗な、繰り返しの)は「言うことを聞かない」というニュアンスなので、**tedious**(ダラダラと長く続いて退屈な、飽き飽きする)の方が合うでしょう。同じ話をしつこく聞かされたときの、「くどいよ!」には、That's enough.(もう十分だよ)、Give me a break.(もううんざりだ、勘弁して)、I don't want any more arguments.(もう話はいいよ)のように言うことができます。

また、「味がくどい」という場合はheavyとかtoo strongで表すことができます。This ramen tastes a bit heavy.(このラーメン、ちょっと味がくどい)、This taste is too strong for me.(この味、私にはくど過ぎる)のように。

首を縦に振る

身体部位

か

肯定する。承諾する。納得する

Despite our compromise, they've yet to **say yes**.
（われわれはここまで妥協しているのに、彼らはまだ首を縦に振らないんだ）

同意の印としてうなずくことの婉曲表現です。会話ではシンプルにagreeなどで十分ですが、「首を縦に振る」という日本語の語感を忠実に写し取るなら、**say yes**（イエスと言う）を使ってみてはどうでしょう。They finally said yes to my plan.（私の計画に対して、彼らはようやく首を縦に振ってくれた）のように、許可や同意の意を込めることができる表現です。

また、文字通り「うなずく」という意味の動詞nodを使う手もあります。nod in agreement[approval]（同意して［承諾して］首を縦に振る）のように言うとちょっとフォーマルな感じで、表現に奥行きが出ます。

例文のように、「なかなか首を縦に振ってくれない」という否定形で使われる場合も多いですね。ここは「まだ承諾してくれない」という焦燥感をうまく表現したいところ。yet to ~（まだ～しない）を組み合わせてyet to say yesとしてみましょう。

くよくよ

オノマトペ

か

気に病んでも仕方のないことをいつまでも気にかけて、心を悩ますさま

This was your first presentation, right? You don't need to **dwell on** it.

（初めてのプレゼンだったんだよね？　終わったことはくよくよ考えないで）

訳考

失敗したときは、悔いが残ってつい「くよくよ」と考えてしまいますね。こんなときにふさわしいのが **dwell on ~**（～をくよくよと考える）という表現です。終わったことをいつまでも引きずって、ネガティブなことを延々とこぼしたり考えたりしてしまう状態です。

dwell on ~よりも深く悩んでしまっているときは、agonize over ~（～について苦悩する、悶々と悩む）という表現が使えます。自分の決断やすでに過ぎ去ったことに対してあれこれと思い悩んでしまう状態を表します。

これも深刻度が高い表現ですが be tortured by[with] ~（～にひどく悩まされる、〔肉体的・精神的に〕苦しめられる）というものもあります。torture oneself over ~（～について自分を責める、くよくよと思い悩む）を使って、I tortured myself all day over the thought I'd said the wrong thing and hurt her feelings.（間違ったことを言って彼女を傷つけてしまったという考えに一日中苛まれた）のように言うことができます。

くよくよ悩んでいる人がいたら、Stop dwelling on [agonizing over, torturing yourself over] what happened.（起こってしまったことをいつまでもくよくよと悩んでも仕方がないよ）と励ましてあげられるといいですね。

黒歴史（くろれきし）

イマドキ

なかったことにしたい過去。

人には言いたくない恥ずかしい過去

We all have some **embarrassing times**.
（誰だって、明かしたくない黒歴史はありますよ）

「黒歴史」という字面に近い英語表現にdark past（暗い過去）がありますが、こちらは犯罪や裏切りのような文字通り重く暗い過去を指すのが一般的です。例えばShe has a dark past as a kidnapper.（彼女にはかつて誘拐犯だったという暗い過去がある）、the dark past of war（戦争の暗い歴史）といった感覚です。

「振り返ると恥ずかしくなるような過去」というニュアンスを誤解なく伝えたければ、something that makes you feel embarrassed in retrospect（後から思うと恥ずかしいこと）、あるいは**an embarrassing time**[moment, memory]（恥ずかしい時期［時、思い出］）、のように表現する方が無難でしょう。During my teenage years, I used to practice writing my autograph in case I rose to stardom in the future. Now I consider that an embarrassing time in my life.（思春期のころ、スターの座にのし上がったときのためにサインの練習をしていた。今思えば、あれは人生の黒歴史だ）というように使えます。

芸は身を助ける

故事・ことわざ

特別な能力があることで窮地を免れる

か

A: Although I was laid off last month, I've been able to earn a living by teaching Japanese calligraphy at home.

（先月一時解雇されたんですが、自宅で書道を教えて生活費をまかなえているんです）

B: Good for you! As you say, your **artistic talent** will **help you** get by.

（良かったですね！　芸は身を助ける、というところですね）

意味を漏れなく伝えるなら、No matter what your specialty is, you can use your artistic talents to help you get by.（得意なことが何であれ、芸を助けにして何とか生きていける）といったところですね。直訳なら、Your **artistic talents** might **help you**.（才能が助けになるかもしれない）ですが、どちらがいいでしょう？

どちらも言わんとすることは通じると思います。あるいは、趣味や特技が「収入の源になる」（turn into a source of income）と考えて、Your talented hand has turned into a source of income.（あなたの才能あふれる手が収入のもとになったんですね）のようにも言えるでしょう。

カタカタ語で「タレント」と言えば「芸能人」のことですが、英語のtalentは「才能、素質」の意味なので注意したいですね。

はい。ちなみに、同じ意味の単語にgiftがあります。こちらは才能は神からもらったギフト（プレゼント）、という発想ですね。

か

ケチをつける

欠点や難点をあげつらい、文句を言う。言いがかりをつける

A: Who's the man at the customer service desk? Our staff looks uncomfortable.
（顧客サービスデスクにいる男性は誰？　スタッフが不愉快そうに見えるけど）

B: He's a regular customer who always **complains** about small stuff.
（あの方はお得意様なんですが、いつも小さなことに対してケチをつけてくるんです）

「ケチを付ける」は「クレームを言う」に近いですが、英語のclaimは「主張、損害賠償の要求」という意味で、和製英語の「クレーム」と同じニュアンスでは使えません。「文句をつける、苦情を言う」に当たる英語は**complain** [make a complaint]ですね。

類語もいろいろあって、例えばgrumbleは「要求が通らなくて文句を言う、ケチをつける」という意味合いです。

「うだうだと文句を垂れ続ける」という意味のmoanや、「些細なことに声を荒らげて不満をぶつける」というニュアンスのmake a fussも使えそうです。

いいですね。特にmake a fussは、The customer made a fuss about the cold soup.（その客は冷めたスープにクレーム［ケチ］をつけてきた）のような使い方をしますから、まさに「クレーマー」（a complainer）といった感じですね。

結果オーライ

結果が良ければそれで良い

か

A: Thanks for your help sorting out my tax problem with the Vietnam project.
（ベトナムのプロジェクトでは税金問題を解決するのを助けてくれて、ありがとう）

B: Don't mention it. It was a lot of work, but "**all's well that ends well**."
（どういたしまして。確かに大仕事ではあったけど、「結果オーライ」だからね）

「オーライ」をそのまま英語のall rightとは言えませんね。シェイクスピアに言わせれば、**All's well that ends well.**（終わり良ければ全て良し）となるのでしょうけど。

それ、それでいきましょう。私の好きな言葉です。あるいは、シンプルにIt worked out in the end.（最後にはうまくいった）と言ってもいいですね。It turned out well.も、turn outのニュアンスを汲むと「いろいろあったけど結果的に良い方向にいった」ということになるので「結果オーライ」の意味で使えるでしょう。

ちなみに「結果が全て」という言い回しはThe result is everything.やThe result is all that matters.。これらは文脈によって、「結果オーライ」の意味にも「そのプロセスは評価しない」という意味にもなり得ますね。

頑張っても結果が出ないとき、上司にI don't care about the process. The result is everything.（過程はどうでもいい。結果が全てだ）と言われたら、私は「それならば！」とかえって奮起するタイプです。

結果を出す

イマドキ

努力を結実させる。良い成果を生み出す

A: We need someone who can lead this special project. What do you think of Mr. Aoki?
（この特別プロジェクトを率いる人が必要です。青木さんはどうでしょう？）

B: He would be great. He always **gets the job done**.
（彼なら素晴らしいですね。常に結果を出しますから）

いろいろな言い方がありそうですね。結果はresults（成果）でよしとしても、「出す」はget、achieve、produce、yieldなど選択肢が豊富です。

deliver（成し遂げる、果たす）という動詞もよく使われます。あと、簡潔でずばり言い当てていると思うのは、**get the job done**（成し遂げる）です。

そう、紆余曲折あったとしても、最後はbottom line（利益）に貢献できるかどうかで判断をされますからね。

冷徹なようですが、ビジネスにおいてはdeliver the expected results（期待された結果を生む）ことが全てですから。

オノマトペ

ゲッソリ

肉体的または精神的疲労により、活力や気力が失われた様子

He's looked **exhausted and worn-out** recently.
（最近の彼はゲッソリしてますよ）

訳考

「ゲッソリ」というと、「疲れ」に加え、「やつれた様子」が加わりますね。まず単なるtiredでは表しきれない極度の疲れを**exhausted**（疲れ果てた）で表現し、さらに**worn-out**を組み合わせて「やつれた」感じを出してみましょう。

worn-outは形容詞で、ハイフンを外すと句動詞になります。ものに使うと「ボロボロの、擦り切れた」という意味で、I'm worn-out.のように人に使うと、「擦り切れた」というニュアンスが転じて「くたびれた、疲れ切った」という意味になります。似た使い方ができるのがburn outで、burnという語が示す通り「〔根を詰め過ぎて〕燃え尽きる」という意味です。He worked so hard that he was almost burned out by the age of 30.（彼は働き過ぎて、30になるまでに燃え尽きてしまった）のように使います。

また、Many students suffer from burnout after their exams.（多くの生徒が試験の後には燃え尽き症候群になる）のように、名詞としての用法もあります。

また、drainedという形容詞も「エネルギーが消耗して疲れ切る、やつれる」の意味になります。I feel drained after that big project.（あの大きいプロジェクトの後、ゲッソリと疲れた）のように使え、特に精神的に参ってしまった感じが出ます。

か

結論先にありき

最終的な判断が最初から決まっており、
議論の余地がないこと

A: It might be better not to give them too many options to choose from.

（相手にあまり選択の余地を与えない方がいいかもしれませんね）

B: I agree. In this regard, **there's not really any room for discussion** as **it's all but decided**.

（同感です。本件は結論先にありきですから）

「すでに結論を出しました。議論の余地はありません」という状況をどう表現するかですね。「この話し合いの結果をもう知っている」と考えてWe know quite well where this discussion will lead us. でしょうか？

悪くはないですが、文脈によっては「この話し合いが導き出す結論に自信がある」という、「結論先にありき」とは微妙に異なる意味にも解釈されます。

では、もっと明確に言った方がいいですね。**there's not any room for discussion**（議論の余地はほぼない）と、**be all but decided**（事情上決定している）というフレーズを組み合わせて伝えるのはどうでしょう？

いいと思います。ちなみに、議論があくまで儀式的なものにすぎないという場合は、discuss the issue only for[just as] a formality（形だけの話し合いをする）というふうにも言い表せます。ところで、結論が最初から決まっているときに「異論は認めない」とよく言いますが、そんなとき英語ではNo argument!（異論は受け付けません！〔文脈によっては「あなたの言う通りです」〕）とか、And that's that[that's the end]!（そういうことだから！［以上！］）と言ったりします。

煙(けむ)に巻く

大げさなことや相手がよく知らないようなことを言い立てて、相手を戸惑わせたりごまかしたりする

A: What should I do if I don't want to answer a certain question during the Q&A session?
(質疑応答のセッションで答えたくない質問があったら、どうしたらいいですか?)

B: Just be honest. You should never try to **confuse** the person who asks the question.
(正直でありなさい。煙に巻こうとするのは絶対にやめた方がいい)

avoid a straight answer(ストレートな答えを避ける)だと、「相手を混乱させる、惑わす」といったニュアンスまでは含まないですね。

はい、相手を煙(けむり)の中に巻き込んで混乱させるというニュアンスを醸し出すには、**confuse**(混乱させる)やbaffle(戸惑わせる)などの語が有効でしょう。cheat(ごまかす)、あるいはsweep ~ under the rug(じゅうたんの下に~をほうきで掃いて隠してしまう)などという言い方もできます。

相手がついてこられないようにthrow ~ off the track(~を線路から投げ落とす=~の追及をかわす)という表現もありますね。

いつも思いますが、Honesty is the best policy.(正直が一番)です。

喧々囂々（けんけんごうごう）

四字熟語
オノマトペ

大勢が発言してやかましい様子

か

A: The export division and credit supervision division seem to be having a big debate over that deal.
（例の取引の件では、輸出部と審査部の間で大きな論争になっているみたいです）

B: Yes, so I've heard. They all seemed to be **fighting tooth and nail** over it this morning.
（ええ、聞きました。今朝は喧々囂々の議論が行われたようですね）

「喧々囂々」というのは、いかにも騒ぎが大きいということを指す表現ですね。たまに「侃侃諤諤（かんかんがくがく）」と混同して、「けんけんがくがく」と誤った言い方をしている人もいますが。とにかく、こういうふうにオノマトペ的な表現を英語にするときは、愚直に文字通りに訳そうとしなくても大丈夫ですね。

ええ、要は「本当に激烈な議論になった」ということが出せればいいんです。hot debateやhot discussionといった言葉が使えそうですよ。

A hot debate[discussion] has been going on for nearly three hours.（3時間にもわたる喧々囂々の大論争だった）といった具合ですね。

あるいは、**fight tooth and nail**（必死に戦う）というイディオムもいいですね。歯でかみついたり爪で引っ掻いたり、なりふりかまわず戦うイメージです。用例のような論争の場面にも合いますし、I'll fight tooth and nail to get this plan accepted.（この計画を通すためだったら何だってやるぞ）のようにいろいろな場面で使えます。

けんもほろろ

人の頼み事や相談事などを無愛想に拒絶するさま

A: The client rejected our proposal straight away without even seriously discussing it on their side.
(その顧客は、わが社の案をろくに検討もせずに即謝絶してきました)

B: Our negotiator says, he was **given a really cold reception** when he went over there.
(交渉担当者の話では、先方に行ったときはけんもほろろだったらしいね)

冷たく門前払い、といった感じですね。

ちょっと違った感じだと「肘鉄(ひじてつ)を食らわす」というのがあります。相手の要求をはねのける。

give a really cold reception to ~（~にとても冷たい対応をする）といったところでしょうか？

そうですね。curtly[flatly] refuse（素っ気なく［にべもなく］断る、拒絶する）と言ってもいいと思います。

イマドキ

濃い

ある傾向が強い。(性格が)個性的である。

(内容が)充実している。(雰囲気が)独特である

か

The members of the community are pretty **unique and special**.

(あの集団はかなり濃いメンバーぞろいですよ)

訳考

色味の程度が深い場合はdeepやdark、味の程度が強い場合はstrongやrichですが、「濃い」を使う場面はそれだけではありません。人の性格や性質を形容するときに使いやすいのは**unique**(個性的だ=キャラが濃い)や**special**(特別な、一味違う)でしょう。peculiar(風変わりな、奇異な)と言えば、やや「変人」に近い「キャラの濃さ」を表現できます。She has a unique character.(彼女は濃いキャラだよ)やHis character really stands out.(彼はかなりキャラが立ってる)のようにも言えます。

また、「内容が濃い」と言いたいなら、fulfilling(充実した)、fruitful(実りある、生産的な)、rich(有意義な会話や情報に富んでいる)、meaningful(〔主観的に〕満足度の高い)などがいいでしょう。It was a fulfilling day!(濃い一日だった!)、Today's meeting was so fruitful.(今日の会議は濃密でしたね)のように使えます。

形容しがたい雰囲気の濃さを表す語はintenseです。外国人を秋葉原の電気街などに連れて行くと、その独特の雰囲気に対してIt's pretty intense...(かなり、濃いね…)という感想を漏らしますよ。

業を煮やす

らちが明かなかったり、物事が思うように運ばなかったりして、腹を立てる

A: I know that "customer is king," but this is the last straw.

（「お客様は神様」というのは分かりますが、これが我慢の限界です）

B: Indeed. I**'ve had enough of** that customer's stubborn attitude.

（全くです。あの客の頑固な態度に、私は業を煮やしました）

物事が思うようにいかないときにストレスを感じてイライラするわけですから、frustrated（いら立った）が一番シンプルかつストレートでしょうか？

get frustratedでも十分意を尽くせるとは思いますが、ここは**have had enough of ~**（～はもうたくさんだ、～にはうんざりだ）という言い回しを使ってみてはどうでしょう？

何かに疲れたり怒ったりして、「もう限界」「いいかげんにして」と言うときの表現ですね。have had enough of someone's attitudeで「～の態度に愛想を尽かす、～の態度について我慢の限界に達する」という意味なので、例文にもちょうど当てはまりそうです。

はい。柴田先生がおっしゃったget frustratedと同様の表現を選ぶなら、get irritated（イライラする）、lose one's temper（機嫌を悪くする）も使えると思います。

孤軍奮闘

四字熟語
動物

他人の力を借りずに自分一人で頑張ろうとすること

か

A: I'm struggling to find the right moment to ask my colleagues for help because everybody looks so busy all the time.
（同僚は皆いつも忙しそうにしているので、助けを求めるにもタイミングに迷います）

B: Don't hesitate to ask. They should be able to help you. Never think you**'re all alone**!
（遠慮しないで。必ず助けてくれるから。孤軍奮闘は絶対しないようにね）

日本語のニュアンス通りではないと思いますが、「孤軍奮闘」はつまり「一人だけでやること」とシンプルに考えていいのではないでしょうか？　直訳するとfight a lonely battleですが、オフィスでは使いませんので。

そうですね、**be all alone**（ただ一人）と解釈していいと思います。もしくはkeep on trying hard by oneself（一人きりで頑張る）のように具体的に言うのもありです。

by oneselfは「人の助けを借りずに独力で成し遂げる」というポジティブな意味にも使います。

aloneの方が助けがなくて孤立している感じがよりはっきりするかもしれませんね。誰しも、You're not alone!（孤軍奮闘しないで、あなたは一人じゃない）と言ってもらえるのが一番うれしいと思います。

虎穴に入らずんば虎子を得ず

故事・ことわざ
動物

か

危険を冒さなければいい獲物は得られない

If you aim for a big return on your investment, be sure to remember "**nothing ventured, nothing gained**."
（大きな投資利益を狙うなら、「虎穴に入らずんば虎子を得ず」ですよ）

訳考

「高いリスクを冒す心得がなければ大きなリターンを得ることはできない」、つまりYou must be prepared to take a greater risk.ということですね。似た意味を表すキャッチーなフレーズに、High risk, high return.（ハイリスク・ハイリターン）やNo pain, no gain.（痛みなくして得るものなし）などがあり、どちらもこの文脈で使って差し支えないでしょう。

「虎のすみかに入る」というかなりの危険を冒すわけですから、**Nothing ventured, nothing gained.**という表現を使うとさらに「虎穴に入らずんば虎子を得ず」のイメージに近づきます。ventureは動詞で「思い切って危険を冒す」という意味になり、大胆さや無謀さのニュアンスを含んでいます。

身体部位

か

心が折れる

心の支えを失ってくじける。

苦難や逆境などが原因で意欲がなくなる

Bad things keep happening, so I'm **losing heart.**

（トラブル続きで、心が折れそうです）

まず、My heart is broken. は、どちらかというと失恋や片思いなど恋愛の場面でよく使われる表現です。そして「心が折れる」の対訳としてよく紹介されるMy heart is going to break off. は、実際には不自然な表現で、使われることはほとんどないようです。

「失敗や逆境によって意欲を失う」というニュアンスを誤解なく伝えるには、**lose heart**（自信［できるという気持ち］を失う＝心が折れる）、feel discouraged（やる気を失う、落胆する＝心が折れる）などの表現が妥当でしょう。

また、「〔形が変わるほど強い力で〕押しつぶす、〔意志や希望を〕くじく」という意味の動詞crushも、受動態で使うと「心が折れる」に近い意味になります。I was crushed when I heard I wasn't accepted for the job interview.（採用面接に落ちたと知って打ちひしがれた＝心が折れた）と言うと、ショックで心がぺしゃんこになる感じが伝わってきますね。

虎視眈々（たんたん）

四字熟語
動物

油断なく機会を狙っている様子

A: Not only Y Corp. but also our other competitors will surely try to arrange a meeting or offer entertainment.
（Y社だけでなく他の競合も間違いなく、ミーティングを設定したり接待を申し入れたりするでしょう）

B: Yes, everyone will **have their eye on** a prize like that.
（はい、どこも虎視眈々と取引を狙ってくるでしょうね）

「虎視眈々」にぴったりはまるイディオムはちょっと見当たりませんが、aim for ~（～を目指す、狙う）やbe eager for ~（～を熱望する）を使ってEveryone aims for[is eager for] the chance to close the deal（どこもその取引を狙っている）と言ってはどうでしょうか？

いいと思います。「獲物を狙う」をeye a prizeと表現するのも手です。eyeは、動詞で「注目する、目論む」という意味になるんですよ。

なるほど、例えばこう言えますか？ Everyone would **have their eye on** a prize.（その賞は誰もが狙うところだ）。prizeはいわば比喩的表現で、例文の文脈では「取引」を指します。

いいですね。あるいは、a trophy like thatのようにtrophy（トロフィー、戦利品）を使って「獲物」のニュアンスをもっと出してもいいでしょう。

故事・ことわざ

五十歩百歩

わずかな違いはあるが、
本質的には似たり寄ったりで大差ないこと

A: If you order this item online, it will be 300 yen cheaper than buying it at a store.
(この商品をオンラインで注文すると、店舗で買うよりも300円安くなります)

B: Well, **there's hardly any difference**, then.
(うーん、それなら五十歩百歩ですね)

訳考

That's six of one and half a dozen of the other.（一方の6個と他方の半ダース）という面白い言い回しがありますね。

日本語の「五十歩百歩」は故事成語で、「五十歩逃げた兵士も、百歩逃げた兵士も敵から逃げたことには変わりはない」ことに由来するそうです。

英語だと、それを6個と半ダースに例えて「大差ない、似たようなものだ」と表現するのが面白いですね。

現象面からみれば**there's hardly any difference**やthere isn't much differenceでいいでしょう。また、あまり品のいいイディオムでありませんが、It's the pot calling the kettle black.（やかんのことを黒いと言う鍋）というのがあって、これは日本語の「目くそ鼻くそを笑う」や「猿の尻笑い」に近いですね。猿が他の猿の尻を赤いと言って笑う「猿の尻笑い」と英語の「鍋がやかんを黒いと言う」は、発想が同じで実に面白いです。

イマドキ

コスパ

コストパフォーマンスの略。費用対効果。

かけたコストに対する効果の度合い

A: I'm going to Paris on business next week. Could you recommend a couple of restaurants?

（来週パリに出張するんですが、おすすめのレストランをいくつか教えてもらえますか？）

B: For business lunches, right? I know some restaurants that are good **value for money**.

（ビジネスランチですね？　コスパのいいレストランを知っていますよ）

コスパは英語のcost performance（費用対効果）。そのまま英語にしても通じないことはないですが、日常では**value for money**（お金に見合った価値）を使いますね。

はい。value for the priceと言っても同じです。「コスパがいい、値段の割にいい［価値がある］」ならgood value for money[the price]のように言えます。

単にreasonable（手頃な）とするよりも、「お得感」のニュアンスが強くなりますね。

great[best] value for money（金額の割に大いに［最高に］お得）などと、形容詞で強調の度合いを変えることができます。

オノマトペ

コツコツと

着々と。着実に

か

First of all, try to **work hard and diligently.**
（まずはコツコツと頑張ってみることだ）

「コツコツと」は、「むらなく勤勉に」という意味で使われています。そうすると、diligent（勤勉な、真面目な）が一番近いでしょうか。あるいは**work hard and diligently**のようにhardも使うとさらにはっきりします。

steadily（コツコツと、着実に）もよく使われます。「一定の努力をたゆまず続ける」というニュアンスです。make efforts（努力する）に形容詞を挟んで、make steady efforts（コツコツと努力する）、make continuous efforts（継続的に努力する）、make untiring efforts（飽くことなく努力し続ける）のように言い表すこともできます。

また、keep (on) -ingも「～し続ける」ですから、「コツコツと」を表すのにいいですね。Keep (on) learning!（コツコツと学習を続けよう！）。

固定観念を捨てる

一つのものにこだわった考え方をやめる

A: Our old ways of doing business no longer seem to be working.
(もはやこれまでの古いビジネス手法ではうまくいきそうにない)

B: We need completely new strategies. We're going to have to start **thinking outside the box**.
(全く新しい戦略が必要だ。固定観念を捨てていかなければ)

内容的には「柔軟な発想を持って」ということですね。映画『スター・ウォーズ』でヨーダがYou must unlearn what you have learned.(思い込みを捨て去るのじゃ＝学んだことを全て忘れるのも大切だ)と言っていましたが、ここはconventional(型にはまった)という形容詞をうまく使って、think outside the conventional ways(型にはまらずに物事を考える)ではどうですか?

いいですね。**think outside**[out of] **the box**(既成概念にとらわれずに考える)という表現もよく使います。あるいはWe won't leave any stone unturned.(あらゆる手を打つ)なども間接的に「先入観にとらわれない」という意味に解釈できますよね。

「ひっくり返さない石は残すな」つまり「徹底的に全ての点に目配りをしろ」ということですね。

はるか昔、MBAを目指して頑張っていたころ、戦略論の教授からThink thoroughly about it and don't leave any stone unturned.(徹底的に考え抜くんだ。ありとあらゆる可能性を想定しろ)と言われたものです。

後手に回る

スポーツ

敵対する相手に先を越され、後れを取る

Companies that failed to modernize **fell behind** quite dramatically.
（改革に失敗した企業は、完全に後手に回ってしまった）

元は将棋から来た言葉で、先手を指されて不利になってしまった状態のことです。「後れを取ること」と解釈すると、**fall behind**というフレーズが適訳です。例文のように「他者と比べて進捗が遅れる」という意味の他、「計画や約束が期日を過ぎてしまう」という意味もあります。「荒天の影響でスケジュールに遅れが生じている」なら、We've fallen behind schedule due to severe weather conditions. となります。

lag behind ~（～に後れを取る）もよく使われる表現です。動詞lagには「のろのろ歩く、進行が遅れる」という意味があるので、イメージしやすいですね。We're lagging behind our competitors.（競合に後れを取っている）、Japan lags behind China in the field of new technology.（最新テクノロジーの分野で日本は中国の後手に回っている）のように使えます。

言葉が独り歩きする

実体が伴わずに言葉が先行する

A: Don't be modest. John told me that your communication skills are the best in our company.
（謙遜無用ですよ。あなたのコミュニケーション力は社内でも随一だとジョンが言っていました）

B: This sort of turned out to be **a label placed on** me.
（それは、なんだか言葉が独り歩きしているような気がします）

「独り歩きをする」に込められた、「誤った［尾ひれの付いた］情報が勝手に広まる」というニュアンスをどのように伝えるかがポイントですね。

「知らないうちにレッテルが貼られてしまう」と考えれば、place a label on ~（～にレッテルを貼る）が使えそうです。

なるほど。**a label placed on** ~のように受け身にすればいいんですね。

ちなみに、言葉が使われ過ぎたり乱用されたりしている場合には、overusedを使います。"Awesome" might be the most overused word in American English.（awesomeはアメリカで最も乱用されている英単語かもしれない）のように。

言葉尻を捉える

身体部位

他人が言い損なった部分について、皮肉を言う

か

A: In any case, the communications between us haven't gone smoothly.

（いずれにしろ、双方でコミュニケーションがうまく取れていない感じがします）

B: In this situation, people can get emotional and **pick on words**.

（こういうときはお互い感情的になって、言葉尻を捉えようとするものです）

会話の光景が目に浮かぶようですね。war of words（舌戦）という言い方はありますが、相手の言い損ないにつけ込む、というニュアンスを出すには不十分です。

take words out of contextはどうでしょう？　文脈を無視した不適切な引用をする、という感じで。

「言葉尻を捉える」は、相手の非常に些細な発言をとがめ立てする、ということですよね。もっとネガティブな姿勢を伴う表現が合う気がしますが。

確かに。では、**pick on words**（言葉のあら探しをする）を使ってニュアンスを添えてみましょうか。People can get emotional and pick on words.のように。

言葉を濁す

はっきりと述べずに、あいまいに言う

A: We have to be assertive and discuss things in a straightforward way so that we can make ourselves understood.
（ちゃんと理解してもらうには、自己主張をしっかりして、はっきりものを述べるようにしないと）

B: Yes, I understand, but sometimes I deliberately **say things vaguely**.
（うん、分かるけど、あえて言葉を濁すときもあるんだ）

訳考

「言葉を濁す」は、動詞equivocate（あいまいな言葉を使う）や、avoid making an explicit statement（直接的な言い方を避ける）などでしょうか？

いいと思います。equivocateの形容詞equivocalだと「どちらにも取れる」という意味になりますし、他にもambiguous（いろいろな解釈ができる）、vague（漠然とした）、unclear（明快でない）などの語が思い浮かびます。**say things vaguely**[unclearly]や、give an equivocal[ambiguous] answerなどの表現をおすすめします。

mince words（言葉を加減する、控えめに表現する）という表現もあります。相手の気分を害さないように「言葉を選ぶ、言葉を濁す」というニュアンスです。もっとも、この言葉はどちらかと言うとDon't mince words.（遠回しな言い方をするな）のように否定形で使われることが多いですが。

交渉のときなどには、「言葉を濁す」どころか、あえて触れずに伏せておくという手法を取ることもありますね。better left unsaid（言わぬが花）ということです。

オノマトペ

コロコロ(変わる)

変化が頻繁であるさま

か

You **change** your opinion so **frequently**.
(君の意見は本当にコロコロ変わるなあ)

訳考

「意見や主張がコロコロ変わる」は**change** one's opinion **frequently**(意見が頻繁に変わる)、change one's opinion all the time(いつも主張が違う)、change one's mind a lot(考えが何度も変わる)などと言い表せます。

また、元は「ビーチサンダル」という意味のflip-flopという語は、「コロコロ意見が変わる人、風見鶏」という意味でも使われます。

「天気がコロコロ変わる」という言い方もよくしますね。シンプルにThe weather keeps changing.と言うか、あるいはThe weather is unpredictable[unsettled, erratic].(天気は予想できない[不安定だ、不規則にコロコロ変わる])と表現してもいいでしょう。unsettledは特に、ぐずついた天気に転びやすいときに使います。erraticは晴れていると思ったらたちまち土砂降りになったり、日によって気温が大きく変動したりするような、極端な変化を指します。

「機嫌がコロコロ変わる」という場合にはmoodyが合っています。ネガティブなニュアンスの「気分屋」という感じですね。

「気分や好みがコロコロ変わる」ならfickle(気が変わりやすい、移り気な)はどうでしょう。Teenagers are fickle and switch brands frequently.(10代の若者は好みがコロコロ変わり、ブランドを取っ換え引っ換えしている)のように使えます。

156

采配を振る

指示をする。指揮を執る

A: Who do you think would be suitable to lead the project?
（このプロジェクトの統括者は誰が適任だと思う？）

B: In my opinion, Ms. Suzuki is the only person who can **spearhead** this milestone project.
（この大プロジェクトの采配を振ることができるのは、鈴木さんしかいません）

「適切な指示を出しながら全体を引っ張っていく」というニュアンスはmanage properlyの一言で表現できますか？

それでもいいですが、Ms. Suzuki is the natural leader [the born leader] for this project.（指導者としての資質を持った人物）としてみては？

なるほど、theで「この人しかいない」というニュアンスを出すのですね。「采配を振る」という語感を生かすなら**spearhead**でしょうか。「槍の先鋒」という意味の名詞で、転じて動詞では「先頭に立って全体の指揮を執る」の意味になります。

いいと思います。run the show（リーダーとして全体を取り仕切る）、call the shots（決定権を持つ、采配を振る）も併せて覚えておきたいですね。

先取りする

他者よりも先にものを得たり、ことを行ったりする

A: It is pivotal for us to succeed in Russia and China. The key is that new product, isn't it?

(ロシアと中国で成功することはわが社にとって極めて重要です。鍵を握っているのは例の新商品ですよね？)

B: I think so. And we'll have to come out with even more new products to **stay ahead of** the market.

(そう思います。市場を先取りするにはさらに新商品を出していく必要があります)

金融業界ではWe have to **stay ahead of** the game.（ゲームの先頭にいなければ）という表現をよく使います。stay ahead of the curve（グラフの傾きを先回りする）と言えば、「問題の先手を打つ、今後のトレンドや時流の先をいく」という意味になります。

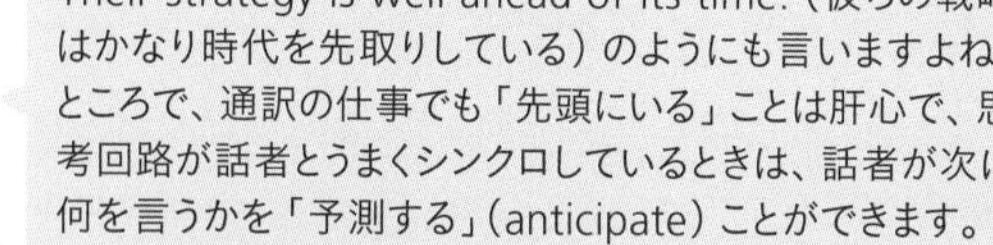

Their strategy is well ahead of its time.（彼らの戦略はかなり時代を先取りしている）のようにも言いますよね。ところで、通訳の仕事でも「先頭にいる」ことは肝心で、思考回路が話者とうまくシンクロしているときは、話者が次に何を言うかを「予測する」(anticipate) ことができます。

なるほど、その単語を使ってnew products that anticipate the direction of the market（市場の方向を予測する商品）のようにも言えますね。

はい。ビジネスの場では、innovative（革新的な）という単語も飛び交っていますよね。come up with innovative ideas（革新的なアイデアを思いつく）、be[become, stay] innovative（イノベーティブである）も、ある意味で「時代を先取りする」ということになると思います。

サクサク

オノマトペ

軽快に小気味よく、物事が順調に進む様子。

電子機器がスムーズに動くさま。

軽快な歯触りや音を伴う食感

Emi, you're a superwoman who does things **smoothly** both at work and at home.

（恵美さん、あなたは仕事も家事もサクサクこなすスーパーウーマンですね）

「ストレスなくスムーズに物事や作業が進む」という意味合いの「サクサク」なら、do things **smoothly**、あるいはdo things without any stressと言い表せます。

電子機器の「サクサク」感については、My computer is running smoothly today.（今日はパソコンがサクサク動く）のようにrun smoothlyが使える他、run fast（動きが速い）、be responsive（反応が早い［良い］）、be intuitive（直感的にストレスなく操作できる）、あるいは口語的ですがbe snappy（素早い、きびきびした）などの語句も妥当です。

反対に動作が「重い」場合はrun slow（動きが遅い）、be lagging[laggy]（動きが遅い）などの語句がよく使われます。

食感が「サクサク」している場合はどうでしょうか。crispyは生の野菜や果物、あるいはパイやクッキーなどのオーブン料理や揚げ物のサクサク感から、ワインの「キレがある」風味まで、幅広くカバーできる単語です。シリアルやサラダなど、シャキシャキ、サクサクとした歯触りが感じられるときはcrunchyが使われるようです。

オノマトペ

サクッと

物事を手早く、短時間で行う様子

Shall we go for a **quick** drink? Just a glass or two?
（サクッと一杯行きましょうか？　グラス1杯か2杯だけ？）

時間的な短さを表す「サクッと」には**quick**がぴったりです。quick drinkはまさにサクッと飲みに行く感じ。Do you have time for a quick chat?（ちょっとおしゃべりする時間ある？＝今、サクッと話せる？）のように、他の名詞を組み合わせて応用が可能です。

副詞quicklyを使って、Shall we go for a drink, just quickly?（サクッと一杯どうですか？）、Let's work on it right now and get it done quickly.（すぐに取り掛かってサクッと終わらせましょう）などと言うのも自然です。

promptlyも「手早く」という感覚ですが、どちらかというと「遅れることなく即座に」といったニュアンスです。また、fastは急いだ速さを意味するので意味合いが異なります。

「サクッと」の「短時間で物事を済ませる」というニュアンスを的確に表せるのは、やはりquickでしょう。

イマドキ

刺さる

(比喩的に)刺されたような強い衝撃を心に受ける。

深い感銘を受け、高い関心を持つ

A: The president loves baseball, so I'll arrange a Mariner's game as entertainment.

(社長は野球好きだから、マリナーズ戦の接待をセッティングしよう)

B: I'm not sure such an approach will **win him over**.

(そんなアプローチじゃ刺さらないと思うけど)

「心に刺さる、胸に刺さる」という言葉は昔からありますが、目的語なしで「このアプローチは刺さる」のように言う形も近年目にするようになりました。ややインパクトのある言葉ですが、シンプルに言えばimpressでしょうか?

「相手の心をガッチリ捉える」というニュアンスを出すなら、**win ~ over**(~を口説き落とす、取り込む、魅了する)も良いと思います。

「~の心に響く、共鳴する」という意味のresonate with ~はどうでしょうか?

ふさわしい訳だと思います。例えば、The words from the president's speech resonated with me.(社長のスピーチの言葉が刺さった[に深く共感した])のような感じで言えますね。

さすが

期待にたがわず。予想通りに

A: Manami gave me some very useful tips for visiting art galleries in Italy.
（真奈美がイタリアの美術館見学について、とても役立つ助言をくれたんだ）

B: I'm not surprised. She **didn't** live for 10 years in Italy **for nothing**.
（驚かないよ。さすがイタリアに10年暮らしただけあるね）

You're not known as ~ for nothing.（何もなく〜として知られるわけはない＝さすが〜と呼ばれるだけのことはある）というフレーズを応用すれば表現できそうですね。

一言で「さすが！」と言おうとするなら、incredible、amazing、impressiveという形容詞が使えます。ただ、この例文のように過去の行動について「さすが」と感嘆する場合には適しません。

そうですね、amazing that you lived for 10 years in Italyと言うと、「イタリアに10年も生活していたなんて信じられない［すごい］」という、全く違う意味になってしまいます。

はい、ここは柴田先生がおっしゃるように**not ~ for nothing**（だてに〜しているわけではない）で表現するのがぴったりです。

ざっと

オノマトペ

大雑把に(目を通す[見積もる])。概要のみ把握する

I **ran through** the agreement, and there seem to be no major issues.
(契約書をざっと読んでみましたが、大きな問題点はなさそうです)

「ざっと読む [目を通す]」(read something quickly) に関する表現はたくさんあります。「斜め読み、急いで読む」という意味合いを出すには、**run through** がいいでしょう。I'd like to run through these points with you. と言えば、「ポイントだけを一緒にざっと見ていきましょう」という感じです。

その他に押さえておきたいのは、take a look at ~ (間違いや問題がないかざっと確かめるように読む。イギリス英語ではhave a look at ~)、look over ~ (ざっと全体に目を通して問題がないか調べる)、skim (ざっと読んで概要を把握する)、scan (ざっと目を通して必要な情報を拾う)、browse (雑誌や本をパラパラと読む、ネットで記事を閲覧する) などです。

反対に、かなり細かくじっくり読み込む場合は、read through[over] ~ (最後までしっかり目を通して内容を確認する)、go through[over] ~ (細部までしっかり読み込んで問題がないか調べる) などの表現が使えます。

また、「ざっと〔量や数、金額などを〕見積もる」というような場合には、形容詞rough (大まかな) を使ってCould you give me a rough estimate? (ざっと見積もりを作ってもらえますか?) のように言えます。

さばを読む

数をごまかす。年齢を若く偽る

A: Do you remember Colin, the guy we met yesterday? He said he's 36.
(昨日会ったコリンを覚えてる？ 自分は36歳だって言ってた)

さ

B: No way. He must be well over 40. I'm sure he's **lying about his age** by at least five years.
(まさか。40歳は軽く超えているはず。少なくとも5歳はさばを読んでるね)

一般的に「ごまかす」はfudgeですが、年齢について言うときはlie（嘘をつく）を使いますよね？

そうですね。魚のサバは腐りやすいので急いで早く数えるために数を少なくごまかされた、というのがこの日本語の由来のようです。こうした表現を違う言語で言い換えようとすると、いわゆる「意味の明示化」をしなければなりません。

言葉や文化のギャップを埋めるために、訳の中に情報を補足する必要があるわけですね。ここでは**lie about one's age**（年齢を偽る）ということでしょう。

「さばを読む」は「年齢を若く偽る」以外にも使われることがありますね。自分の都合や利益のために物事を水増ししたり少なめに申告したりというような場合なら、柴田先生が最初におっしゃっていたfudgeが妥当です。fudge the numbers（数をごまかす）、fudge the facts[details]（事実［詳細］をごまかす）のように言えます。

オノマトペ

サラッと

簡単に。容易にこなれた様子で。手触りなどがなめらかな

It's better to send a reply to her email, even if it's just a **brief** one.

（サラッとでもいいから、メールの返事を書いておいた方がいいですよ）

例文の場合は、詳細にわたるものではなく「簡単な」メールでいいから出そう、ということですね。ここでの「サラッと」は内容が簡潔であることがポイントですから、**brief**（簡単な）が適当でしょう。「説明が短くて簡潔である、サラッと説明する」場合は、a quick[brief] explanationのようにbriefの他にquickも使えます。

批判などをサラッと受け流すときはignore（～を無視する）がぴったりです。

「こなれた」という意味で「サラッと」を使うこともありますね。努力している様子を感じさせず自然にこなすということなので、effortlessly（努力せずに）やsmoothly（スムーズに ☞p.173「サクサク」）を使ってI wish I could speak English effortlessly[smoothly].（サラッと英語を話せるようになりたい）やHe can dance so effortlessly[smoothly].のように言えます。「～をさらりとうまくこなす、～を楽々と処理する」という意味のtake ~ in (one's) strideというフレーズも押さえておきたいです。

また、「彼女はサラッときついことを言う」というような場合は、「事もなげに、ためらいなく」と解釈してShe says terrible things without any hesitation.と表現できるでしょう。

ところで、前述のsmoothly[smooth]は「〔生地などの〕感触がなめらかである、軽い」と言い表すときにも使えます。「サラッとした手触り」ならa smooth touchです。

イマドキ

サンドバッグ

無抵抗な状態で袋叩きにされる様子。

不満や怒り、ストレスなどのはけ口にされること

It's middle management's destiny to be the **human punching bag**.

（サンドバッグ状態になるのは中間管理職の宿命ですね）

さ

訳考

ボクシング練習用のサンドバッグは英語でpunching bag。「サンドバッグ状態になる」はbecome a punching bagと表すことができますが、humanを付けてbecome a **human punching bag**とすると、より意味が明確になります。

「無抵抗なまま一方的に攻撃を受け続ける」というニュアンスが伝わるように、My boss took out all his anger [frustration, discontent] on me.（上司の怒り［イライラ、不満］を一手に浴びせられた）のように言ってもいいでしょう。

ちなみに英語のsandbagは、名詞だと「砂袋、土のう」です。動詞だと「土のうを積んで防ぐ、〔人を〕砂袋で打ち倒す」という意味の他、動詞bluff（誇示する）の反意語として「自分の能力をあえて控えめに見せる、意図的に低めの目標を出す」という意味もあります。sandbaggerと言えば「〔優位に立つために〕本来の実力をごまかす人」を指します。

三度目の正直

故事・ことわざ

一度目や二度目は当てにならないが、三度目は確実であること。

二度の失敗の後に成功すること

I finally passed Level N1, the highest level of the Japanese Language Proficiency Test on my third attempt. Literally, it was the **third time lucky** for me.

（最難関の日本語検定試験1級に、三度目の挑戦でついに合格しました。文字通り、三度目の正直です）

イギリスでは**Third time lucky.**、アメリカではThird time's the charm.と言うことが多いです。luckyという言葉の響きから単なる「偶然」という感じがしますが、そうではありません。「二度失敗したことに再チャレンジして運を勝ち取る」、つまり「努力を重ねた結果として幸運（luck）が舞い込んでくる」というニュアンスです。

「三度目の正直」の定訳は主にこの2つで、日常的にもよく使われるので、覚えてしまいましょう。

時間の問題

結果が分かっていて、あとは時が来るのを待つだけであること

A: It's an important issue how humans and artificial intelligence can co-exist.
（人間とAIがどのように共存できるかは重要な課題です）

さ

B: Exactly. **It's only a matter of time before** AI replaces clerical work.
（その通り。AIが事務仕事を代行するのは時間の問題ですからね）

it's only[just] **a matter of time before ~**（～の前にあるのは時間の問題のみである＝～になるのは時間の問題だ）という決まり文句がありますね。

あるいは、sooner or later（遅かれ早かれ）を使って、AI will replace clerical work sooner or later.のように言ってもいいでしょうか？

はい。私が長く身を置いていた金融業では、必要とされる事務職の数は激減しています。まさに「遅かれ早かれAIに取って代わられる」でしょう。

大学教員として学生の進路が気になる私の実感も、It's only a matter of time before banks start decreasing new recruits.（銀行が新入社員の採用数を減らすのは時間の問題）です。ちなみに、時間についてのイディオムにはTime is money.（時は金なり）、Time flies.（光陰矢のごとし）など、古典的で分かりやすいものが多くあります。

時期尚早

四字熟語

事を行ったり決断をしたりするには、時期がまだ早過ぎること

A: Could you pay a visit to Z Corp. tomorrow? I'm sure you can win the president over with your enthusiasm.
(明日Z社に行ってくださいますか？　あなたの熱意できっと社長を説得できると思いますよ)

B: I think it's **too early in the game** to visit him.
(社長を訪問するのは時期尚早という感じがしますが)

よく会議で出てくるのは、It's still early days.（まだ初期段階だ、まだ始まって間もない）です。もっとも、「時期が早い」というよりは、「物事がまだ煮詰まっていない」というニュアンスですが。

It's **too early in the game**. という言い方もできますよ。It's way[much, far, still] too early in the game. のように、さまざまな副詞を挟んで程度の違いを言い表すことができます。

premature baby（早産児）などの単語で見かける premature（〔発生・行動・判断などが〕早過ぎる）も、It's a little premature to talk about concluding a deal.（契約を結ぶには時期尚早だ）のような使い方ができますね。

はい。他には、It's too early for someone to ~.（人が～するには早過ぎる）というシンプルなフレーズでも十分伝わりますね。

仕切り直す

計画などを初めからやり直す

A: The financial markets have completely changed since we made our initial income projection three months ago.
（3カ月前に最初の収益予想を出してから、金融市場は激変してしまいました）

B: We can't help that. Let's recalculate our income projections **from scratch**.
（仕方ありません。収益予想は仕切り直しましょう）

どの程度の仕切り直しが必要かにもよりますね。最初からやり直すというときは、start (again) **from scratch**と言いますね。これを応用させればいいでしょうか？

はい。本来は「ゼロから始める」という意味で、例えばパンケーキを作るときに、市販のミックス粉を使わずに小麦粉などの材料を使って一から作るような場合にこの表現が当てはまります。由来は諸説あるようですが、徒競走のために地面に描く「スタートライン」（scratch）からきていると聞いたことがあります。

「仕切り直す」には「新たに始める」というニュアンスもあるので、形容詞のfreshを使って、make[get] a fresh start（心機一転、初めからやり直す）、start fresh and new（新たにやり直す）のように言うこともできます。

文脈次第では、unwind a deal（取引をやり直す）で伝わることもあるでしょう。unwindは「巻かれたものをほどく」の意です。

仕切る

物事全体を掌握し、指示を出しながら適切に処理する

A: There are a couple of challenging deals coming up that we cannot fail to deliver.
（失敗が許されない難しい交渉がいくつか待っています）

B: I believe Kate should be the one **responsible for** these deals. She is the only person who can **manage** them successfully.
（ケイトが仕切るべきだと思います。これらの交渉をうまく仕切ることができるのは彼女しかいませんよ）

司会だったらfacilitate、イベント・商談・組織ならcontrol、**manage**、handle、arrange、organizeなどでしょうか。**responsible for** ~なら何にでも使えますね。

通訳者としては、対立が発生した商談の場を仕切ることが求められるケースを思い浮かべますが、こうした状況ならfacilitate、あるいはcontrolやmanageがいいと思います。

通訳者としてもそういう場を仕切る経験をすることがあるのですね。

はい、意外に思われるかもしれませんが、「通訳者は三者の話の一角」と言われるくらいです。その他の表現としては、汎用性の高い動詞runを使うこともできます。コアの意味は「なめらかに動く」で、例えばrun a house（家庭を切り盛りする）、run a company（会社を経営する）、run the meeting（会議を仕切る、会議の議長を務める）のように応用することができます。

(座標)軸がぶれない

態度や主張、行動が定まって一貫しているさま

A: Takeshi's love of his family and enthusiasm for his research are second to none.
(家族愛と研究に対する熱心さで、タケシの右に出る人はいません)

B: I'm impressed, as he **always holds onto his values** in life and **doesn't lose track**.
(彼は人生の座標軸がぶれないので感心するね)

「座標軸」というのは精神の拠り所や基準を表す例えなので、axis(軸)でいいでしょうか?

人間には基準となる立ち位置が必要です。その意味で、axisを使っても差し支えないでしょう。ただ、そこから一歩進んで「軸がぶれない」を「主義主張が一貫している」と解釈すれば、He's always consistent (in his values [views, attitude]). (彼は価値観[視点、態度]が首尾一貫している=ぶれない)やHe is a man of principle [belief]. (彼は主義[信条]を持っている=自分を持っている)といったフレーズを思いつきます。

be consistent in one's words and actionsのように、words(言葉)とactions(行動)をセットで用いることも多いですね。もしくは、より具体的に、**always hold onto one's values**(価値観を守り通す)とも言えますか?

そうですね。それに**don't lose track**(自分を見失わない)を加えましょうか。

しこりが残る

物事が収束した後もなお、悪い印象や影響が消えない

A: It's never been easy to maintain good human relationships. Single comments can sometimes trigger a disaster.
（良い人間関係をキープするのは難しい。ちょっとした発言がひどい展開になり得るから）

B: The important thing is not to **allow** any **ill feeling to remain**.
（しこりが残らないようにすることが大切だね）

身体のしこりはstiffnessやlumpですが、感情のしこりはill[unpleasant] feelingですよね？

そうそう。こじれてしまうとなかなか修復が難しいのが感情のしこりの難しいところです。

ここでは「残らないようにする」ですから、not to **allow** any **ill feeling to remain**、あるいはnot to leave any ill feelings behindと言ってみましょうか？

いいと思います。また、「過去の怒りやいら立ちなどが長い間とどまり続ける」という意味のrankleという動詞があり、これもまさに「しこりが残る」に当てはまります。His unkind words still rankle with me[rankle in my memory].（彼の心ない言葉が、いまだにしこりとなって残っている）のような使い方をします。

事態を収束させる

深刻で好ましくない状態に収まりをつける

A: We would appreciate it if you could send us the shortfall as soon as possible, before we get any complaints from our clients.
（当社の取引先から苦情が来ないうちに、不足分を早急に送っていただけるとありがたいのですが）

B: Yes, we'll make it a priority to **solve the problem**.
（はい、できるだけ早く事態を収束させることを優先させます）

まず、シンプルに言うと**solve**[sort out] **the problem**（問題を解決する、片付ける）ということですね。

そうなりますね。put the matter to an end（事態を終わらせる）やget over the problem（事態を乗り切る）も、近い意味合いです。

settle down（事態が落ち着く）、blow over（嵐が過ぎ去る、物事が丸く収まる）も押さえておきたいですね。I hope things will settle down[blow over] soon.（早く事態が収束するといいですね）のように使えます。

ちょっと難易度が高く感じられるかもしれませんが、rectifyという単語を使うのにも挑戦してみてほしいです。「物事を是正する、〔事態を収束させるために〕問題や誤りなどを修正する」という意味で、rectify the situationが定番の言い方です。

下手（したて）に出る

身体部位

へりくだった態度を取る

A: The chairman of ABC Corp. is expected to attend the meeting. He is said to be difficult to deal with.
（次回の会議ではABC社の会長が出てくるようですよ。気難しい人らしいです）

B: Let's **keep a low profile** first and then see how it goes.
（まずは下手に出て、様子を見ましょう）

下手に出るのはあまり美徳ではないですが、ときには控えめにすべき場合もありますね。英語は**keep a low profile**（控えめな態度を取る）でしょうけど、むしろshow (one's) respect（敬意を払う）の方が自然でしょうか？

どちらもいいと思いますよ。keep a low profile[show (one's) respect] first and then see how it goesという言い方からは、「低姿勢を保って成り行きを見守っている」様子がよく伝わってきます。

「へりくだった態度を取る」という意味では、take a modest approach、adopt an unassuming attitudeのように言うこともできますね。modest（控えめな、謙虚な）、unassuming（出しゃばらない）のどちらも、控えめで分をわきまえている感じです。

反対に「高飛車な、威圧的な」態度を表すには、high-handed（高圧的な、横暴な）、overbearing（〔人の感情や意見を無視して〕威圧的な）などの形容詞があります。

じっくり

オノマトペ

時間をかけて。落ち着いて。念入りに

I'd like to **take as much time as I need** with this project.

（このプロジェクトにはじっくり取り込みたいと思っています）

さ

「じっくり」という言葉が持つ複数のニュアンスのうち、どの点にフォーカスするかによってさまざまな訳語を取ることができます。「十分な時間をかける」ということなら、真っ先に思い浮かぶのはtake (one's) timeです。I'd like to take my time with this project. でも悪くはないですが、**take as much time as ~ need**（～が必要と思うだけの時間をかけて）と表現すると「じっくり」感がさらに伝わります。

他には、動詞のwork on ~（～に取り組む）などに、「じっくり」を意味する副詞を付け足して表現する方法があります。「気長にじっくり」ならpatiently（根気よく、気長に）、「本腰を入れてじっくり」ならthoroughly（徹底的に、念入りに）、seriously（真剣に）、tirelessly（熱心に）など。「じっくりと考える」ならthink about ~ long and hardというフレーズもあります。

また、上述のthoroughlyはheat[grill, bake] thoroughlyのように料理で「中までじっくり火を通す」というような場合にも使えます。

四字熟語

十中八九

十のうち、八割から九割まで。ほとんど。おおかた

A: I'm looking forward to the product launch next week.
（来週の新商品の発表が楽しみです）

B: Yeah, **nine times out of 10** this kind of product is received favorably.
（ええ、十中八九、この手の商品は好意的に受け止められますから）

「大体の部分は」ということなのでalmost always、for the most partで十分伝わりますが、英語にも数字を使った表現があります。**nine times out of 10**（10回のうち9回）で、日常会話でもよく使われます。

はい。It is almost certain ~.（～はほとんど確かだ）のようにも言い換えられます。もっと確実にということであれば、in most certainty、most certainlyなど違う言い方ができます。

「十中八九」は「十のうちの九、あるいは八」ですから、though a slight uncertainty remains（若干の不確実な部分はあるものの）というニュアンスがありますね。

CNNが学生向けに放送しているニュース番組内に"10 out of 10"というコーナーがありますが、これは「10点満点」という意味です。

しびれを切らす

長く待たされて我慢ができなくなる。待ちきれなくなる

A: I hope Carlos hasn't forgot his appointment with his client.
（カルロスは顧客とのアポを忘れてなければいいんですが）

B: It's too late. The customer **got sick and tired of waiting** and has already gone.
（もう遅いです。お客さんはしびれを切らして帰ってしまいましたよ）

この日本語の由来になっている、長く正座していて足の感覚がなくなったときの「しびれ」なら、my feet went to sleepやmy limbs went numbのように言いますが。

「しびれを切らす」は、「待たされて疲れた、嫌になった」ということですよね。この場合はtired of waiting（待ち疲れた）のように明確に示す、つまり明示化するのが英語で表現するコツです。

待ちくたびれたことを強調して、**get sick and tired of waiting**（待つのにうんざりしている）、grow [become] impatient（忍耐ができなくなる）と言ってもいいですね。

他に、My patience is wearing thin.（我慢の限界）という言い方もあります。このwearはwear out（すり減る）の意味で、「堪忍袋の緒が切れそう」といった感じですね。

四面楚歌

四字熟語

敵や反対者に囲まれて孤立し、味方や助けが皆無である状態

A: It's so difficult to reach a consensus on the Romanian business despite it being an EU member.
(ルーマニアの件は、EU加盟国とはいえ、なかなかコンセンサスが得られません)

B: We seem to have no allies on this matter. We**'re completely surrounded by indifference**.
(この件では味方がいないみたいです。四面楚歌ですね)

「四面楚歌」は中国の故事に由来する言葉ですね。be completely outcast（完全に見捨てられている）だと、ニュアンスが出ますか？

悪くないですが、周囲を「楚」という敵の軍勢に取り囲まれてしまったということですから、その情景を説明した方がいいですね。be completely surrounded by enemies（完全に敵に囲まれている）のように。

この場合は完全な敵ではなくて「社内の同意が得られない」という程度ですから、enemiesではなく**indifference**（無関心〔な人〕）くらいにしておきましょうか？ **be completely surrounded by indifference**のように。

はい。「周囲に反対されて孤立している」という意味なので、We're alone with no supporters around us.（孤立無援状態だ）と言うこともできそうです。

釈迦（しゃか）に説法

故事・ことわざ

その道について詳しい人に教えようとするのは無駄で愚かだということ

A: With our long-term relationship in mind, could you be a bit more flexible on that?
（われわれの長年のお付き合いを考慮に入れて、もう少し柔軟に考えていただけませんか？）

B: I don't intend **trying to teach a fish to swim**, but wholesalers in that region require higher margins than those in the West.
（釈迦に説法ではありませんが、あの地域は西欧よりも卸業者のマージンが高いのです）

釈迦をイエス・キリストに置き換えてもうまく通じないですよね。内容を汲むとas you are well aware（ご存じのように、お気付きとは思いますが）ですか？

かみ砕けばまさにそういう意味ですね。ことわざを直訳しようと骨を折るよりも、日常的に使われる平易なフレーズに置き換えた方がすんなり伝わる場合も多いです。ただ、それでもことわざが持つ特有のニュアンスを少しでも表現したいということであれば、英語にOne cannot teach a fish (how) to swim.（魚に泳ぎを教えることはできない）ということわざがあります。

「水中を泳いでいる魚に水泳を教えようとしても無駄」ということですね。

はい。例文のように「釈迦に説法をするつもりはないが」と言いたければ、I don't intend **trying to teach a fish to swim**.のように表現すればいいでしょう。

シャキッと

オノマトペ

人の身体(頭、背筋、手足など)や気持ちが引き締まるさま。

食感が歯切れよく快いさま

You should **straighten up**!
(ほら、もっとシャキッとしよう!)

訳考

「シャキッとしなさい」といえば背筋をぴんと伸ばして気持ちを引き締めるよう、喝を入れるイメージですね。そんなとき、英語では**Straighten up**!というフレーズを使います。「背筋をまっすぐにして姿勢を正す」という意味です。

一方、気持ちが落ち込んで元気のない人に「しっかりして! 頑張って!」というニュアンスで「シャキッとして!」と声をかけるなら、Put[Pull] yourself together!、Hold yourself firm!という言葉があります。

「頭を冴えわたらせる」という場合はどうでしょう。clear one's headで「頭をシャキッとさせる、爽快にする」という意味になります。また、朝起きて寝ぼけた頭をシャキッとさせる場合ならwake upですね。I take a shower and have a cup of coffee every morning to clear my head[wake myself up].(シャキッとするために、シャワーを浴びてコーヒーを飲むのが毎朝の日課だ)のように使えます。

食感が「シャキッと」している場合は、crisp、crunchyなどの単語がよく使われますが、日本語が「シャキッと」と「サクサク」を明確に使い分けているのに対し、英語ではあまり区別されていないようです(☞p.173「サクサク」)。

杓子定規（しゃくしじょうぎ）

四字熟語

一つの基準や規則で全てを律しようとし、融通の利かないさま

A: I totally understand your point, but you should be able to ask them to discount their margin further.
（おっしゃる点は十分理解できますが、手数料をさらに割り引くよう依頼できるはずです）

B: Yes, I know. Unfortunately, their stance is **inflexible**.
（ええ、分かっています。残念ながら、先方の対応は杓子定規なんです）

「頑固で融通が利かない」と解釈しましょう。narrow-minded（考え方が狭い）はちょっときつい感じがしますが、**inflexible**[rather rigid]（融通が利かない、硬直した）などはどうですか？

よく使われる表現ですし、いいですね。inflexibleもrigidも、flexible（柔軟な、臨機応変の）の反対語ですから、「型通りの」という感じが出ると思います。

go by the book（規則通りにやる）、go by[stick to] the rules（ルールに固執する）もよさそうですね。

はい。go by the bookのbookはもともと「聖書」（the Book）を指しますが、このイディオムからはまさにマニュアルでしか動けない人というイメージが伝わってきます。

さ

十人十色

四字熟語

考えや好み、性格などが人によってそれぞれ違うこと

A: Ms. Tanaka in your department seems to have huge potential, doesn't she?
（君の部署の田中さんは大きな将来性を持っていそうですね？）

B: It's quite interesting that the new hires **all have such different personalities**.
（今年の新人は十人十色でなかなか面白いんです）

「それぞれ個性がある」ということで、each ~ has one's own individual characterと言えるでしょうか？

character（他者と区別される人格、人柄、モラル）でもいいですが、「個性」というニュアンスを出すためにはもう一声ほしいですね。

ではpersonality（外見や行動から判断される特徴、対人関係における性格、人となり）はどうですか？　「人格」という意味に加えて、「個性」という意味もありますよね。

はい。それぞれの個性が異なっていることを表すにはdifferentを付けて、Each of the new hires has a different personality.としてみましょう。またはThe new hires **all have such different personalities**. もいいですね。ここでのsuchは強調です。もしくは、Each of them is so unique.（皆それぞれ個性的だ［ユニークだ］）とシンプルに言っても大意は伝わります。

重箱の隅をつつく

故事・ことわざ

あまりにも些細な事柄や、物事の取るに足らない部分ばかりをわざわざ取り上げて、難癖をつける

さ

A: What do you think makes a good leader?
（リーダーに必要な資質は何だと思いますか？）

B: For one thing, a leader should see the big picture instead of being **picky on details**.
（一つは、重箱の隅をつつくようなことばかりせず、大局的に物事を捉えることです）

よく使うのはpickyですね。**picky on details**（細かい点にうるさい）ということです。

nitpick（つまらぬあら探しをする）という言い方もあります。nitは「シラミの卵」のことで、ここから「小さな欠点、あら」を意味するようです。

「あら探し」のニュアンスからは少し離れるかもしれませんが、上司が部下を細かく管理することを表す、micromanageという語があります。

はい、部下の業務をmicro（極めて小さい）部分までmanage（管理［統率］する）ことで、こうした管理手法はmicromanagement（マイクロマネジメント）と言われます。

身体部位

出世頭

同級生などの仲間や集団の中で、最も出世が早い人

Junichi is **moving up the career ladder the fastest** among his peers.
（純一は周りと比べて一番の出世頭です）

the most successful person among ~（～の中で最も成功している人）でもいいのですが、もう少し「出世」のニュアンスに踏み込んでみましょう。「出世する、昇進する」と言えばまずbe promotedが思い浮かびますが、**move up the career ladder**[climb the corporate ladder]（出世の階段を上がる）という表現もあります。これに副詞**fastest**（最速で）を補うと「出世が早い」を表現できるでしょう。

また、句動詞get aheadにも「集団や企業の中で、同等の人に抜きんでて成功する」という意味があります。Working overseas is an important step in getting ahead of others in our company.（われわれの会社では、頭一つ抜けて出世するには海外駐在が大事なステップになる）のように使います。

故事・ことわざ

朱に交われば赤くなる

人は交際する相手によって感化され、善人にも悪人にもなる

Don't join that group! They're not good people and you might **end up just as bad as** they are.

（あのグループに入ったらダメ！　悪い人たちだから、朱に交われば赤くなる、だよ）

さ

訳考

朱色のような強い色には、交わっただけであっさり染められてしまう、つまり「人は関わる相手や環境に良くも悪くも強い影響を受ける」という真理を表した言葉です。英語にも同じ意味のことわざでWho keeps company with the wolf will learn to howl.（狼と付き合う者は吠え方を学ぶ）がありますが、実際にはあまり使われていないようです。

例文は周囲の悪影響を懸念する内容なので、**end up just as bad as ~**（～と同じように悪くなる）をmightでやわらげる形で訳してみました。他に、guilty by associationも「朱に交われば赤くなる」に近い感じで使えるかもしれません。無罪でも有罪の人と一緒にいれば同罪とみなされる、つまり、付き合っている人と同じように見られる、ということです。このassociationは交友関係を指し、company（付き合い、交際）と同じ意味です。A man is known by the company he keeps.（人は付き合っている人を見れば分かる）は非常によく聞くフレーズです。

ちなみに、英語のことわざにOne rotten apple spoils the barrel.（一つの腐ったリンゴが樽いっぱいのリンゴをダメにする）というのがありますが、これはOne small thing can ruin everything.（一つの小さな物事で全体が台無しになってしまう）という意味です。一人が全体から影響を受ける「朱に交われば赤くなる」のちょうど逆といったところですね。

修羅場

目を覆いたくなるほど激しい苦闘やトラブルの場

I've been through **tough situations** many times.
（幾度となく修羅場をくぐり抜けてきたんだ）

訳考

「修羅場」を「厳しい［大変な］状況」と解釈し、**tough situations**（厳しい状況）のように表現すると相手に誤解なく伝わると思います。toughの他に、horrible（恐ろしい）、disgusting（非常に不快な、嫌な）などの形容詞もしっくりきます。「くぐり抜ける」というニュアンスはbe through ~（～を切り抜ける）で表すといいでしょう。

口語的ですが、hell（地獄、地獄のような苦しい状況）を使ってI've experienced some hellish situations.のように言うのも自然です。It was (such a) hell.（マジで地獄［修羅場］だったよ）などはよく登場する表現です。hellの代わりにhellhole（地獄のような最悪の場所）を使うと、よりくだけた表現になります。

勝算がある

勝てる見込みがある

A: I hear that both ABC Corp. and XYZ Inc. have joined the bidding contest.
（ABC社、XYZ社ともに、入札に参加したようですね）

B: Looks like it. But I think we **have a fair chance of** winning the deal.
（そうみたいですね。でも、わが社には十分勝算があると思います）

「勝算がある」は**have a fair chance of ~**（～の見込みはかなりある）と言えそうです。have a chance of ~は、可能性を表す表現として覚えておくと便利です（☞p.33「あわよくば」）。have a great[fifty-fifty] chance of ~（～の可能性が高い［五分五分だ］）のように、形容詞を使い分けることで「どの程度の見込みがあるか」を表すことができます。

stand a good chance of winning the deal（取引を獲得するチャンスは十分にある）、stand a good chance of succeeding（成功するチャンスは十分にある）もいいですね。

「勝てる」を「成功を確信している」と考えれば、We can be fairly confident that we can succeed.（成功する自信はかなりある）のように言うこともできますね。

はい。ちなみに、win the deal（取引を獲得する）は、少し難しい言葉で言えばwin the mandateです。mandateは「委託、権限」といった意味で訳しにくい言葉の一つですが、金融用語などでは「マンデート」とそのままカタカナ表記されることもあります。

枝葉末節(にこだわる)

四字熟語

本質から外れた些細な部分。また、それに固執すること

A: We need to discuss the breakdown of expenditures for each project.
(個々の企画の支出の内訳について議論する必要があります)

B: Let's just stop **going into details** and focus on the main points.
(枝葉末節ではなく、主要な点に集中しましょう)

「細かいこと」はtrifle[trivial] mattersですが、これらの形容詞は「くだらないほど些細な」というニュアンスで、相手の発言を否定することにもなりかねません。中立的な**go into details**(細かいことに立ち入る)を使ってはどうでしょうか?

はい、いいと思います。他には、get hung up on detailsも「些細な点にこだわる」という意味で使えます。

「取るに足りない」というニュアンスをはっきり伝えたいのであれば、insignificant[minor] detailsのようにdetailsに形容詞を付けて表現できます。

「重箱の隅をつつく」(☞p.198)で紹介したnitpickのnit(シラミの卵)とgrit(機械などに入って害になる小さな砂)を合わせたnitty-gritty details(肝心な詳細)という表現もあるのですが、これはget down to the nitty-gritty(問題の核心に入る)のように肯定的な意味で使われる「詳細」です。

正面突破

四字熟語
スポーツ

敵に真っ向から勝負を仕掛けること。正攻法でいくこと

We should **engage** the enemy **head-on**, rather than trying to manipulate behind the scenes.
（裏工作しようとするよりも、正面突破するべきです）

直訳のtake the front gate（正門突破）ではなかなか理解してもらいにくいでしょう。意味をかみ砕けば「真正面から戦いを挑む」ということなので、副詞head-on（真正面から、真っ向から）を使って**engage ~ head-on**（～に真正面から取り組む）と表現することができます。face ~ head-onとも言い、The only way to get through this problem is to face it head-on.（この問題に関しては、逃げずに正面突破で乗り切るしかない）のように使えます。

「逃げずに正々堂々と」と解釈すれば、fair and squareという表現が使えます。play fairという言い方もあり、Let's have a clean fight.と言えば「正々堂々と戦おう」ということです。

「正面突破」を「正攻法で攻める」と解釈すれば、straightforward way[approach]が使えるでしょう。「外国語をマスターするには、正攻法でいくのが一番の近道だ」なら、A straightforward approach is the best way to master foreign languages.となります。

地雷を踏む

イマドキ

触れてはいけない話題にうっかり触れたことで、
相手を怒らせたり、場の雰囲気を悪くしたりしてしまう

Yesterday, I accidentally **pushed my mother's buttons**. She stopped talking to me after I asked, "Have you gained weight?"
（昨日、うっかりお母さんの地雷を踏んじゃったんだ。「太った？」って聞いたら口をきいてくれなくなった）

文字通りの意味で「地雷を踏む」ということならstep on a land mine、hit a land mineですが、比喩的には**push someone's** (hot) **buttons**（人のボタンを押す）という表現をよく使います。(hot) buttonは、激しい議論や強い感情を呼び起こすような問題、政治的な争点などを表し、push someone's (hot) buttonsで、「人の怒りを買う、人を触発する」という意味になります。似た意味を持つ表現に、touch a nerve（人の神経を逆なでする）というフレーズもあります。

白羽の矢が立つ

故事・ことわざ

多くの中から特に指定して選ばれる

A: By the way, has it been decided who will manage the D Project?
（ところで、プロジェクトDは誰が統括するか決まったのでしょうか？）

B: It seems Mr. Hara **was handpicked** for this project. Let's wish him good luck.
（原さんに白羽の矢が立ったようです。頑張ってもらいましょう）

be chosen specifically（限定されて選ばれた）という言い方もありますが、幸運だというニュアンスを出すには、be lucky to be chosen ~（幸運なことに〜に選ばれる）かな。

一語で表すならhandpickでしょう。「手摘みする」から派生して「人を抜擢する、ものを厳選する」という意味があり、**be handpicked**と言えば「白羽の矢が立つ」にふさわしい表現になります。a handpicked successorなら「選ばれし後継者」ですね。

single outも同じように使えますね。「集団の中から最も優れた人やものを選抜する」という意味です。ただし、文脈によっては「批判や非難の対象として選び出される、やり玉に挙げられる」という否定的な意味にもなることも覚えておきたいです。

日本語の「白羽の矢が立つ」も、もともとは神のいけにえ、犠牲者として選び出されることが由来なので、その点でも似ている表現ですね。

白黒をつける

物事の是非や真偽などをはっきりさせる。決着をつける

A: I'm not saying you're solely to blame. I understand that we each have our own position.
（貴社が一方的に悪いとは言っていません。お互いに言い分はあるでしょうから）

B: Let's not **argue about who's right or wrong**, but try to mutually come to the best solution.
（白黒をつけようとするより、一番いい解決策を協議しましょう）

「白黒」は英語では色が逆になってblack and white、あいまいな部分が残るときのグレーはgray（イギリス英語ではgrey）ですね。

日本語では「玉虫色の決着」なんて言ったりしますが、英語の感覚では玉虫色は「決着」とはみなされません。compromise（妥協する）、あるいはInstead of being black and white, let's keep the issue ambiguous [vague] for now.（白黒つかないので、取りあえずあいまいなままにしておきましょう）ということになります。

もっとも、欧米人だって突き詰めて考えるのが息苦しくなることもあると思います。ミーティングで、Stop **arguing about who's right or wrong**!（誰が正しくて誰が間違っているかなんて言い争うな！）なんてボスが怒鳴りだしたことがありました。

なるほど、分かりやすい表現ですね。他には、make it clear（物事をはっきりさせる）、set the record straight（事実関係を明確にする、白黒つける）なども明快なフレーズだと思います。

身体部位

心臓に毛が生えている

ちょっとやそっとのことでは動じず大胆に行動することができる。

人一倍度胸がある。神経が図太く、厚かましい

さ

I think he will be able to handle it because he **has nerves of steel**.

（彼なら大丈夫でしょう。心臓に毛が生えていますから）

「しっかりして動じない人物」という評価なら、down to earth（地に足がついている）というイディオムを使って He is a very down to earth person. と言うことができます。しかし「心臓に毛が生えている」と言うとやや趣きが違ってきますね。大胆な人物だとある程度評価しながらも、文脈によっては茶化すような、あるいは皮肉めいたニュアンスも同時に感じ取れます。このような状況にぴったりなのが **have nerves of steel**（鉄の神経を持つ）というフレーズです。また、have strong nerves（度胸がある、神経が太い）も同様の意味合いで使えます。nerve には s が付くことに注意しましょう。

新天地

新たに始める生活や働きの場

A: I'm going to resign at the end of the month, and I'll start working at ABC Corp. from October.
（今月末で退職し、10月からABC社で働くことになりました）

B: Really? That's too bad, but good luck with your **new assignment**.
（本当ですか？　残念ですが、新天地でも頑張ってください）

訳考

この例文では、新しい職場のことを「新天地」と言っているわけですね。表現するなら**new assignment**（新しい仕事）がぴったりだと思います。

転職先での活躍を願ってassignment（仕事、任務）と明示するのがいいですね。でも、これが例えば、退職後に海外移住するといった場合ならどうなるでしょうか？

ドボルザークの『新世界から（"From The New World"）』ではありませんが、「新天地」をあえて訳すとすればnew worldではないかと思います。ただ、I hope you'll enjoy your life in the new world. というのはちょっと大げさな感じ。I hope you'll enjoy your new life there.と言った方が自然な感じがします。

なるほど。ちなみに、「新天地でのご成功をお祈りしています」と伝えるときは、相手の成功や祝福を祈るときの定番表現Good luck with[in] ~.、Best wishes in ~.、I wish (you) all the best in ~.（～での成功をお祈りしています）が使えます。今はthe 100-year life（人生百年時代）。何歳になっても、新しい世界への挑戦が求められていますね。Good luck in all your future endeavors!（将来のご成功をお祈りしています！）。

オノマトペ

スゴスゴと

気落ちしてしょんぼりとしたさま。

意気消沈してその場を立ち去るさま

You shouldn't **give up** and let one defeat **knock the wind out of your sails**. Why not try again?

（一回の失敗でスゴスゴと引き下がってはだめ。もう一回挑戦すればいい）

「スゴスゴと」は「がっかりして、意気消沈して」の意で、通常「引き下がる、立ち去る、帰る、退却する」などの語と結び付きます。落ち込んでいる様子を表す表現には feel low[down]（へこむ、落ち込む）、be[feel] disappointed（がっかりする）、be[feel] downcast（期待通りにいかず意気消沈する）などがあります。例えば「店が閉まっていたのですごすごと引き返してきた」というような場合なら、The store was closed, so I felt a little down and returned home. のように言うといいでしょう。

例文の「引き下がる」は「負けたりやり込められたりして退く」の意味なので、**give up**（諦める）やback down（手を引く、引き下がる）といった表現が思い浮かびます。

「スゴスゴ」は、「最初の勢いのよさとは打って変わって」といったニュアンスも持ち得ると思います。例文では、~ **knock the wind out of someone's sails**（～が人の自信を打ち砕く、出鼻をくじく）というイディオムを使ってみました。あるいは、句動詞のput ~ off（～の気をくじく、～の意欲をそぐ）を使って、let one defeat put you offと言ってもいいでしょう。

故事・ことわざ

捨てる神あれば拾う神あり

世の中は広いので、見捨てる人もいれば、救ってくれる人もいる。不運なことがあっても、くよくよすることはない

さ

Let's forget about it once and for all. **When one door shuts, another opens.**
（もうそのことはきっぱり忘れましょう。捨てる神あれば拾う神ありですよ）

「捨てる神あれば拾う神あり」の意味に近い英語表現に、One man's trash is another man's treasure.（ある人にとってはがらくたでも、別の人にとっては宝）、**When one door shuts, another opens.**（一つのドアが閉まったら他のドアが開く）などのフレーズがあります。When one door shuts, another opens. は電話の発明で知られるグラハム・ベルの格言で、実はこのような続きがあります。... But we so often look so long and so regretfully upon the closed door that we do not see the ones that open for us.（閉まってしまったドアをいつまでも未練がましく見つめていては、別のドアが開いたことにも気付かない）。開いたドアに気付いてチャンスをつかめるよう、常に前向きな気持ちでいたいものですね。

イマドキ

すべる

笑いが取れずにその場が気まずくなる

I thought the story would be funny, but it **fell flat**.
(面白い話だと思ったのに、すべっちゃった)

さ

訳考

「すべって転ぶ」はslip、「なめらかにすべる、すべり落ちる」はslideですが、「話やギャグがすべる」のような場合にはこれらの語では伝わりません。的確な表現はいくつかありますが、最もユニバーサルに使えるのは**fall flat**(バタンと倒れる、ものの見事に失敗する＝すべる)でしょう。シンプルにIt[The joke] was such a fail.(ジョークが失敗した)でもOKです。

イギリスではIt[The joke] flopped.、アメリカではIt[The joke] tanked.という表現も好んで使われるようです。また、It[The joke] bombed.はアメリカのコメディー番組などでよく耳にするスラングです。bombとは「〔試みなどが〕失敗に終わる」という意味です。

なお、日本語の「寒い冗談」は、文字通りcold jokesと言ってしまうと通じません。「ダサい、退屈な、陳腐な」というニュアンスを持つlameやcornyを使ったlame[corny] jokesという表現が一般的です。dry jokesも「つまらないジョーク」として使えますが、同時に「無表情で言うようなシニカルな笑い」という意味もあります。日本のいわゆる「オヤジギャグ」によく似た位置付けのdad jokesも、大変メジャーな「寒い(?)冗談」です。

住めば都

故事・ことわざ

どんな場所でも、住み慣れればまるで都のように居心地が良く思われてくること

They say **home is where you hang your hat**, so you'll get used to it.

(「住めば都」っていうから、そのうち慣れますよ)

訳考

make it (うまくいく、やりくりする) を使った言い回し、Home is wherever you make it. (どこであれ、自分がうまくやれる場所が家だ＝自分の居場所だと思えれば、そこが家だ) が意味としては近いと思います。ただ、日本語の「住めば都」に含まれる「たとえどんな場所でも慣れれば愛着が湧いて快適になってくる」というニュアンスをより強調したいなら、**Home is where you hang**[lay] **your hat**. (自分の帽子をかければどんな場所でもわが家になる) というフレーズがおすすめです。

また、Home is where the heart is. (家とは心が宿る場所) も好んで使われますが、これは文脈によって「住めば都」にも「どこにいようとも故郷が一番」の意味にもなるので気を付けましょう。

homeに関するフレーズは他に、There is no place like home. (わが家に勝るところなし)、Home is where your friends are. (友のいる場所こそわが家) などがあります。

すり合わせる

交渉事などで、双方の主張や認識を確認し合い、協議と調整を重ねながら着地点や妥協点を見いだしていく

さ

A: Let me review the strategy if there is a material change in the business environment.
（ビジネス環境が大きく変わった場合は、計画を練り直させてください）

B: Got it. We might need to **make adjustments** once again.
（了解です。再度すり合わせる必要があるかもしれませんね）

「すり合わせる」はとても日本的な発想に思えます。共通の目的のために双方が意見を寄せ合い、丁寧に調整を重ねていく姿勢が感じられるからでしょうか。

状況によってさまざまな訳し方が考えられ、正解を一つに絞れない語だと思います。「内容の確認と修正」ならreview and make fine modifications to the content、「双方の認識を合わせる」ならachieve mutual understanding、「妥協点を見いだす」ならreach a compromiseですが…。

例文に関して言えば、「調整」の意味合いの「すり合わせ」と考えられるので、coordinateやadjustでしょうか？

そうですね。Let's **make adjustments.** という表現はよく使われますよ。

スリム化する

無駄な部分を削る。合理化する

The whole company needs to **be downsized**, consolidating some offices and closing others.
（オフィスの統合と閉鎖を進めて、会社全体をスリム化する必要があります）

「スリム化する」の意味を掘り下げて訳語を考えてみましょう。まず、部門や人員を減らすなどして組織を縮小したり簡素化したりすることですが、他動詞downsize（～を小型化する、～の数を削減する）、句動詞trim down ~（～〔費用・人数〕を削減する）を受け身形にしてThe company needs to **be downsized**[trimmed down].と言い表す方法がポピュラーです。trim downはtrim down expenses（予算を削減する）のような使い方もします。

また、使用頻度は落ちますが、文字通り「やせる、脂肪を落とす」という意味の自動詞slim downを「スリム化する」の意味で使うことも可能です。

他には、作業工程を減らして合理的かつ効率的にする場合にも「業務のスリム化」などと言いますね。これにぴったりな語がstreamline（無駄を省いて効率化する）です。streamline one's workflow[process, procedure]（ワークフロー［工程、手順］を一本化する、スリム化する）のように使います。

イマドキ

スルーする

(メッセージなどを)無視する。(話を)受け流す。

気に留めない

She seems to have **ignored** my email.
(私のメールは彼女にスルーされてしまったみたいだ)

「スルーする」はいわゆる和製英語で、「～を通り抜けて」という意味の前置詞throughは使っても通じないので注意してください。「メッセージがスルーされた」と言いたい場合、She must have read my message but hasn't replied.（読んだはずなのに返事が来ない）と説明すれば状況は明確ですが、**ignore**（無視する、知らないふりをする）を使うともっと簡潔に表現できます。She ignored my text. やMy text got ignored. で、既読未読に関わらず単純にメッセージが「スルー」されている状態を表します。SNSのダイレクトメッセージLINEで、「既読になった」はMy text was seen[read].、いわゆる「既読スルー」ならseen-zone ～（～を既読スルーする）を使って、She seen-zoned me. と言ったりします。

「人の話や批判などを受け流す」という意味の「スルー」なら、ignoreはもちろん、「受け流す」(☞ p.55) で紹介したdodgeやtake ～ in (one's) strideを使ってもいいでしょう。

また、「関心を示さない、耳を貸さない」という意味のtune outという表現もあり、She totally tuned out the haters.（彼女はアンチの批判を完全にスルーした）のように言えます。ラジオで雑音の入らない周波数にチューニングを合わせていく動作が由来になっているフレーズです。

オノマトペ

ズルズルと

きまりがつかず、そのままの状態を続けるさま。

怠慢や躊躇などから、行動や決断を先延ばしにするさま

You shouldn't **procrastinate** in answering the enquiry.
（問い合わせに対する返事をズルズルと後回しにしてはダメだよ）

訳考

「ズルズルと」は、しばしば「先延ばしにする、後回しにする、引きずる」などの語と結び付きます。「先延ばしにする、延期する」といえばpostponeやput offですが、これらはニュートラルな語で、怠慢やためらいといったニュアンスはありません。

いつまでも実行せずについ放置してしまう感じをまさに言い表せるのが、**procrastinate**（先延ばしにする、後回しにする）という自動詞です。I know I've got to do my homework, but I'm just procrastinating.（宿題をやらなきゃいけないって分かってはいるんだけど、ついズルズルと後回しにしてしまうんだ）のように、日常会話の中でかなりカジュアルに使うことができる言葉です。

また、drag one's feet（足を引きずる、先延ばしにする）というイディオムは、「やりたくないことを故意にのろのろと行う」というニュアンスです（日本語の「牛歩戦術」に近いかもしれません）。The manager has been dragging her feet on making a decision on this issue.（マネジャーはズルズルとこの件の決断を遅らせている）のように使えます。

「未練があってズルズルと引きずる」という場合に使えるのはbe hung up on ~（～にこだわる、～のことが頭から離れない）です。She is still hung up on the mistake.（彼女はミスをまだ引きずっている）、He is still hung up on his ex-girlfriend.（彼は昔の恋人にまだ未練がある）のように、ネガティブな意味で用いられることが多い表現です。

誠心誠意

四字熟語

嘘偽りなく、この上ない真心を持って

A: According to our people at goods-in, they're not very happy with the explanation you gave them.
（当社の仕入れ担当者によると、御社の説明に十分満足してはいないようです）

B: Yes, I'm very sorry. You have my **sincere** apologies.
（申し訳ございません。誠心誠意お詫び申し上げます）

with our whole heart（真心［思いやり］を持って）は、ビジネスに使うのはちょっと違和感があります。

そうですね、from the bottom of one's heart（心の底から）でもいいですが、もっとシンプルに**sincere**（心からの）でどうでしょう。ちなみに「交渉言語」という授業を教えている先生から聞いた話では、日本人のビジネスパーソンが一番大事にする「誠意」と、アメリカ人が重きを置くintegrityは実は似て非なるもので、それぞれ相手が納得するように説明するのが難しいとか。

integrityとは「高潔性」、言い換えると、人間としてdecentつまり「きちんとしている、ちゃんとしている」ということですね。

decentは「まともな」といったニュアンスで受け取られる可能性もあるので、やはりここはシンプルにsincereでいきましょう。なお、「誠心誠意」を副詞的に表現する場合は、sincerely（心から）の他、truly（本当に）、cordially（誠意を持って）などが使えます。

オノマトペ

せかせか

動作や態度などが気忙しくて落ち着かないさま

Calm down! It is no use being **restless**.
（落ち着いて！　あまりせかせかしてもはじまらないよ）

「ソワソワして落ち着かない」感じを出すには**restless**、「心配で落ち着かない」場合はanxious、「緊張や不安・イライラから気忙しくなってしまう」場合はnervousというように、さまざまな表現ができます。

とにかく性急に物事を推し進めようとして「せかせか」してしまうということなら、hasty（慌てた、気が早い）やimpatient（気短な、待ちきれない、ジリジリした）といった言葉も候補に挙がります。

焦ってせかせかしている人には、Calm down.（落ち着いて）、Take a deep breath.（深呼吸してごらん）、Just relax!（リラックスしよう！）などの声をかけてあげたいですね。

関の山

せいぜいそこまでという限界

A: As far as the Americas division is concerned, we hope to see a 30 percent increase in sales and a 20 percent increase in profit.
（米州部に関して言えば、売り上げ30パーセント増、収益20パーセント増は達成したいところです）

B: I would say, as for profit, we can make a 10 percent increase **at best**.
（まあ、収益は10パーセント増が関の山じゃないかと思います）

at best（良くても）とか at most（せいぜい）などがシンプルでしょうか？

はい、簡潔でとてもいいと思います。「関の山」という言葉には「どんなに頑張ってもこの程度が限界だ」というニュアンスがあるので、I think all we could do is ~（われわれにできるのはせいぜい〜くらいだ）のようにも表現できそうです。

at best[at most]に似た表現で、even in a best-case scenario（たとえ最良のシナリオでも、一番うまくいったとしても）というフレーズがあります。

そういう表現をサラッと使えると格好いいですね。Even in a best-case scenario, we're likely to only make a 10 percent increase.（最良のシナリオでも、たった10パーセント増しか見込めない）のように。

四字熟語

絶体絶命

追い詰められて、どうにも逃れられない立場や状況にあること。

進退窮まること

A: In order to win the title, they must score two goals in the space of just five minutes.
（優勝するには、たった5分のうちに2点ゴールを入れないといけない）

B: Time is running out. They're getting **desperate**.
（時間がないね。絶体絶命の状況だ）

「危機的状況にある」はbe in a critical situationと訳せますが、このようなときはどうでしょうか？

スポーツの場面などでは**desperate**（絶望的な）を使うことができそうですね。

なるほど。他に「にっちもさっちもいかない」局面には、be driven into a corner（角に追い詰められて）、have no way out（逃げ道がない）、be caught between a rock and a hard place（進退窮まって）などの言い方もありますね。

「背水の陣」という四字熟語がありますが、これにはhave one's back to[against] the wallという表現が当てはまります。背後が川ならぬ壁まで追い詰められている、という状況です。

背中を見せる

身体部位

言葉ではなく行動で模範を示す

A: Jeff worked hard until his last day in the office. We were impressed by his attitude.
（ジェフは最後の日まで一生懸命に働いていましたね。みんな彼の姿勢に心を打たれていました）

さ

B: His **attitude was an example** to all of us.
（皆に背中を見せてくれましたね）

「背中」のニュアンスを出すのが難しいですが、「背中＝行動」と考えてよさそうですね。言葉ではなく実際の本人の行動を見せる、という意味で、His actions inspired us all.（彼の行動がみんなに刺激を与える）ではいかがですか？

意味は通じると思いますが、やや不自然さが残るような気がします。だいぶ意訳になりますが、**attitude**（姿勢、態度）と**example**（模範）をうまく使えばシンプルに表せます。

確かに「模範」はキーワードですね。「例」だけではないexampleのもう一つの訳語として、ぜひ覚えておきたいです。set an example、lead by example（模範となる、手本を示す）も使えるでしょうか？

いいですね。ミシェル・オバマ前大統領夫人のラストスピーチで、Lead by example with hope, never fear.という言葉が出てきました。これは若者たちに向けてのメッセージで、「未来への希望を持って大いに学び、恐れずに自ら手本となって国を導いてください」という意味が込められています。

選球眼

スポーツ
身体部位

物事の良しあしを見分ける能力

You **have an eye for** good projects.
（君は案件に対してなかなか選球眼があるね）

訳考

元は野球用語ですが、日常会話でも使われている「選球眼（batting eye）」は、「～を見る目がある」という意味の **have an eye**[a good eye] **for** ～で表せます。have an eye for detailなら「細部にまで目が行き届いている」ですし、have an eye for artだと「美に対して目が肥えている、審美眼がある」という意味です。

同じように、have an ear for ～ は「～を聞き分ける能力がある」ということになります。

これらのフレーズがan eye、an earというように単数形になっていることに注目しましょう。器官としての「目、耳」ではなく、能力や機能としての「視覚、聴覚」なので単数形が使われています。

先見の明

事前に見抜く見識

A: Y Corp. has been expanding rapidly these days, you know.
（ここ最近、競合のＹ社は右肩上がりだ）

B: In hindsight, it was **farsighted** of Mr. Matsui, who left us and transferred to Y Corp. two years ago.
（今思えば、2年前にＹ社に転職した松井君は先見の明があったね）

nearsighted（近視の）、**farsighted**（遠視の）という形容詞はそれぞれ「見通しが甘い、目先のことしか考えていない」、「将来を見通した、先見の明がある」という意味にもなります。

farsightedは使えますね。似た単語でforesight（将来を予測する力）という名詞もあり、have the foresight to ~（～するだけの先見性がある）のように言えます。他には、future（将来）を使ってhave an eye for the future（将来を見る目がある）、see into the future（将来を見通す）のように表すのもいいですね。

「視力」を表す名詞visionも使えますよ。have great vision [twenty-twenty vision]は、「視力がとても良い、先見性がある」の両方の意味になります。

そうですね。in[with] hindsight（振り返ってみると）という表現と組み合わせて、We have twenty-twenty vision in[with] hindsight.（後から考えてみれば抜群の判断だった）と言ったりします。ちなみに、twenty-twenty visionは日本の視力1.0（正常視力）に当たります。

千載一遇

四字熟語

千年に一度しか得られないような好機

A: I've heard that the president of X Corp. in Texas is planning a business trip to Japan. X Corp. is our prime target, you know.
（テキサスのX社の社長が、日本への出張を計画しているそうです。X社といえばうちの重要な候補先です）

B: This is the **chance of a lifetime**! We should do whatever it takes to make an appointment to meet her during her stay.
（これこそ千載一遇のチャンス！　何としても日本滞在中に会えるよう、アポを取らなければ）

second to none（何にも劣らない、最高の）を使ってan opportunity that is second to none（他に比べるべくもない機会）と言えば、「千載一遇の好機」に近いでしょうか？

「極めて確率が低い」というニュアンスをもう少し引き出してみたいです。

それでは、a **chance of a lifetime**（生涯に一度の機会）やa chance of one in a million（百万に一つの機会）などのフレーズはどうですか？

Good! 直訳するとオーバーに聞こえますが、「千載一遇」の訳としてはそれくらいがかえっていいですね。他には、同じ意味のa window of opportunityというイディオムもあります。ここでのwindowは「限られた期間だけの好機」という意味。窓の外を何かが横切るとき、見えるのは一瞬ですよね。そこから「ことを行うべき短い期間」という意味が派生しているんですよ。

さ

千差万別

四字熟語

種々さまざまあって、違いもいろいろであること

A: You cannot generalize about Eastern Europe, can you? Each country has different business practices and negotiation styles.
（東欧についてひとくくりにすることはできませんよね？　国によって商慣習や交渉スタイルが違います）

B: Yes, those countries are **varied and wide-ranging**.
（そうです、これらの国はまさに千差万別です）

いろいろな言い方が考えられますが、形容詞varied（さまざまな、いろいろな）を使ってみてはどうでしょう？　内容をかみ砕くと**varied and wide-ranging**（多岐にわたる）という感じになりますが。

いいですね。Those counries are varied and wide-ranging. という具合に、そのまま使えます。The styles vary from country to country.（やり方は国によってさまざまだ）のようにも言えます。

all（全て）やquite（かなり、とても）などの副詞を付けて強調するのもありですね。all quite variedでも「千差万別」に含まれる「千」や「万」のイメージが伝わります。

We can never describe them as being similar.（似ているところがあるとは決して言えない）というふうに、違いを強調するのも一つの手ですが、ここはシンプルに柴田先生の提案のようにvariedを使いましょう。

先手必勝

四字熟語
スポーツ
身体部位

他人より先に行動を起こせば、優位に立ったり勝利を収めたりすることができる

A: We still have four months to go, so I guess the competitor hasn't fixed their schedule yet. Leave it to me.
(まだ4カ月も先の話だから、競合会社はまだスケジュールを詰めていないと思います。私に任せてください)

B: All right, **you will win if you strike first.**
(頼みますね、先手必勝です)

「先んずれば人を制す」、つまり「先に行動を起こした者が必ず勝つ」ということですね。The sooner, the better.（早ければ早いほど良い）では必勝のニュアンスが出ませんよね？

うーん、そうですね。**You will win if you strike first.**（先に攻撃した方が勝つ）というように、勝負の意味合いをはっきり出してはどうでしょう？

なるほど。そういえばかつてイラク戦争の報道で、pre-emptive strike（先制攻撃）という表現が使われていました。pre-emptiveは「先手を取って」という意味で、例えば「相手から言われる前にこちらから問題点を提起する」はpre-empt the issueと言います。

また、逆の発想でYou snooze, you lose.を使う手もありますね。snoozeとは「居眠り、うたた寝」のことで、「ぼーっとしていると勝機を逃す」という意味になります。ちなみに「先手必勝」は将棋に由来する言葉ですね。「後手に回る、高飛車、成り金」などの表現も将棋からきている言葉なんです。

前途洋々

四字熟語

将来の可能性が明るく開けていて、希望に満ちていること

A: There are a few new recruits who have huge potential.
（将来が大いに楽しみな新入社員が数名いますね）

B: Yes. In particular, Ms. Kikuchi stands out. She **has a promising future**.
（ええ。特に菊池さんは抜きんでています。彼女は前途洋々でしょう）

明るい未来が待っている感じを出すには、promising（約束された）、bright（明るい）、rosy（バラ色の）といった形容詞が使えそうですね。**have a promising**[bright, rosy] **future**とか。

イメージを思い描いたときにピタリとくるのはrosyでしょうか。『バラ色の人生（"La Vie en Rose"）』というシャンソンがあるくらいなので、バラ色は万国共通の明るい色でしょう。

形容詞のrosyには「成功を約束された」の他に「楽観的な」という意味もあります。例えばrosy prospectなら「楽観的な予測」です。文脈によっては、「〔危機感が足りずに〕楽観的な」のようにネガティブなニュアンスを帯びることもあります。

はい、使うときには注意が必要ですね。「明るい未来が目の前に開けている」感じを表したければ、We have a bright future in front of[ahead of] us. のように言うことができます。

そば屋の出前

(店屋物が「今、出ます」と言ってなかなか来ないように)

頼んだものや返事がなかなか来ないこと

A: Regarding Project S, I urged the Asian division to circulate its plan to the relevant sections.
(プロジェクトSの件ですが、計画書を関連部署に回覧するようアジア部に催促をしました)

B: They **should have done that yesterday**.
(そば屋の出前じゃ困るなあ)

「そば屋の出前」は文化背景がないと分からない表現ですが、メールや回覧のときにYou'll receive it shortly.(すぐに送りますね)なんて言われるのが意味的に近い気がします。

shortlyが「すぐに、間もなく」でないことはよくありますね。I'm working on it.(今やっているところです)とか、I'm on it.(取りかかってますよ)といった言い方も、出前の配達を催促されたおそば屋さんが、「今出ました!」という感覚に近いでしょう。

そうした返事をされて、「そば屋の出前じゃ困る」と言いたいときに登場するのが、例文のYou **should have done that yesterday**.というフレーズですね。直訳は「昨日しておくべきだったのに」ですが、要は「なんでもっと早くやっておかなかったのか」と文句を言っているわけです。

はい。ちなみに、宿題をしてこなかった子どもがする、英語での定番の言い訳をご存じですか? それはThe dog ate my homework.(犬が宿題を食べちゃいました)です。

さ

遜色はない

他のものと比べて見劣りしないこと。

品質などが同程度であること

A: In terms of product quality, I'm pretty confident that theirs aren't superior to ours.
(製品の品質という点では、彼らの製品の方が優れているとは考えがたいです)

B: You're right. We **are on par with** them.
(その通り。遜色はないと思いますよ)

「どんぐりの背比べ」や「五十歩百歩」(☞ p.162) といった意味のthere isn't much differenceや be more or less the sameよりもポジティブに表現したいですね。

そうですね。直接的にno better than ~ (~にすぎない、~同然だ) でも悪くはないですが、相手をけなすのではなくて、もっと前向きに表現すると…。

be on a par with ~ (~と同等である、比肩する) という表現なら、何かをニュートラルに比較するのに適しているのでは? parとは「基準・標準」という意味の名詞で、Her abilities are on a par with her boss's. (彼女の能力は、彼女の上司と比べても何の遜色もない) のような使い方ができます。

それそれ! be as good as ~、be comparable with ~ (~と同等である、~に匹敵する)にも言い換えられますね。

忖度(そんたく)する

他人の気持ちや考えを推し量る

The president's message is straightforward. There's no need to **guess what he's implying**.

(社長の指示は率直です。忖度する必要はありませんよ)

「忖度」はいかにも日本語らしい言い方なので、100パーセント対応する英訳を当てるのは非常に困難です。日本で「忖度」という言葉が話題になった当初、メディアではread between the lines（行間を読む ☞p.137「空気を読む」）と訳されることが多かったですが、「忖度」という言葉にはもう少し「利他的な」(altruistic)、または「相手を喜ばせる（please）ために隠れた本音を汲み取る」ようなニュアンスがあります。

通訳の間で訳語として挙がっているのは、guess（推測する）、conjecture（手持ちの不完全な情報を手掛かりに推測する）、surmise（根拠や情報の少ない中で、確実性の高くない推測を何とか立てる）、**guess what someone is implying**（人が暗示していることを汲み取る）などです。

ただ単に「空気を読む」だけではなく「相手の気持ちを推し量りながら行動する」というニュアンスをうまく醸し出すには、「暗示する、含みを持たせる、ほのめかす」という意味の動詞implyを使ったguess what someone is implyingという表現を選ぶといいのではないかと思います。

た

217

大合唱

同じ意見や主張を持つ人々が同時に声を上げ、
意思を表明したり、圧力をかけたりすること

A: How was the reaction of the shareholders in terms of the investment in Africa?
（アフリカへの投資に関する株主の反応はどうでしたか？）

B: There was **a huge chorus of** criticism against the plan. I was deeply shocked.
（計画に対しては非難の大合唱でしたよ。とてもショックでした）

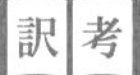

「合唱に例えられるような大きな抗議の声があがる」ということなので、a chorus of criticism against the planといったところでしょうか？

はい。**a huge chorus of** ～のように、形容詞のhuge（大きな）を加えてもいいですね。

raise a chorus of complaints[disapproval]（非難［反対］の声を上げる）と言うこともできます。

「大合唱」は批判的な場面だけではないでしょう。例えば「イチロー選手の引退に、球場からは"お疲れ様"の大合唱が起こった」なら、When Ichiro announced his retirement, he received a huge chorus of applause from the audience in the stadium.と言えます。

四字熟語

大義名分

ある行為の拠り所となる正当な理由。

周囲を納得させるための建前や言い訳

A: Do you often go overseas on business?
（海外出張はよく行かれるのですか？）

B: Maybe once every few months. But we need **a good reason** to do so these days.
（数カ月に一度程度ですかね。でも、最近では大義名分が必要なんです）

「口実」はpretext。でも、これだと「偽の、偽りの」というニュアンスになってしまいます。ここはそんなにネガティブな意味ではないので、reasonの方がいいでしょうか？

そうですね。さらに、私の大好きな形容詞goodを付け加えればバッチリです。**a good reason** (to ~)で「(～する) もっともな理由＝大義名分」という意味になります。こんなふうに簡単な形容詞を上手に使えると、表現力がぐんとアップします。

基本単語を使いこなすことが会話力上達の極意ですよね。「仕事を大義名分に家庭を顧みない」というような言い方もよく耳にしますが、こんなときはuse ~ as an excuse（～を言い訳にする）が合っているでしょうか？

そうですね。He uses his work as a good excuse to avoid spending time with his family. のように言えるでしょう。ここでもa good excuseのようにgoodを使うと、より「ただの言い訳ではなく正当な理由である」という感じが出ますね。

台所事情

家庭・企業・団体などの財政状況や金銭的な都合

A: Thank you for your consideration. It took time, but we've finally finished reviewing the conditions across Europe.

（ご配慮ありがとうございます。時間がかかりましたが、ようやく欧州全体の条件見直しが終わりました）

B: We very much appreciate your kind understanding of our **financial situation**.

（こちらの台所事情をご理解いただき、ありがとうございます）

「台所事情」とは、「お財布事情」とも言われるように、財政状況や金銭的な都合を指す言葉ですね。シンプルに**financial situation**やfinancial positionでどうでしょうか？

いいと思います。あるいは、「台所事情」ほどひねりの利いた言葉ではないですが、ストレートにbudget（予算）と言ってしまうのも英語表現としては自然な気がします。

financial situation[position]は、ビジネスの場だけでなく家庭の「台所事情」を表すときにも使えますよね。budgetは、family budgetと言ったりもしますが。

「家計を切り盛りする」ならmanage[handle] the family budgetですね。また、「苦しい台所事情」は「予算が厳しい、かつかつだ」ということなので、be on a tight budgetと言い表せます。

高飛車

スポーツ

高慢な。威圧的な。上から目線の

Why is the person in charge so **arrogant**?
（あの担当者は、なんであんなに高飛車なんだろう？）

訳考

「高飛車」は将棋の飛車の駒を使った攻撃的な戦法（＝浮き飛車）から来た言葉です。その感じをうまく出せそうな語をいくつか見ていきましょう。

まず、「高慢な、傲慢（ごうまん）な」という意味の形容詞**arrogant**。態度が大きく、横柄で偉そうな態度で接してくるような人に対して使われます。

condescending（上から目線の、見下すような）とconceited（高慢な、思い上がった）は、自分の能力や外見、ステータスなどに自信があって尊大に振る舞う感じです。

be full of oneselfも自信満々なイメージですね。「自分のことばかり考えている、うぬぼれて高慢な、自己中心的な」という意味合いです。

snobbyは「お高くとまった」と訳されることも多く、自分は周りよりも「上の」人間だと気取っている感じが表れる語です。

高をくくる

大したことはないと見くびる。

低く評価して、せいぜいその程度だろうと予測する

A: Y Corporation's new product became hugely popular soon after its launch.

（Y社の新製品は、発売後あっという間に大ヒットになりました）

B: We clearly **underestimated** their campaign strategy.

（彼らのキャンペーン戦略については高をくくっていたね）

ここは翻訳による「明示化」で解決できそうです。「過小評価する」と解釈すると、**underestimate**がぴったりですね。

はい。「低く見積もる」と言えば十分伝わるでしょう。戦国時代に相手国の米の生産高を低く見積もったために戦いに負けてしまった、というのがこの語の由来だそうですから。

underestimateと同じく接頭辞のunderが動詞のrateに付いたunderrate（過小評価する、見くびる）も使えますね。

他にはsell ~ shortというイディオムもありますよ。これは「正しく評価し損なう」という意味です。

ダサい

イマドキ

かっこわるい。野暮ったい

I don't want to be labeled as always wearing **uncool** clothes, so I decided to follow my daughter's advice to go and buy some trendy outfits.
（いつもダサい格好してる人だと思われたくないので、娘の意見を聞いて今風の服を買いに行くことにしました）

訳考

まず、「ダサい」という語感に合うカジュアルな表現はlameやtackyでしょう。アメリカのスラングであるlameは汎用性が高く、That band is so lame.（あのバンドはダサ過ぎ）など、人やものの見た目から言動まで幅広い対象に使われます。イギリスでは、naffがlameに当たるスラングです。tackyはThat guy is wearing such a tacky T-shirt!（あいつ、めっちゃダサいTシャツ着てるし！）のように、「見た目が安っぽくてダサい」様子を表します。uglyは見た目がさらに「ダサい、不細工な」感覚です。

unfashionableは一見、服装の「ダサさ」に使われそうなイメージですが、そうではなく「〔価値観や信条が〕時代遅れの、〔地域が〕洗練されていない、田舎臭い」という意味です。「田舎臭いダサさ」といえば、トウモロコシ（corn）から来たcornyという語も思い浮かびます。

例文の**uncool**はlame同様に幅広く使える語ですが、若者が上の世代に対して使う場合が比較的多いようです。

他山の石

故事・ことわざ

自分の言行への戒めや教訓となる、他人の誤った言行

A: Have you heard about Z Corporation's mistake? That is a good example of how a failure in one particular project can put a damper on the whole company.
（Z社のミスの話は聞きましたか？　一つのプロジェクトの失敗が会社全体に影を落としうるという、いい事例ですね）

B: Who would have thought that the impact would be so big? We should **learn a lesson from** that.
（これほど影響が大きくなるとは思いもよりませんでした。私たちも、これを他山の石としないといけません）

た

「他人の失敗から教訓を得る」とはいっても、learn from one's mistakes[failures]ではややダイレクトに聞こえてしまうかもしれません。lesson（教訓）という語を使って、**learn a lesson from** thatと言ってはどうでしょう？

いいですね。あるいは人ではなく「失敗」を主語にして、Their failure taught us a lot.（彼らの失敗から教えられるところが大いにある）と表現する手もあります。

「人の失敗から大いに教えられる」、つまり「反面教師」といったところですね。

「人のふり見てわがふり直せ」という意味合いですから、It's a good example of what not to do.（同じようにすべきでないという良い例だ）とも言えそうです。

ダダ漏れ

イマドキ

水・音・情報などが際限なく流出すること。

(本来伏せておくべき情報が)筒抜けになっていること

We would need to take immediate action to prevent **a huge leak of** information.

(情報がダダ漏れにならないよう、早急に対応しなければ)

訳考

際限なく漏れ出している感覚を表現するには、**a huge leak of** information(大規模な情報の流出)、または a constant leak of information(情報が漏れ続けていること)という言い方が妥当でしょう。leakは「漏れ」という意味の名詞で、It's believed a competitor leaked the information.(競合他社が情報をリークしたと考えられる)というように、動詞としての用法もあります。

盾に取る

ある物事を、自分の有利を主張したり
言い訳をしたりするための材料とする

A: Fortunately, I managed to persuade X Corp. to revise the agreement to be consistent with the current business terms.
（幸い、X社を説得し、現在の条件に合うよう契約を修正することができました）

B: Oh, that's good. I don't think they'll be able to **use** it **as grounds** for a complaint.
（ああ、それは良かった。これで契約書を盾に取ってクレームを付けてはこられませんね）

「盾に取る」というのはもう少し違う言い方をすると、「それをもっともな口実に」ということですね。

take ~ as a golden rule to abide by（～を金科玉条とする、当然従うべき黄金律とする）という言い方がありますが、もっとすっきりした文章を使いたいところです。

文章が続くならon the grounds that ~（～を根拠に）だと思うのですが、この場合は、**use ~ as grounds**（～を根拠に）でどうでしょうか？

いいと思います。あるいは、take advantage of the situation（状況につけ込む）のようにtake advantage of ~（～を利用する、～につけ込む）を使ってもいいでしょう。

棚からぼたもち

故事・ことわざ

思いがけず幸運が巡ってくること。

労せずして幸運が手に入ること

A: Thanks to that golf player, our sales have surged recently.

（あのゴルフ選手のおかげで、最近は売り上げが急増しましたね）

B: That was a "**windfall**," but we should consider it as temporary.

（いわゆる「棚からぼたもち」ですが、一時的なものと考えるべきです）

直訳のa sweet rice cake falling off the shelfではさすがに通じませんね。ここは**windfall**（風で吹き飛ばされて落ちた果実＝思いがけない幸運）でしょうか？

これ、実は大好きな表現の一つなんです。私はいわゆるhappy-go-lucky（楽天的、のんき）な人なので。

鶴田先生らしいですね。ところで冒頭のwindfallというのは、台風などの自然の力でぼたっと落ちてきた感覚ですよね。いわば、an unexpected stroke[piece] of good luck（思いがけない幸運）といったところでしょう。

はい。形容詞で「思いがけず手に入れた」という意味もあって、windfall profit[gain]（偶発的利益［臨時収入］）なんていう言い方もあります。

タメ口（をきく）

イマドキ
身体部位

相手を対等に扱った話し方。

敬語を使わずくだけた口調で話すこと

Young people are now more likely to **speak casually** even to their more-experienced colleagues at work.
（今の若い人は職場の先輩にもタメ口をきくことが多い）

タメは「同じ年齢、同級生」という意味の俗語で、同級生に対するようなくだけた口調で話すことを「タメ口をきく」と言います。しかし、そもそも「タメ口をきく［きかない］」という敬語文化特有の概念が、英語にはあまり当てはまらないということを認識しておく必要があります（もちろん英語にも「丁寧な表現」は存在しますが）。

この概念をあえて英語に訳すなら、**speak casually** [less formally, less politely]（くだけた言葉遣いで話す）と言えれば十分でしょう。反対の表現はspeak formally [politely]（丁寧な言葉遣いで話す）です。

「タメ口で話していいよ」と伝えたければYou don't have to talk to me so politely.のように言えますが、お互いに英語で会話しているときにこの表現を使う場面は、実際にはあまり多くないかもしれません。

た

ダメ出し

イマドキ

欠点などを指摘し、
修正すべき点を挙げたりやり直しを命じたりすること

I thought I had written a good report, but I was repeatedly **criticized** for it and I lost all my confidence.
（いいレポートが書けたと思ったのに何度もダメ出しされて、すっかり自信をなくしてしまった）

訳考

ダメ出しの程度や内容によってさまざまな表現が考えられますが、間違いをフラットに指摘する程度の「ダメ出し」ならpoint outが一般的です。find fault with ~（～のあら探しをする）と言うと、小さなミスやさほど重要ではない内容も細かく「ダメ出し」するイメージです。

例文のように自信をなくしてしまうほど痛烈な「ダメ出し」なら、**criticize**（批判する）を使ってしまってもいいでしょう。

call out（公然と非難する）もよく使われる表現で、欠点や間違いを直接的に指摘する、やや強めのニュアンスを持つ「ダメ出し」です。

たらい回し

ある物事について責任を持って対応しようとせず、他の部門などに次々と受け渡していくこと

A: I made an inquiry at a call center the other day, but I received terrible service.
（先日コールセンターに問い合わせましたが、ひどい対応でしたよ）

B: I'm just guessing but **were** you **sent around to different departments**?
（もしかして、たらい回しにされたんですか？）

訳考

「たらい回し」は昔の曲芸からきた表現だそうですね。

はい。芸人の間でたらいを回しながら受け渡していくことから、「～を順送りにする」(send around ~) という意味で使われるようになったようです。

例文は、芸人ならぬ、照会先の部署の間を送り回される、ということですよね。受け身形にして **be sent around to different departments**、be shifted around from one section to another（部門を次から次へと回される）のように言えそうです。

get the runaround（手助けや協力を得られず、他の人［担当者］や場所［部門］に回される）という表現もありますよ。runaroundとは公園などにある、地球儀のような形をしたジャングルジム構造の子ども用の遊具のことです。「～をたらい回しする」ならgive ~ the runaroundです。I tried to get a new visa, but the embassy staff kept giving me the runaround.（ビザの更新をしようとしたが、大使館のスタッフは私をたらい回しにするばかりだった）のように使います。

ダラダラ

オノマトペ

気合が入っていないさま。怠けているさま。

気分が緩んでいる様子

The meeting **dragged on and on**, and it seemed it would never end.
（会議はダラダラと続き、終わりが全く見えなかった）

訳考

「ダラダラ」という言葉には、集中せず、不必要に時間を引き延ばして非効率に物事を行うイメージがありますね。「ダラダラと続く会議」を言い表すときに使える語が、drag on（長引く、延々と時間がかかる）です。**drag on and on**というように重複表現を用いると、締まりなく続くニュアンスが強調されます。

「ダラダラ仕事する」は、意味をかみ砕くといろいろな表現ができます。「集中せず時間ばかりかけている」（working for a long time without concentration）、「非効率に働いている」（work inefficiently）状態ですね。

逆の発想で「メリハリを付ける」（know where to focus）を使い、You should know where to focus on your job.（仕事はダラダラやるもんじゃないよ）のように言うのも自然です。

「ダラダラ」は、常に悪いことというわけではありません。「休みの日は家でダラダラするのが好き」という人も多いことでしょう。そんなときに使える表現は、chill out（まったり落ち着いて過ごす）、loaf around（何もせずダラダラして時間をつぶす）、veg out（草木〔vegetable〕のようにだらっと横たわって過ごす）など、たくさんあります。I just chill out at home on weekends.のように言い表すことができます。

また、couch potatoはスナック菓子を片手に一日中「ソファ」（couch）の上から動かずにテレビを見て過ごす人を指します。I'm gonna spend all of Saturday being a couch potato.と言えば、「土曜日はポテチでも食べながらダラダラとテレビ三昧だ」という感じです。

た

断捨離

イマドキ

不要なものを捨て、ものへの執着をなくし、
生活の質や精神状態を向上させること

I decided that now is the time I should **declutter** and live a minimalist life.
（ミニマリスト的な生活をしたいと思って断捨離を決行しました）

「断捨離」とはヨガの行法「断行・捨行・離行」に由来する概念で、不要なものを捨てて身軽な人生を手に入れようとすることを指します。作家のやましたひでこさんが提唱したことで広く認知されるようになりました。

単に「～を〔捨てて〕片付ける」ということならget rid of ～やthrow away ～で十分なのですが、ここはぜひ「断捨離」の訳語として定着しつつある**declutter**という比較的新しい表現を取り入れてみたいところです。「ものでごちゃごちゃさせる［散らかす］」という意味の動詞clutterに接頭辞de-が付き、「ものを減らしてすっきりさせる」の意味になりました。

また、「〔人やものを〕粛清する、一掃する」という意味の動詞purgeも、The KonMari method has put me in touch with my "urge to purge."（こんまりメソッドが私の"断捨離心"に火をつけた）のように、ものを一斉に片付ける意味合いで使われるようになってきました。

「断捨離」という概念は、世界に片付け旋風を巻き起こした近藤麻理恵さんの「こんまりメソッド」と相まって、英語圏でも急速に浸透しつつあります。最近ではKonMariという愛称自体が「片付ける、断捨離する」を意味する動詞として、Today, I've KonMaried my room.（今日は「こんまり」流に片付けたよ）のような使い方で広く受け入れられ始めています。

身体部位

断腸の思い

はらわたがちぎれるほどにつらく苦しい気持ち

I made the **gut-wrenching** decision to fire him.
（断腸の思いで、彼を解雇しました）

訳考

「断腸の思い」は、感情の種類としては「心が痛む」という意味の形容詞painfulに分類されますが、「はらわたがちぎれるほどの」というくらいですから、painfulよりももっとつらさや苦しさが込められた訳語を当てたいところです。

面白いことに、英語でもちょうど同じ意味でgut（腸、はらわた）を使った表現があります。**gut-wrenching**（腸がねじられるほどの）という形容詞で、まさに「断腸の、胸がえぐられるような」苦しみを表す語です。類似表現にheartbreaking（悲痛な、胸が張り裂けそうな）があり、こちらはより「悲しみ」（sadness）がにスポットが当たった語です。

それにしても、日本語でも英語でも「腸、腹」（gut）や「胸、心」（heart）という言葉を使った表現が多く見られるのが、大変興味深いですね。

ちゃぶ台をひっくり返す

準備が整い、順調に進められてきた物事を台無しにする。〔上司が、部下のお膳立てで進んできた計画を強権的にやり直させるような場合にも使う〕

A: Johann strongly insisted that we reconsider the plan.
（ヨハンが計画を再考すべきだと強く主張してきたんです）

B: How dare he **throw a spanner in the works** at the last minute?
（よくも直前にちゃぶ台をひっくり返してくれるとは！）

overturn a table in angerではイメージできません。「スムーズにいくよう準備してきたものをぶち壊す」という意味でscrew upやmess upが使えます。

「せっかくやってきた仕事に誰かが待ったをかける」という意味合いで、**throw a spanner in the works**というイギリス英語のイディオムが思い浮かびました。

工具のスパナを仕事の最中に投げ込むということ？

はい、転じて「物事が進んでいるのに途中でやめさせる」という意味になります。あるとき会議でイギリス人がこのように発言したのを、どういう意味？とまごまごしていたら、先輩通訳者が横からすっと「止める」とメモを入れてくれたおかげで事なきを得たことがあります。それ以来、決して忘れないイディオムです。ちなみに、アメリカではthrow a monkey wrench in the worksという表現が好んで使われます。monkey wrenchもスパナの一種です。

中途半端

四字熟語

物事を最後まで終えていないこと

A: I think it's the right time to make a revised proposal incorporating their request.
（先方の要望を盛り込んだ修正提案を行う時期だと思います）

B: If we're to visit them, we want a positive outcome, not **half-baked** proposals.
（話をつけにいくからには、中途半端な提案に終わらないようにしないと）

half-baked（生焼けの）とかwishy-washy（どっちつかずの、なあなあの）といった言い回しはよく耳にしますが、どうでしょうか？

どちらもいいと思いますよ。half-bakedは「十分にやり切っていない、不完全な」という意味合いですね。日本語でも「〔議論などが〕煮詰まっていない」と言いますが、それに近い雰囲気です。half-baked resultsなら「中途半端な結果」です。

「物事を完全に終わらせず中途半端のままにしておく、徹底しない」というようなときは、incomplete（不完全な）、unfinished（未完成の）、half-done（半分しか終わっていない）などの形容詞も使えそうです。

どれも「中途半端」の意味として使えますね。I always leave things half-done.（いつも中途半端なまま終わってしまう）などという言い方はよくします。

故事・ことわざ

ちりも積もれば山となる

わずかなものでも、積もり積もれば高大なものとなる

A: Most of the work is trivial daily routine, and I'm not sure how this will benefit my career.
(仕事の大半が日々の雑用で、これがどうキャリアに役立つのかが見えないんです)

B: Nothing you do will be done in vain. **Small things make a big difference.**
(やって無駄になることは一つもないんだ。ちりも積もれば山となる)

英語のことわざで、Many a little makes a mickle. というものがありますね。mickle は「多量」の意です。

まさに「ちりも積もれば山となる」の意味ですね。ただ、日常会話ではあまり聞かないかな。ことわざ調ではないですが、こういうとき **Small things** (add up to) **make a big difference.**（小さな積み重ねが大きな違いを生む）という言葉が好んで使われます。

希望を感じる素敵なフレーズですね。仕事や学習に行き詰まったときに思い出したいです。「千里の道も一歩から」(Little steps go a long way.) にも通じるものがありますね。

ビジネスの現場でよく耳にしたのは、Everybody was a beginner once. という言葉です。文字通り「最初は皆初心者」。雑用すらも糧にして、一歩一歩着実に経験を積み重ねることこそが、成長と成功への唯一の道です！

つかみどころがない

人や物事の本質的な部分が見えず、
理解したり判断したりするための手掛かりがない

A: Eddie is sometimes selfish but sometimes considerate.
（エディはわがままなときもあれば、思いやりがあるときもある）

B: It's true that he's **a difficult person to figure out**.
（確かにつかみどころがない人だよね）

I have no clue what he's about.（彼がどんな感じなのか手掛かりがない）としてもいいでしょうが、figure outを使って**a difficult person to figure out**（理解するのが難しい人）としてはどうでしょうか？

difficult to read someone's mind（人の考えていることが分からない）のように表現してもいいですね。「つかみどころがない」には、ウナギのようにするすると逃れてしまうものを無理してつかもうとするイメージもあります。turn out to be evasive（つかもうとしても逃げられる）のような。まさに、be slippery as an eel（ウナギのようにぬるぬる滑って捕らえどころがない＝核心や意図が見えない）というイディオムもあるんですよ。

a mysterious person（謎めいた人）やa quiet person（静かな人）も似た意味があります。欧米では、静かな人というのはいぶかられてしまうんですね。一方日本では、こういう人ってちょっとミステリアスな感じがして、魅力的なんていうこともあるかもしれません。

そこへいくと、私はよく言われますが、「考えていることがすぐ顔に出る」（People can read me like a book.）。要するに人間が単純にできているんです（笑）。

イマドキ

ツーショット

二人の人物が一緒にいること。
またはその様子を収めた写真

I'm so happy that I was able to have **a picture of my favorite movie star and me together**!
（憧れのスター俳優と一緒のツーショット写真が撮れて幸せ！）

訳考

「ツーショット」という言葉は、写真を撮るときに二人が同じフレームの中に収まるというシチュエーションで使われます。two-shotという英語は「テレビや映画で二人の人物を1台のカメラで撮影する」という意味の専門用語として確かに存在しているのですが、日本語に定着している「ツーショット」と同じ感覚では使われていないようです。

一般的な表現は、**a picture of A and B together**（AとBが一緒に写っている写真）やa picture of them[two people] together（彼ら［二人］が一緒に写っている写真）といったところでしょう。

「自分と～のツーショット」と言いたいときには、a picture of ~ and meというように、meを後に置くのが文法的に正しい形です。ただし、若い人の間ではmeを先に置く傾向も見られます。

ちなみに、恋愛関係にある二人組を指す「ツーショット」なら、SNSやゴシップニュースではa couple shotという表現がたびたび使われます。

ツッコミ（を入れる）

相手の冗談にうまく切り返したり、
言い間違いやとぼけた勘違いを指摘したりすること。
また、漫才の「ツッコミ」を指す

A: Is it true that in the Kansai area it's very important to know how to be funny?
（関西では面白くなきゃいけないって本当？）

B: That's right. You've got to be a master at **witty banter** to live there!
（その通り。あそこに住むにはツッコミの名人でなきゃ！）

react（反応する）を使えばreact in a funny wayですが、「ウイットに富んだコメントをする」と考えればmake witty commentsもいいでしょうか？

その発想もいいと思いますが、ここではbanterという語を紹介しておきましょう。からかったり冗談を言ったりして気さくに話すことで、例文ではwittyと組み合わせて**witty banter**と名詞として使っていますが、動詞としての用法もあります。

なるほど。相手をからかうと考えれば、Please tease him!（からかってやってよ［いじってやってよ］！）のように、ツッコミを促すような言い方もできますね。

はい。シンプルにPlease say something!（何か言ってよ！）と言うのもありですね。ボケとツッコミは日本独特の文化で、例えばアメリカのstand-up comedy（スタンダップコメディー。ソロの演者による話芸）とは違いますが、「人の笑いを取る」（make someone laugh）点では共通です。

爪の垢(あか)を煎じて飲む

故事・ことわざ
身体部位

格段に優れた人にあやかれるよう心掛ける。

優れた行いを見習う

A: Mr. Fujikawa received his advanced training certificate. I wish some of his colleagues would follow suit.
（藤川さんは上級研修コースを修了しました。他の社員も後に続いてくれればいいんですが）

B: Yes, they should definitely **learn a thing or two from** him.
（はい、彼の爪の垢を煎じて飲ませないといけませんね）

You should learn from him.（彼を見習うべきだ）ではあまりにも単純ですか？

いいと思いますが、もうちょっとだけひねると、こういうときには**learn a thing or two from** ~というフレーズがよく使われます。言うならば「～に見習うべきことはいくつかあるよ、一つでも二つでも学びとるべきだよ」というようなニュアンスです。日本語の「爪の垢を煎じて飲む」のように、文脈によっては少し皮肉めいた響きが出るので、ぴったりだと思います。

なるほど。皮肉めいた要素はありませんが、「見習う」という意味では、follow[go by] someone's example（人の例に倣う）、take a leaf out of someone's book（人を手本にする）などの表現もありますね。

どれもよく登場するので覚えておきたいフレーズですね。take a leaf out of someone's bookのleafは本のページのことで、「その人の本に書いてあることを読んで学べ」という比喩表現です。

手足になって働く

身体部位

人の下で言われた通りに働く。その人の手足のように尽くす

A: This project needs the cooperation of every single member. I expect your full commitment.
（今度のプロジェクトは一人一人の協力が欠かせません。よろしくお願いします）

B: I'd be happy to **contribute and follow your instructions**.
（喜んで手足となって働きますよ）

何でも頑張るというときには**contribute**とかcommitという単語がよく使われますね。

はい。contributeは、I'd like to contribute to the growth of your company.（御社の成長に貢献したいと思っています）のように、何か大きな目標に向かって共に寄与するようなときにもよく使われます。commitは日本語でも「コミットする」と言ったりしますが、かみ砕いて言えば「エネルギーや時間を注いで責任を持って取り組む、結果を約束する」ということです。

「相手の言う通りになる」というニュアンスは**follow someone's instructions**「人の指示通りに動く」という言い方でよさそうです。

at someone's beck and call（人の意のままになる）という英語表現もあります。beckには「手招き」という意味があり、その人から「呼び出し」（beck and call）があればいつでも駆けつける、つまり「人の言いなりになる、人の手足となる」というわけです。

た

ディスる

イマドキ

相手を否定する。侮辱する

We have differences in opinion, but I'm not going to **dis** him. I would rather agree to disagree.
（意見が割れても、彼をディスるようなことはしない。むしろ考えの違いを認めるんだ）

訳考

もともとはアメリカのヒップホップシーンで、disrespectを短くした**dis**という語が使われ始め、それが日本に入ってきて「ディスる」として浸透したようです。disrespect（～に無礼をする）はrespect（～を尊敬する）の反意語ですが、英語のdisにも日本語の「ディスる」にも、disrespectのような重さはなく、「悪口を言う」くらいのニュアンスで使われています。

disやbad-mouthは完全なスラングなので、「ディスる」のニュアンスを持つ、よりフォーマルな語も押さえておきましょう。criticize、speak ill of ～などは「～を悪く言う、批判する」という語感でビジネスの場で使っても差し支えありません（もちろん、TPOには注意が必要ですが）。talk bad about ～（～の悪口を言う）は若干フォーマル感が落ちます。insultは英和辞書で引くと「侮辱する」と出てきますが、実際にはそれほど強い意味でないときにも比較的頻繁に使われています。

適材適所

適性や能力に応じて、ふさわしい地位や任務を割り振ること

A: We're pleased that we were able to recruit such excellent graduates this year. I'd like you to train them to make them valuable assets as soon as possible.
（今年は優秀な新卒を採用することができてうれしいね。君には彼らがなるべく早く戦力になるよう鍛えてほしい）

B: We should put **the right person in the right place** according to each person's capabilities.
（一人一人の適性を見極め、適材適所に配置します）

「適材適所」は、ビジネスでの頻出表現**the right person in the right place**で決まりですか？

はい、これが定訳と考えて差し支えないでしょう。the right personは、She is the right person for the job.（彼女はこの仕事に適任だ［適役だ］）のように使うこともできます。

「適材適所」を実現するには「個々の適性を見極める」ことが肝要ですね。「適性」はcompetenceですが、もう少し簡単に表現できるでしょうか？

「適性」とは、その仕事にあった「能力」や「個性」のことですよね。そう考えると、「個々の適性を見極める」はaccording to each person's capabilities（各人の能力に応じて）、またはaccording to each person's unique skills（各人独自のスキルに応じて）のように言い表せると思いますよ。

手抜き

身体部位

必要な手数を省くこと

A: Do you double-check the number of items you're sending before you ship them? If you don't, I have to say that would be a kind of negligence on your part.
（出荷時に個数を再確認されているのでしょうか？　されていないとしたら、これは一種の怠慢だと言わざるを得ませんね）

B: Yes, we always do that. In dealing with shipments, we never **cut corners**.
（必ず確認しております。配送に関して、当社は手抜きの対応をすることは一切ございません）

た

手抜きは**cut corners**（コーナーを曲がらずに手前を横切る＝近道をする、手を抜く）が定番表現でしょうか？

「細かい部分をおろそかにする」（neglect details）、「～に注ぐ努力を減らす」（put less effort into ~）ということなので、いいと思います。ところで、cut cornersは良い意味の「手抜き」、つまり「無駄を省く」という意味でも使えますね。

はい。Think about how you can cut corners to save time and money.と言えば、「お金と時間の節約のために手の抜きどころを考えなさい」ということです。欧米でも、「面倒な工程」（hassle）を省いたhassle-free[fuss-free] cooking（手抜き料理）はワーキングペアレントの間で人気です。

手を抜けるところは抜き、肝心な部分はきっちりやる。それがスマートですね。ネガティブなニュアンスの「手抜き」に戻ると、他にもget lazy about ~（～の手を抜く）、slack off（怠ける、だらける）などの語がありますね。slack offは、特に仕事をいい加減にやる様子を表すのに使われるフレーズです。

手のひらを返す

身体部位

態度や意見が急変する

A: Do you mean that the shareholders agreed with the merger? That's disappointing!
（株主が合併に賛成したって？　がっかりだ！）

B: Yes, some of them **reversed themselves** out of the blue.
（ええ、突然手のひらを返したような対応をしてくる人もいたんです）

change their attitude[stance] completely（完全に態度［スタンス］を変える）ではどうでしょう？　もしくは、例えば、元部下が自分の上司になったときにOur positions are reversed.（立場が逆転した）なんて言いますが、このreverseを使って表現できないかな、と。

changeを使った表現も悪くはないですが、reverseの方が「態度や意見をがらっと変える」というニュアンスをうまく言い表せそうです。**reverse oneself**という表現があって、議論などで自説や態度を180度翻すという意味で使われます。

なるほど。「180度」と言えば、do[take] a 180 degree turnというフレーズも使えそうですね（☞ p.328「180度変わる」）。They've done[taken] a 180 degree turn in their attitude[policy].（180度態度［方針］を変えた）のように表現でき、まさに「手のひらを返す」のイメージに重なります。

ややスラングっぽい響きになりますが、簡略化してdo[take] a 180とも言ったりしますね。

た

手放しで喜ぶ

身体部位

批判・制限・条件などを加えずに、素直に喜ぶ

A: Surprisingly, almost all the companies have shown an interest, even offering their support.
（驚いたことに、ほとんど全ての会社が興味を示して、支援さえ申し出てくれたんだ）

B: Really? But it might be too early to **make a song and dance about it**.
（本当？　でも、まだ手放しで喜ぶのは早いんじゃないかな）

この「手放しで」という気持ち、分かりますよね。「心から、おおらかに喜ぶ」（be genuinely pleased）という感じです。

文脈によってはこんな表現が使えると思います。良い知らせが届いたときに、I won't **make a song and dance about it**.（不必要に騒ぎ立てることはない）なんて言うんです。つまり「手放しで喜ぶというわけにはいかない」ということですね。

「人々の目につくようにするために、大げさに騒ぎ立てる、過剰に反応する」という意味合いですね。My husband makes such a song and dance about doing a little housework.（夫はちょっとした家事をするくらいのことで大げさに騒ぎ立てる）のような文脈でもよく使われます。

そうですね。他には、welcome ~ with open arms（両手を広げて～を歓迎する）というフレーズにも、「手放しで」の感じが出ていると思います。通常は人に対して使うことが多いですが、物事にも使えるので、We can't really welcome those companies' collaborations with open arms.（〔何か事情があって〕それらの企業の協力を手放しでは喜べない）のようにも言い表せそうです。

手前みそ

身体部位

自分で自分を褒めること

A: You made quite an impression on our overseas visitors when you sang an English version of that Japanese song.
（カラオケであの日本の歌を英語版で歌って訪日客をあっと言わせましたね）

B: **I don't mean to brag**, but that translation was mine.
（手前みそですけど、あの翻訳は私のオリジナルなんですよ）

「手前みそですが」は「自慢するつもりはありませんが」という意味で使われる、恐縮を表す前置きのフレーズですね。

シンプルに**I don't mean to brag** (about it), but~やI'm not trying to praise myself, but~（自慢するつもりはありませんが～）のように言ってしまうのが一番伝わりやすい気がします。英語でも、このように謙遜してみせる表現は自然に使われます。

そうですね。似た表現では、I don't want to pat myself on my back, but ~（自分で自分を褒めるわけではないですが～）というフレーズも面白いですよ。pat oneself on one's backは、「よくやった！」と言って肩をポンポンとたたくイメージです。あとはイディオムで、toot one's own horn（ホルン［角笛］を吹く）やblow one's own trumpet（トランペットを吹く）というのも見かけます。

I don't mean to toot[blow] my own horn[trumpet], but ~のように言えますね。自画自賛して自らの手柄や成果を得意げに吹聴して回る感じが伝わってきます。

身体部位

手を打つ

交渉・取引などで決着をつける。必要な対策を講じる

A: I think they compromised as far as they could.
（先方もギリギリまで譲歩してくれたと思いますよ）

B: That's true. Why don't we **shake on** 8 million yen per unit?
（そうですね。1ユニット800万円で手を打ちましょうか？）

「手を打つ」にはいくつか使い方がありますが、「交渉をまとめる、合意する」の意味では、strike a bargain[deal]（取引をまとめる）や**shake on ~**（〔取引や交渉などで〕～に同意して握手する）が使えそうです。

もともと和解のしるしとして手を打ち鳴らすことからきているそうなので、特にイメージが近い表現ですね。Why don't we shake on it?は「それで手を打ちましょう」というお決まりのフレーズです。例文のように、shake onの後に金額を置くこともできますよ。

他に、「対策を採る」という意味の「手を打つ」なら、take measures（対策を採る）、do something（何かをする）、make a move（行動を起こす）など、いろいろな言い方が思い浮かびます。

いいと思います。leave no stone unturnedという定番表現もありますね。「ひっくり返さずにおかない石はない＝あらゆる石をひっくり返す」から、「あらゆる手を打つ」という意味になったイディオムです。

イマドキ

天然(ボケ)

わざとではなく、無自覚に自然体のままで
おかしな言動をする様子。または、その人
〔なんとなく憎めないというニュアンスも含む〕

She's sometimes **unintentionally funny** but is such a lovable character that she makes people around her happy.
(彼女って、天然ボケなところもあるけど愛されキャラで、周りを和ませてくれるよね)

訳考

「天然」(ボケ) は純粋な褒め言葉でこそありませんが、かと言って侮蔑的な表現というほどでもないので、その微妙な語感をうまく英語に落とし込んでいくことが重要です。**unintentionally funny**という表現があり、これは「本人の自然な言動が、意図せずして周囲の笑いを誘ってしまう」状態を指します。一般的な感覚からずれていたり、独特なテンポだったりするけれど、どこか憎めない「天然(ボケ)」にはこのフレーズが合っていると思います。

goofy[goofball] (こっけいで風変わりな) やsilly (〔無邪気な [お茶目な] 意味で〕ばかっぽい) も、funnyに近い意味で使われることも多く、仲の良い間柄なら、文脈に気を付ければYou're so silly! (ほんと、ボケてるね!) のように言っても大丈夫でしょう。

アメリカの俗語でairheadという言い方もありますが、これはstupidやdumbに近い完全にネガティブな意味なので、注意してください。

独壇場

ある人だけが思いのままに活躍できる場所や場面。

他の追随を許さない状態

A: There is no doubt that X Corporation's solid performance has been underpinned by the success of its marketing strategy.

（X社の安定したパフォーマンスは、マーケティング戦略の成功に支えられているに違いない）

B: Yes, that's right. It is **running the show** in the market.

（本当ですね。いまや、マーケットはX社の独壇場といったところです）

訳考

「牙城を崩す」（☞p.100）でも触れましたが、ビジネスの現場でよく出てくるのはdominant position（支配的な地位）。これをそのまま使えそうな感じがしますが。

悪くはないですが、もう一声。「独壇場」は劇場を意識した言い方なので、それを生かしてみてはどうでしょう？

なるほど、one-man show（独り舞台、独演会）ですか？

one-man showをビジネスの場で使うと、My business started out as a one-man show, so I had to do everything myself.（私は一人で起業したので、全てを一人でこなさなければならなかった）のように、文字通りプレーヤーが一人きりであるという意味になってしまいます。一方、**run the show**なら「舞台を仕切っている、主導権を握っている」という意味になるので、「独壇場」の訳としてふさわしいと思います。ちなみにワンマン社長のことを揶揄してThe president thinks he runs the world.（自分が世界を動かしていると思っている）なんて言ったりもしますよ。

毒を食らわば皿まで

故事・ことわざ

すでに悪事に手を染めているのだからとことん悪に徹しようと、居直って悪事を続けること。
転じて、いったんリスクを負った以上、危険を冒してでも最後までやり抜くという心構えを持つこと

Since I have worked so much on this, I am **in for a penny, in for a pound**.
（ここまでくると、毒を食らわば皿までの心境でとことんやってやるという気になる）

「毒を食べるのであればそれが載った皿まで食べる」という面白い表現。英語では**in for a penny, in for a pound**（たとえ１ペニーでも投資するのであれば、成功するにはもっと多くの投資が必要になる）ということわざがあります。「いったん始めた以上、中途半端に手を引くことなく最後までやり通せ」という意味です。Since we have come this far, we should go all the way through.（こんなところまでやってきたのだから、最後まで付き合おう）ということですね。ペニーやポンドはイギリスの通貨なので、アメリカでは自国の通貨に変えてin for a dime, in for a dollarと言ったり、距離になぞらえてin for an inch, in for a mileと言ったりもするようです。

突破口となる

滞っていた物事が進展する糸口となる

A: I'm excited about launching our new service. Our success in Southeast Asia depends on it.
(新サービスの立ち上げにワクワクしてるんです。東南アジアでのわが社の成功がかかっていますから)

B: The service has a competitive edge. I'm sure it'll **be a breakthrough** for our activities in the region.
(このサービスには競争力があります。その地域の事業の突破口となるに違いありませんね)

新規事業や商品で一気に知名度を上げる感じですね。「突破口」といえばbreakthroughですか？

そう、ここは**be a breakthrough**で決まりでしょうね。動詞と絡ませた言い回しもありますね。例えばfindを使ったfind a breakthrough（突破口を見いだす）もその一つ。breakthroughを置き換えるとすれば、find a way outもいいですね。

なるほど。まさに現状を打破する方法が見つかるという感じですね。breakを使ったbreak new ground with ~はどうですか？ 日本語の「～で新天地を開拓する」に似た感覚です。

そうですね。新規事業に踏み込むときにぴったりだと思います。

ど真ん中

イマドキ

ぴたっとはまる、好みなどにぴったりの

He is **just my type**.
（彼は、私のど真ん中のタイプなの）

訳考

　自分の好みを野球のストライクゾーンに例えて、その「ど真ん中」に命中するものを指してよく使われる言葉です。主に恋愛などで自分の好みのタイプについて使う場合が多く、「どストライク」という言い方もよく聞きます。

　日本語になっている「タイプ」は英語でも自然に使えるので、He is **just my type**!（まさに私のタイプ！）と言えばいいでしょう。シンプルで直球なHe is perfect for me!という表現もおすすめです。

　また、ダーツの中心の赤い丸を意味するbull's eyeというフレーズも「ど真ん中、大当たり、図星」などの意味で使えます。「ハートを射止められる」という感じでしょうか。このような人に出会ったときにはきっと、I fell in love with him at first sight.（彼に一目ぼれしちゃった）となりますね。

253

ドヤ顔

イマドキ
身体部位

「どうだ」と言わんばかりの自慢げな顔。

自らの功を誇り、自己満足にあふれた顔。したり顔。得意顔

So irritating! He told me with a **smug face** that he had achieved a higher score than me in the exam.

（イラッときた！　彼、私より試験の出来が良かったってドヤ顔で自慢してきたんだ）

自己満足感たっぷりの得意げな表情が「ドヤ顔」です。smug（うぬぼれた、自己満足の、独りよがりの）という形容詞を使った**smug face**やsmug lookなどという言い方が、まさしく日本語の「ドヤ顔」にかなり近い意味で使われています（Google画像検索でsmug face[look]を調べると、オバマ元米大統領やトランプ米大統領の絶妙な「ドヤ顔」がたくさん出てきます）。

「ドヤ顔をする」はhave a smug face[look]です。smug grin（grinは「歯を見せてニヤッと笑うこと」）と言えば、ますます「ドヤ感」が伝わってきますね。「自信満々の、自己主張たっぷりの」という意味の形容詞cockyを当てて、cocky faceと言っても通じます。

た

取りあえず

差し当たって、今のところ。

緊急事態に対して、当面での可能な対処を優先する

A: A typhoon is approaching. Shall we go ahead with the sports day tomorrow?
（台風が接近してきています。明日の運動会は決行しますか？）

B: It's a difficult decision to make. **For now**, let's wait and see how it goes.
（難しい決断ですね。取りあえず様子を見ましょう）

一番簡単なのは、**for now**（今のところ）でしょうか？

はい、私がfor nowを一番よく使うのは、「飲み物何にする？」と聞かれたときに「取りあえず、ビール」（Let's have a beer for now.）と答えるときです（笑）。

そうですね、取りあえず注文するときに使いますよね。for nowは日常でもフォーマルな場面でも幅広く使える言葉で、例えば会議などで自分がひとしきり意見を述べた後に、That's all for now. と付け加えれば「取りあえず、今のところは以上です」という意味になります。

発言を締めくくるときに使えるフレーズですね。他には、for the time beingという言い方も「当分の間、差し当たり」という意味で、for now と同じように使われます。That's enough for the time being.（差し当たりはそれで十分です）のように。

取り付く島もない

故事・ことわざ

頼りとしてすがれるところが何もない。

相手の態度が冷淡で、話を進めるきっかけがつかめない

A: I asked the embassy to grant a visa as soon as possible, but it was in vain.
（大使館に何とかビザを早く出してもらうよう頼んだんだけど、ダメだった）

B: Are you saying your request **was flatly rejected**?
（取り付く島もなかったということ？）

ビシッと拒否される感じは副詞のflatly（きっぱりと、断固として）を使って、**be flatly rejected**[denied]と言えば出るでしょうか？

そうですね。completely（完全に）を使ってbe completely rejected[denied]と言ってもシャットアウトの感じが出ます。日常会話ではrejectedやdeniedの代わりに句動詞のbe turned down（却下される）もよく聞きます。

「相手にされない」と考えれば、ignore（無視する）を使うこともできますね。副詞のsimplyでニュアンスを添えて、be simply ignored（あっさり無視される）のように。

いいですね。pay attentionを使って、I was paid no attention.（全く注意を払ってもらえなかった＝無視された）と言ってもいいと思いますよ。

度量が大きい

他人の言行を受け入れるおおらかさがある。懐が大きい

A: I'll also consult with my manager about expanding my role and product knowledge.
（仕事の幅と商品知識を広げられるかどうか、課長にも相談してみます）

B: She's **generous**, **forgiving** and dependable. I'm sure she'll give you good advice.
（彼女は度量が大きくて、頼りになる人です。きっといい助言をくれますよ）

「度量が大きい」は**generous**（寛大な）であり、**forgiving**（人の間違いを許す）であるということですね。

そうですね。She has a big heart.とも言いますね。文字通り「大きな心を持っている」つまり「懐が深い」という意味です。

なるほど。big-heartedという形容詞を使って、He's very big-hearted. I'm sure he'll forgive your minor mistake.（彼は度量が大きいので、小さなミスは許してくれると思う）のように言ったりもしますね。

generousの類似語としてtolerant（寛容な）も使えそうですね。accepting（人を素直に受け入れる）も近い意味になります。

度忘れ

よく知っていることをふと忘れてしまって、どうしても思い出せないこと

A: Well, where is the venue for the upcoming meeting? Is it a conference room at ABC Hotel?
（ええと、今度の会合の場所はどこでしたっけ？　ABCホテルの会議場ですか？）

B: Uh, it's **just slipped my mind**. It happens to me so frequently nowadays.
（うーん、私も度忘れしてしまいました。最近こういうことが多くて困ります）

分かっているのに出てこないというシチュエーション、よくあります。「うっかり忘れる、度忘れする」は英語で言うと**just**[totally, completely] **slip one's mind**でしょうか？

slipには「滑る、抜ける」といった意味があるので、頭の中から記憶が抜け落ちる感じをイメージしやすい表現ですね。私も最近時々こういうことがあるのであまり認めたくはないのですが、senior momentという言葉があります。要は「高齢者」(senior) にありがちな「瞬間的な度忘れ」ということです。

ところで、名前を思い出せなくて、「あれ、ほら、あれ何だっけ？」というときにぴったりくる英語の定番表現がありますよね。

はい。what-cha-ma-call-itです。「その何とかいうもの」という意味で、what you may call itを短縮した表現ですね。ハイフンなしでwhatchamacallitと書くこともあります。使うときは、Have you seen my what-cha-ma-call-it?（私のほらあれ、何だっけ、あれって見なかった？）といった感じでどうぞ。

どんでん返し

物事が一気に逆転すること

A: You said you're into detective novels, but what makes you think they're so exciting?
（推理小説にハマってるって言ってたけど、どんなところが特に面白いと思う？）

B: I find them thrilling because of their **mind-twisting** endings.
（どんでん返しの結末がワクワクするんだ）

「どんでん返し」というのは、忍者屋敷の扉のからくり、あるいは歌舞伎の強盗返（がんどうがえし。場面転換の仕掛け）からきているそうです。場面が鮮やかな転換を遂げる様子が目に浮かびますね。

はい。「予想とは全く違う」というニュアンスを出したいですね。単純に形容詞surprising（驚きの）を当てるよりも、ここは**mind-twisting**（予想のつかない大逆転の）をぜひ使ってみましょう。名詞twistには「予期しなかった変化［展開］」という意味があり、I like movies that have big twist at the end.（最後に急展開がある映画が好みだ）のように使えます。これを形容詞的にmind-twisting endingのように言うと、さらにハッと息をのむような驚きのニュアンスを加えることができます。まさに「どんでん返し」です。

mind-twisting plots[tricks, stories]（どんでん返しの構想［トリック、ストーリー展開］）などと言ってもよさそうです。

「劇的な［過激な］展開」と考えれば、dramatic[drastic] developmentという言い方もできますね。

オノマトペ

どんどん

勢いよく

The stock price is **getting lower and lower**.
（株価がどんどん下がっていくね）

「オノマトペ」を訳すときには、韻を踏んだり言葉のリズムを生かしたりするなど、さまざまな方法でメッセージを印象付けることができます。ここでは、比較級を使って「どんどん」の「勢いの良さ」を表してみてはどうでしょう。例えば、「どんどん良くなる」ならget better and better、「どんどん背が伸びる」ならget taller and taller、例文のように「〔株価などが〕どんどん下がっていく」なら**get lower and lower**といった具合です。

また、副詞を使うのも効果的です。increasingly（ますます）を使って、Her performance wil increasingly get better through this job training.（この研修を通して彼女のパフォーマンスはどんどん良くなっていくだろう）のように言うことができます。例文の株式相場の話なら、sharply（勢いよく、急激に）を使ってThe stock market is going down sharply.とも言い表せます。

「〔作業などを〕どんどん進める」なら、We have a lot to discuss today, so let's keep it moving[keep moving forward].（今日は議題がたくさんあるから、どんどん進めていきましょう）のように表現してはどうでしょうか。「止まらずに勢いよく進み続ける」というニュアンスを出せると思います。

ドン引き(する)

イマドキ
オノマトペ

誰かの言動により、その場の空気が悪くなったり、盛り上がった気持ちが急にしらけたりすること

At this late stage he says we need a change of party venue — that really **put us off**.
(今更になって彼がパーティー会場を変更しようなどと言いだして、みんなかなりドン引きした)

訳考

シンプルにI was shocked that ~(〜にショックを受けた)でも「引いた」に近い意味にはなりますが、もっとぴったりな英語表現として、動詞cringe(不快感や嫌悪感で身がすくむ、縮こまる)や**put ~ off**(〜の気をそぐ、〜をうんざりさせる)などの語があります。put ~ offの形容詞形off-puttingも、His absurd idea was really off-putting.(彼のばかげたアイデアには全くドン引きだった)のように使うことができます。

ちなみに、「電気をつける[消す]」という意味でお馴染みのturn one on[off]にも面白い用法があり、someone turns me onだと「〔人が〕アリだ[魅力的だ]」、someone turns me offだと「〔人が〕ナシだ[引く、アウトだ、あり得ないと思う]」という意味になります。また、名詞形にしてturnoffと言うと「興味をそぐもの、嫌気が差すもの」という意味になり、His excessive bragging was a real turnoff.(彼の行き過ぎた自慢にはドン引きだった)のような形でよく使われます。動詞でget turned off by ~と言うと、「〜にしらける、〜に退屈する」という意味になります。

このように「ドン引き」を表せる表現はいろいろありますが、もはや言葉を失うほど引いてしまったら… It made me speechless. ですね。

261

オノマトペ

なあなあ

はっきりせず、いい加減なこと。適当に済ませること。なれ合い

A: Let's wait and see. I don't think we need to rush.
（様子を見ましょう。あまり焦ることもないでしょう）

B: Instead of leaving things **wishy-washy**, we should show a clear direction.
（なあなあにしておかないで、方向性をはっきり示すべきですよ）

な

「なあなあ」と聞くとwishy-washy（☞p.249「中途半端」）を思い浮かべます。

ここは「方向性がはっきりしない」ということなので、**wishy-washy**（どっちつかずの、なあなあの）でいいと思います。この語はwish（望む）とかwash（洗う）には関係なく、語呂がいいからこのように使っているようですね。

「なあなあ」は人間関係のなれ合いにも使いますが、そういう場合は(too) cozy relationshipという言い方があります。

例えば政府と財界が癒着しているなら、cozy relationship between government and industryのように言えますね。あるいはcollusive relationshipで「なれ合いの関係」。collusiveは「裏で結託した、なれ合いの」という意味です。

泣きつく

泣いてすがりつく。泣くようにして頼み込む

A: Daniel had a long chat with Ms. Tanaka. What happened to him?
（ダニエルは田中さんとずいぶん長いこと話していましたね。何があったんですか？）

B: Looks like he **begged** her to do something for him.
（何とかしてくれないかって泣きついたみたいですよ）

これは**beg**（懇願する）で決まりではないでしょうか？

コロンビア大学ビジネススクール時代、まさにこの心境になった授業がありましたよ。同じ授業を取ったことのある先輩に泣きついて、どうしよう！と相談に乗ってもらったものでした。I begged another student a year ahead of me for help.（一年上の先輩に泣きついて助けを求めた）、という懐かしい思い出です。

私もありますよ、あまりに仕事が立て込み過ぎてしまって、どうにもこうにもならない、誰か助けて！というとき。心情に訴えて何とかしてもらいたいというのであれば、try to play on someone's heartstrings（人の心の琴線に訴えかける、情けにすがる）という言い方が使えます。

そうですね、We tried to play on our editor's heartstrings.（編集者に泣きついた）とか。私たちはどうも似たもの同士のところがあって、We bit (off) more than we can chew.（かめないほどの量をかじり取った＝手に余る仕事を引き受けた）ということがあるんですよね。

梨のつぶて

(連絡しても)返事や返答がないこと。音沙汰がないこと

A: As you know, X Corp. has a close business relationship with Y Corp., our archrival.
(知っての通り、X社は、われわれの宿敵であるY社と長年にわたって親密な取引関係があります)

B: We've inquired with X Corp. about Y Corp. but **haven't heard a word from** them.
(Y社についてX社に問い合わせたけど、梨のつぶてでしたしね)

かみ砕いて考えると、We did what we could, but it was in vain.(できる限りのことをしたが、無駄だった)という感じですか?

意味的にはそういうことになります。でも、「音沙汰なし」が「梨」に掛け合わされているわけですから、やはり「連絡や返事が一向に来ない」ということにもっと視点を置きたいところです。

では、**haven't heard a word from** ~はどうでしょう? not (even) a word(一言もない)を付けて、「さっぱり音沙汰がない」ということを強調できます。

いいと思います。We received no reply.も近いニュアンスですね。あるいは、「スルーする」(☞p.216)で紹介したignore(無視する、知らないふりをする)を使って表現することもできるでしょう。

な

七不思議

ある地域で不思議な現象として挙げられる7つのもの。

転じて、人物や事物に関する不思議についても用いられる

A: Have you heard the rumor that David is going to marry Alice?
(デビッドがアリスと結婚するっていううわさ聞いた?)

B: Yes, I just find it **absolutely unbelievable**.
(うん、いまだに信じられない。彼らの婚約は世界七不思議の一つだね)

訳考

これはそのままthe Seven Wonders of the Worldでいいですか?

英語が日本語に訳されて「世界の七不思議」となったので、表現としては当たりでしょう。でも、英語の場合はwonderとあるように、本来は驚嘆すべきことについて言います。例えば古代の遺跡や建造物とか。

なるほど。では、日本語の感覚をストレートに表現するなら、hard to believe(信じがたい)や**absolutely believable**(絶対信じられない)ですね。「七不思議」のランキングっぽい感じを出したければ、one of the most unbelievable[unimaginable] things(最も信じがたい[想像しがたい]ことの一つ)とか。文脈によっては、weird(神秘的な)、odd(奇妙な)などの形容詞も候補になりそうです。

例文のように、いかにsurprise(大きな驚き)でshocking(衝撃的)だったかということを伝えたければ、Their engagement is quite a shocking announcement.(彼らの婚約はまさに衝撃の発表だ)のように言ってもいいと思います。

浪花節（なにわぶし）

利益や損得ではなく義理人情を重んじ、

情緒的で通俗的なこと

Taro is not acting for personal profit or gain but rather out of **a sense of duty and compassion**.

（損得で動くのではない太郎さんは、浪花節の人だ）

『浪花節だよ、人生は』という演歌、若い人は知らないかもしれませんが、ある程度の年齢の人であれば演歌歌手が歌うのを聴いたことがあるでしょう。「浪花節」のように日本特有の文化や価値観に根差した言葉は、できるだけ意味の近い英語に落とし込むために語義をかみ砕く必要があります。

「義理人情を重んじる」と解釈すれば、「義理」にはduty、「人情」にはcompassionといった語が合うと思います。dutyは「義務、責務」という意味ですが、いわゆる日本的な「義理（人として守るべき正しい道）」の概念を表す際によく使われる語です。fulfill one's dutyと言えば「義務を果たす」です。compassionは人の心に寄り添うことのできる「思いやり」のこと。例文ではこの2語を組み合わせて、**a sense of duty and compassion**（義理人情の感覚）と表現してみました。

浪花節の人は、誠実で忠誠心があついという印象もありますね。そうしたニュアンスを伝えたければ、value loyalty[honesty]（忠義[誠実]を重んじる）のように言ってもいいでしょう。

成り行きを見守る

物事の流れに従う。様子を見る

A: You must have worked day and night. How was the pressure within the company?
（不眠不休で働いたことでしょうね。社内のプレッシャーはどうでした？）

B: The president said, "Not to worry. **Let's just see how it goes.**"
（社長は「気にするな。成り行きを見守ることだ」と言ってくれました）

こういう状況で思い出す表現はplay it by ear（臨機応変にやる、成り行きに任せる）。顧客訪問のときなどに、Let's play it by ear this time and just let them talk.（今回は成り行きを見ながら、彼らに話させよう）のように使います。

「明確な方針を決定せずに、状況に合わせて柔軟に行動する」ということですよね。このイディオムを知らなかったとしたらどう表現しますか？

そうですねえ。「様子を見てよう」という意味の表現で**Let's just see how it goes.**とか、Let's wait and see (how things go). などはどうでしょう？

いいですね。どちらも「まずは状況を見極める」ときにぴったりです。ちなみに、トランプ米大統領はLet's see what happens.（何が起きるか見てみよう）という表現を実によく使います。様子を見てから決めようということですが、ただの静観ではなく、問題に対してまずやるだけのことはやって、全体の成り行きを見守りつつ、最終的にベストな決断を下そうというニュアンスです。

故事・ことわざ

二度あることは三度ある

物事は繰り返し起こる

A: England lost against Germany again. What a nightmare!
(イングランドはまたドイツに負けた。悪夢だ！)

B: They say "**Things come in threes.**" England will also lose again in the next game for sure.
(「二度あることは三度ある」って言うね。次の試合もイギリスが必ず負けるよ)

よく聞くのは**Things come in threes.**というフレーズです。これは、良いことであれ悪いことであれ、物事は3回起こる、つまり繰り返し起こるという意味ですよね。

はい。most likely to happen（おそらくそうなる）という予想を示す表現です。このthingsは漠然と「物事」を指す言葉で、文脈次第でbad things、good thingsどちらの意味にもなります。

イギリスが連勝していて、次の勝利も確信しているなら、Good things come in threes!。

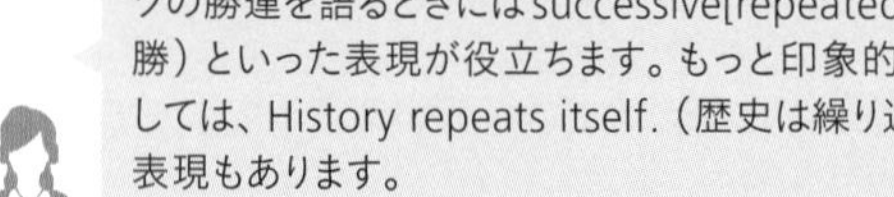

イギリス暮らしが長い柴田先生らしいですね（笑）。スポーツの勝運を語るときにはsuccessive[repeated] wins（連勝）といった表現が役立ちます。もっと印象的な言い方としては、History repeats itself.（歴史は繰り返す）という表現もあります。

スポーツ

二刀流

性質の異なる二つの物事を同時にうまく行えること。また、そのように行える人

A: Nicole is excellent. I hear she is qualified as a public accountant as well as a lawyer.
（ニコルは優秀ですね。会計士と弁護士の両方の資格を持っているそうです）

B: Really? I didn't know that. She's truly an **all-rounder**.
（本当？　それは知りませんでした。まさしく二刀流ですね）

直訳はtwo-way player（二刀流選手）。攻撃と防御の両方をこなすスポーツ選手のことです。

この言葉は、投手と野手の二刀流である大谷翔平選手がアメリカで活躍したことによって広まりました。普通はもっと明示的な言い方、be[play as] both a pitcher and a batter（投手であり打者でもある［投手兼打者としてプレーする］）が使われています。

例えばソフトボールとゴルフの二刀流なら、play both softball and golfですね。例文のような場合は「複数の異なるスキルを持っている」という意味で**all-rounder**（万能の人）という語がしっくりきそうです。

はい。なお、万能といえば「オールマイティー」という和製英語が「何でもこなせる人」の意味で使われていますが、英語のthe Almightyは「全知全能の神」という意味ですから、使うときは注意が必要です。形容詞のalmighty（全能の）は、例えばthe almighty dollar（圧倒的な強さを誇るドル）のように「強い力を持つ」という意味でも使われます。

な

四字熟語

二度手間

一度で済むところに二度の手間をかけること

A: Just to be sure, could you recount the number of attendees?
(念のため、出席者の数を数え直してもらえますか?)

B: We should avoid **doing the same thing twice**. I'm sure the number is correct.
(二度手間は避けるべきです。数は確かに正しいですから)

extra workは「追加で発生する仕事」ですから、ちょっと違いますね。やはり、**do the same thing twice**(同じことを二度する)と説明しないとニュアンスは伝わらないでしょうか?

「余計な仕事」であることをきっちり伝えたければ、redundant(不必要な、余剰の)を使ってredundant workとしてもいいと思います。

それならもっとはっきりと、That would be a wasted effort.(無駄な努力だ)とか、We should avoid doing it all over again.(最初からやり直すことは避けるべきだ=それは二度手間だ)のように言うこともできますね。

それもいいと思います。ところで、「やり直し、二度手間」というと選挙での票の数え直しを連想しますが、「再集計」はvote recountと言います。

二の舞(を演じる)

人の後に出てそのまねをすること。
特に、その人と同じ失敗を繰り返すこと

A: This time, we've thoroughly reviewed the procedures.
(今回は手順を徹底的に見直しました)

B: We must avoid **repeating the mistakes of the past**.
(過去の二の舞を演じるのは避けないといけませんからね)

follow in someone's footstep (人の先例に倣う) は「後を継ぐ」というニュアンスで、必ずしもネガティブな意味ではないですよね。とすると **repeat the mistakes of the past** (過去の過ちを繰り返す) や repeat the same mistakes (同じ間違いを繰り返す) でしょうか?

いいと思います。この表現はそもそも、わざと失敗してこっけいな舞を演じることからきているそうです。失敗がそこまで深刻でない感じを出すのであれば mistake、「重大な過ちをしでかす」というニュアンスなら代わりに failure (失敗) を使うといいと思います。状況によって使い分けましょう。

ネガティブな意味を持つ、fall into the same trap (同じわなにはまる) というフレーズも使えそうですね。

はい。日本語の「同じ轍(てつ)を踏む」とも雰囲気の似た表現ですね。「二の舞を演じる」と同じく、先人の犯した失敗と同じ失敗を繰り返すという意味です。

二番煎じ

前にあったことの模倣で、新味がないもの

A: I want to give this product a bit more uniqueness.
（商品にもう少し独自性がほしいですね）

B: Does that mean the idea for this product was a **recycled** one?
（つまり、この商品のアイデアは二番煎じということですか？）

訳考

ミーティングでよく使ったから自信ありますよ。**recycled**（再利用の）を使うといいですよね。

「一度煎じたお茶を再度煎じて使い回す」ということなので、recycleで大丈夫です。この語は中立的ですが、日本語には「オリジナリティーがない」というネガティブなニュアンスもあります。

「代わり映えがしない、相変わらずの」ということであれば、more of the sameという言い方もできます。

他に、rehash（焼き直し）という語もありますよ。例えば、a rehash of an old planと言えば「古い企画の焼き直し」です。

二匹目のどじょう(を狙う)

動物
故事・ことわざ

一度成功したのと同じ方法で二度目の成功を狙うこと。
転じて、成功した人や物事の後釜になろうとすること

Although your plan appeared to be a success the first time around, I don't think you'll **be so lucky next time**.

(最初の企画は大成功だったけど、二匹目のどじょうはいないでしょう)

「柳の下にいつもどじょうはいない」という言葉が由来になったことわざです。一度幸運をつかんだからといって再び同じ方法で幸運を得られるとは限らない、と言いたいときに「二匹目のどじょう〔を狙ってもいない〕」という表現が使われます。

be so lucky、be so fortunate、be in luck(幸運をつかむ、運がいい)というフレーズを使ってシンプルに表現し、**next time**(次回)やagain(再び)を組み合わせることで「二度目の幸運=二匹目のどじょう」という意味を表せます。これに否定の語句を加えれば「幸運を二度つかむことはない=二匹目のどじょうを狙ってもいない」と表現することができるでしょう。あるいは、Good luck does not always repeat itself.(幸運はいつも繰り返すとは限らない)と格言めいた言い方をしてみてもいいでしょう。

また、併せて覚えておきたいのがbe in the right place at the right time(ちょうどいいときにちょうどいい場所にいる)というフレーズです。たまたまタイミングよくその場に居合わせたために成功できたということですね。You will not necessarily be in the right place at the right time again.と言えば「〔同じ場所で待っていても〕二匹目のどじょうに巡り会えるとは限らない」という意味合いになります。

二枚舌

身体部位

相手によって発言を変えること

Be careful! The manager is **two-faced**.
(気を付けた方がいいよ！　あの課長は二枚舌だから)

「二枚舌」は要するに、say different things to different people（相手によって言っていることが違う）ということですから、そのように説明的に言っても差し支えありませんが、**two-faced**（二つの顔を持っている、二面性がある、二枚舌である）という形容詞をぜひ覚えておきましょう。単に相手に合わせて発言を変える「二枚舌」なだけではなく、不誠実な「裏の顔」があるという印象も併せ持つ言葉です。

また、イディオムとしてはa forked tongue（フォークのように先が分岐している舌〔ヘビのように先が分かれている舌〕）という言葉があり、My manager speaks with a forked tongue.（うちの課長は二枚舌を使う）のように言い表せます。

ちなみに、two[double] tonguesでは通じないと思った方がいいでしょう。double-tongueは通常、管楽器の「ダブル・タンギング」という演奏法を指します。「二枚舌」の意味でspeak with a double tongueという言い方もないわけではありませんが、実際にはあまり使われていないようです。

動物

猫をかぶる

本性を隠しておとなしそうに振る舞う

A: Tell me about Robert from Australia. What's he like?
（オーストラリアから来たロバートのことだけど、どんな人なの？）

B: He **comes across as** quiet and cool, but when you get to know him he's actually really funny.
（猫をかぶってるけど、知り合ってみると、実は面白い人だよ）

フレーズとしてはwolf in sheep's clothing（羊の皮をかぶった狼、偽善者）が思い浮かびますが。

英語らしい表現ですが、「猫をかぶっている人」が悪者や偽善者とは限らないので、この表現は常に当てはまるわけではないかな。一番分かりやすいのはcome across as~でしょうか。come acrossは「偶然出会う」という意味がよく知られていますが、「～のように見える、～という印象を与える」という意味もあります。例えばHow did he come across? なら「彼はどんな印象だった？」と尋ねているわけです。

他にはput on an air of ~（～のように装う、～のそぶりをする）というフレーズも、ある「空気」（air）をまとっているような感じを表し、put on an air of being quiet and cool（物静かで冷静なそぶりをする）、put on an air of indifference（無関心を装う）のように使えます。

はい。この場合はan airと単数形になることに注意したいですね。put on airsと複数形にすると「気取る、もったいぶる、上品ぶる」という違う意味になります。

根回し

事前に関係方面に話をつけておくこと

A: We have a blended corporate culture combining the top-down approach of Western companies with the bottom-up approach of Japanese companies.
（当社には、欧米的なトップダウンと日本的なボトムアップがブレンドした企業文化がありますね）

B: You really understand the Japanese mentality! Among a lot of Japanese companies, it's so common to **have a prior agreement**.
（日本の考え方をよく理解しているね！　日本の多くの企業では、根回しは欠かせないんだよ）

lay the groundwork（基礎固めをする、事前準備を進める）ではどうですか？

悪くはないですが、「根回し」の「コンセンサスをあらかじめ得ておく」という要素をもう少しはっきり述べた方が伝わりやすいと思います。**have a prior agreement**（事前に合意を得ておく）やhave a prior consensus（コンセンサスをあらかじめ得ておく）の方が近いような気がしますよ。

なるほど。prepare behind the scenes（水面下で［舞台裏で］準備を進める）や manipulate（裏工作する）とまで言ってしまうと、「画策する」という意図的な感じが出てしまって、ちょっとやり過ぎなんですよね。

そうなんです。「根回し」は、あくまでも物事を円滑に進めるための事前整備ですから。他にもhave prior negotiations [adjustments]（事前に交渉［調整］しておく）など、「根回し」の内容によって具体的な語を使い分けるといいでしょう。

寝耳に水

故事・ことわざ
身体部位

思いがけない知らせや全く予期していない出来事に驚くこと

I **was caught entirely by surprise** when I heard Ms. Smith had left our company.

（スミスさんが退職したというニュースは、寝耳に水でした）

I never imagined such a thing would happen!（そんなことが起こるなんて予想もしていなかった！）と、不意の出来事にびっくり仰天する様子を指す表現ですね。ニュアンスとしては、**be caught by surprise**（不意打ちを食らう）という表現が近いです。さらに副詞**entirely**（完全に）を付けて、意外性や驚きの程度を強調してみましょう。I（私）ではなくものを主語に置いてThe news entirely caught me by surprise.と言うこともできます。

句動詞のthrow off ~（～をうろたえさせる）を使って、I was totally thrown off.と表現してもいいでしょう。

a bolt from[out of] the blue（青天のへきれき）というイディオムも適訳です。The news was a bolt from the blue.（そのニュースは青天のへきれき［寝耳に水］だった）のように言えます。「青空」（the blue）から「雷」（bolt）が落ちてくるという、予想だにしないシチュエーションです。

関連して、suddenlyよりもっと程度の強い「突然、いきなり」の言い表し方も覚えておきましょう。all of a suddenとout of the blueは日常会話で頻繁に登場する表現です。One day, out of the blue, Ms. Smith announced that she was leaving.（ある日、全く突然、スミスさんは退職すると言ってきた）のように、副詞として使います。

能面のような

無表情であること。表情の変化がない様子

Yesterday, she seemed to just put on **an expressionless face**.

（昨日の彼女は、感情が全く分からない能面のような表情でした）

　世界最古の舞台芸術として世界的に評価されつつある「能」に由来する表現です。能面が無表情なことから、「感情がうかがい知れない」という意味で使われるようになりました。「無表情さ」を表せる最も一般的な表現は、expressionless（無表情の）、emotionless（無感情の）です。シンプルに**an expressionless**[emotionless] **face**とするのがいいでしょう。「能面」特有の印象を醸し出すためにwhiteなどを付け足してみたいところですが、white faceは恐怖で青ざめた様子を表すときに使われる表現です。例えば、What's wrong? You look white as a ghost!（どうしたの？　幽霊みたいに真っ青になって！）といった具合に。

　「〔無表情で〕感情が読み取れない」ということを強調するなら、日本語にも定着しているpoker-faced（ポーカーフェースの、無表情の）も使えます。トランプのポーカーで対戦相手に表情を読まれないようにすることが由来となった語句です。can't read someone's mind from someone's face（人の表情から心の中を読み取れない）、あるいはThere's no clue as to what she is thinking.（彼女が何を考えているのか知る手掛かりがない）のように表現することもできます。

喉から手が出る

身体部位

欲しくてしょうがない。したくてしょうがない

A: Above all, the most important target is M Corp. in Seattle, a company with a solid performance record and a high reputation in the local market.
（中でも、最も重要なターゲットはシアトルのＭ社、堅実な経営実績で地元の評判も極めて高い会社です）

B: It's a target we **want badly** to reach.
（喉から手が出るほど欲しいところですね）

desperately（絶望するほど、心底）では悲壮感が漂っちゃいますかね。

I desperately need to get this homework done on time.（何が何でも期日通りにこの宿題を終わらせなくてはならない）のように切羽詰まった雰囲気で使うのが普通なので、少し違うかな。whatever it takes（なんとしてでも）やat all costs（どんな犠牲を払ってでも）も、まだちょっと悲壮感が漂っているし。

それなら**want ~ badly**はどうでしょう？ ここでのbadlyは「悪い」ではなく「非常に」という意味で、「欲しくて欲しくてしょうがない」というニュアンスが出せます。

いいですね。意味の近い表現にcrave（切望する、渇望する）がありますが、特に愛情や承認、あるいは食べ物など、根源的なものに対して使われるイメージです。あとは、カジュアルな場面であれば、I'm dying to ~（～をやりたくて仕方がない）を使うのも面白いんじゃないでしょうか？ dieというと大げさに聞こえますが、日本語の「死ぬほど～したい」と同じ感覚ですよ。I'm dying to go to the toilet.（死ぬほどトイレに行きたい）のように使えます。

喉元過ぎれば熱さを忘れる

故事・ことわざ
身体部位

苦しい経験も過ぎ去ってしまえば忘れる。

苦しいときに助けてもらった恩も、楽になったときには忘れてしまう

Hanako went through a lot to get that job done, but now it seems everything is fine. "**Danger past, God is forgotten.**"
（花子はあの仕事を仕上げるためにすごく苦労したけど、今は何もかもうまくいってるみたい。「喉元過ぎれば熱さを忘れる」だね）

Danger past and God is forgotten.（危機が去り、神は忘れられる）という英語のことわざがあるので、それが使えるでしょう。「せっかく神のご加護があってうまくいったのに、危機が過ぎたらそのことは忘れられてしまう」という意味です。

似た表現にVows made in storms are forgotten in calmer times.（嵐の中で立てられた誓いは、嵐が過ぎれば忘れ去られる）という表現もあります。どちらも、日本語の「苦しいときの神頼み」に近い感じです。

また、逆説的な言い方ですが、There are no atheists in foxholes. というフレーズも紹介しましょう。foxholeとは「壕（ごう）」（戦闘時に避難するための少人数用の防空壕）のことで、常に死と隣り合わせの戦地では誰一人として「無神論者」（atheist）はいない、つまり、危機的状況においては誰もが神にすがるという意味になります。

な

のべつ幕無し

同じ行為をひっきりなしに続けるさま。

手当たり次第に取り組むさま

A: We have roughly 50 acquisition targets nationwide, but as for this year's prime targets, we have narrowed them down to 10 clients.

（新規対象先は全国に50社程度ありますが、今期の重点先にはその中から10社に絞り込みました）

B: All right. We won't be effective if we go at it **randomly**.

（承知しました。のべつ幕無しに訪問しても効果はないでしょうから）

「手当たり次第」という意味ですから、一番近いのは**randomly**やat randomでしょうか？

そうですね。他にも、without a plan（計画なしに）、haphazardly（行き当たりばったりに）、willy-nilly（出たとこ勝負の）など、いろいろな表現が当てはまりそうです。

「途切れることなく」のニュアンスを出すにはどうしたらいいでしょう？　一番ストレートなのはnonstop（ノンストップの、ひっきりなしの）ですが。

nonstopとrandomlyは、同時に使うと意味が通じないみたいみたいです。「何かをし続ける」と「行き当たりばったり」に何の関係があるの？という感じの反応が返ってきて。上手にコミュニケーションを取る極意は「大事なところが大事に聞こえるように工夫する」ことです。ここはまずrandomlyがきちんと伝わればOKとしましょう。

のれんに腕押し

故事・ことわざ
身体部位

働き掛けても全く手ごたえや張り合いがないこと。

行動に対して、期待した反応や効果が得られないこと

A: I talked to Mr. Harada about it, but he didn't give me any advice.
（その件で原田さんに話をしたんですが、何の助言ももらえなかったんです）

B: I did**n't** think it would be **worth it**. I suggest you consult with Ms. Yamakawa instead.
（のれんに腕押しだったでしょう。代わりに山川さんに相談してはどうですか）

「無駄な努力をする」という意味のbeat the air[wind]（空気［風］を打つ）が近いと思いますが、もっと平易な英語（plain English）で言うとしたら**not worth it**[doing]でしょうか？

はい。文字通りwaste of effort（努力の無駄）と言ってもいいと思います。

もともとは、のれんと腕相撲をするように張り合いがない、というところからきていますが、「ぬかにくぎ」も似たような意味のことわざですね。

はい。柔らかいぬかにくぎを打つように「手ごたえがなく効き目がない」ということで、All is lost that is given to a fool.（愚か者に与えられるものは全て無駄になる）という英語のフレーズがあります。

282

場当たり的

前もって準備せず、その場の思いつきで間に合わせること

We would like to ask you to review your operational procedures for any sign of **haphazardness** to avoid any similar mistakes in the future.
（今後このようなミスが再発しないよう、運用手順に場当たり的なところがないか見直しをしていただきたいと思います）

tentative（一時的な）やtemporary（暫定的な）という語では「場当たり的」のネガティブなニュアンスが出にくいかもしれません。一番ぴったりくるのは、haphazard（行き当たりばったりの、無計画の）でしょう。Management can't be done in a haphazard way; we need a systematic method.（マネジメントは場当たり的では務まらない。体系化されたメソッドが不可欠だ）のように使えます。例文はこの名詞形**haphazardness**（計画性のなさ）を使って表現しています。

文脈によっては、short-term（短絡的な）が「場当たり的な」の意味になると思います。Short-term thinking has long-term repercussions.（場当たり的な考え方は、長い目で見ると悪影響をもたらす）のように使えます。

イディオムでは、shoot from the hip（腰から撃つ＝場当たり的な行動をする）というのがあります。西部劇で、ピストルを腰から抜いてすぐ撃つのを見たことがあるでしょう？　狙いを慎重に定めずに、後先考えずに撃つ（行う）というわけです。

倍返し

イマドキ

贈答に対して倍相当の返礼をすること。

転じて、相手の仕打ちに対して倍以上の報復をすること

A: Alex unexpectedly expressed disagreement when almost everyone else agreed. It's totally unacceptable.
（アレックスは皆が賛成しかけたときに突然反対してきたんです。絶対に受け入れられません）

B: He just wanted to disagree with our concept. Let's **strike back even harder** in the next meeting.
（単にコンセプトに反対したかっただけでしょう。次回のミーティングで倍返しといきましょう）

「仕返し」は英語でget back at ~といった言い方ができるでしょうが、そもそも「倍返し」という発想自体がピンとこないのでは？　賭博から来たdouble down on ~という表現はありますが、「～に倍賭けする」、転じて「強化する」という意味で使われます。「倍返し」とは異なります。

「倍返し」、これはテレビドラマ『半沢直樹』のせりふが小気味よかったですよね。宿敵の常務に対しては「百倍返し」などという過激なせりふもあったような。でも、pay you back 100 times moreと言っても通じません。

take revenge、get even with ~（～に仕返しする）のような表現は使えますね。あるいは、You'll pay for this.やI'll get you for this.（覚えとけよ、ただではおかないぞ）のように言うことができます。ここでのpayは「償いをする、罰を受ける」という意味です。

strike back even harder（さらに手ひどくやり返す）という表現も、ただ仕返しするだけじゃなくそれ以上の制裁を与えてやるぞ、というような、「倍返し」のニュアンスが出せますね。穏やかな表現ではないかもしれませんが。

身体部位

歯が浮く

(言葉などが)空々しい。わざとらしい。

いかにも演じているような

Few customers are fooled by **cheesy** compliments.
(歯が浮くようなお世辞にだまされるような顧客はほとんどいない)

「歯が浮く」は主に「歯が浮くような褒め言葉、お世辞」といった表現で登場しますが、ここでの「褒め言葉、お世辞」はcompliments(心からの褒め言葉)というよりはflattery(本心ではない[下心のある]お世辞)に近いでしょう。お世辞とは普通わざとらしく聞こえるものなので、flattery単体でもある程度は「歯の浮くようなせりふ」の意味合いを表せると思いますが、さらに形容詞の力を借りて、より細かいニュアンスを表現していきましょう。obvious flattery(見え透いたお世辞)と言えば、明らかにお世辞と分かるわざとらしさが伝わります。

また、cheesyという語は(安っぽい、陳腐な、わざとらしい)という意味の口語で、**cheesy** complimentsと言えばまさに「歯の浮くような褒め言葉」の意味になります(cheesyはflatteryよりもcomplimentsと結び付きやすいようです)。cheesy soap operaは「クサいメロドラマ」、cheesy linesは「〔芝居などの〕歯の浮くようなせりふ」です。

はじける

イマドキ

明るく元気に騒ぐ、大胆になる、羽目を外す

We **had a blast** at our favorite singer's concert yesterday!
（昨日、大好きなアーティストのコンサートで思いっきりはじけてきた！）

「はじける」にはThe popcorn has popped.（ポップコーンがはじける）のpop、The bubble economy has burst.（バブル経済がはじける）のburstなどがありますが、「羽目を外す」という意味合いの「はじける」を言い表すなら、ぜひ**have a blast**（思いきり楽しむ）を使ってみましょう。blastが「突風、爆発」という意味であることから、感情が瞬間的に大きく高ぶる様子を容易にイメージできると思います。これから楽しいイベントに行ってくる相手に対して、Have a blast!（楽しんで［はじけておいで］！）というように使うこともできます。

また、go wild（夢中になる、熱狂する）も日本語の「はじける」にかなり近いニュアンスです。もちろん、よりシンプルに形容詞awesomeやexcitingを使って、have an awesome[exciting] time（素晴らしい［刺激的な］ひとときを過ごす）のように表現してもOKです。

はしごを外される

仲間や味方に支援を打ち切られたために孤立し、窮地に陥いる

A: Our Middle-East project was rejected by the head office at the last minute. I couldn't believe it because they were very supportive in the beginning.
（中東プロジェクトは土壇場になって本社に却下されました。最初はあんなに協力的だったのに）

B: We felt like we **had the rug pulled out from under our feet**.
（あのときは完全にはしごを外されましたね）

簡潔に表現するとbe left in a difficult[embarrassing] position（難しい［厄介な］状況に立たされる）ということですよね。

はい、さらに「味方に見放されて」というニュアンスをプラスしたいところですね。leave ~ out in the cold（〜を疎外する、置いてけぼりにする）というのはどうでしょう？

似たような意味合いでは、leave ~ high and dry（高く空気の乾いたところに〜を置き去りにする）や、lurch（窮地）を使ったleave ~ in the lurch（〜を見捨てる、見殺しにする）というフレーズも思いつきます。

いいですね。他には**have the rug pulled out from under one's feet**.（足元からじゅうたんが引き抜かれる）というフレーズもあって、まさしく「はしごを外された」と同じ感覚です。文の中では、feel likeと組み合わせた方が使いやすいでしょう。

は

バズる

イマドキ

SNSなどを通じて、特定の話題が短期間に広がり、多くの人の耳目を集める

This video featuring beautiful nature scenes would **go viral** if posted on a sharing site.

（この自然の絶景を撮影した動画は、投稿されたら大いにバズるでしょうね）

「バズる」は英語のbuzz（ハチなどがブンブンと音を立てる）からきています。人々のうわさ話がハチの羽音に例えられることから、「〔うわさなどが〕飛び交う、〔うわさなどを〕広める」という意味が派生しました。With such a buzz on social media, no one can deny there is a movement for liberty in Hong Kong.（SNSでこれだけ取り上げられていたら、香港の自由化運動を誰も否定はできない）のように、自然に使われています。

このbuzzに「る」を付けて動詞としたのが日本語の「バズる」ですね。英語では**go viral**と言います。viralはvirus（ウイルス）の形容詞で、SNSやネット上の情報が急速に拡散していく様子を、ウイルスが瞬く間に広がっていくさまに重ねた表現です。特定の動画が拡散したというのであれば、That video is trending on Twitter.（この動画はツイッターでバズっている）、あるいは単にThat video went viral.（動画がバズった）でもOKです。また、拡散したツイートのことはviral tweetと呼びます。

肌感覚

身体部位

人が理屈ではなく肌で直接感じ取る雰囲気

I have a hunch that the price of this dress is just right.

（私の肌感覚から言うと、この洋服の値段は妥当です）

訳考

「肌感覚」という言葉そのものがまさに「感覚的な」日本語表現なので、いきなり英語に訳そうとするのではなく、まず意味の「明示化」によって語義の輪郭を捉えていきましょう。

単純に「私の感覚から言うと〜」なら、「私個人の視点［印象］」と解釈してPersonally, I think that ~や、It was my impression that ~などでいいと思います。ただ、「肌感覚」という言葉にはもっと理屈では説明できないような直感的なニュアンスが含まれますね。シンプルにthink（思う、考える）をfeel（感じる）に変えてI feel that ~やI have a feeling that ~と言うだけでもぐっと意味が近づきます。さらに掘り下げて**I have a hunch that ~**（なんだか〜という感じがする）、またはMy intuition[instinct] tells me that ~（私の経験に基づいた直感［本能的直感］では〜）と表現すると、だいぶ「肌感覚」のニュアンスがにじみ出てきます。

同じ文構造で、My gut tells me that ~（本能が私に〜と言っている、直感的に〜な気がする）という面白い頻出表現もあります。gutとは「はらわた、腸」のことで（☞p.247「断腸の思い」）、a gut feelingのように「〔本能的な〕直感、勘」を表します。まさに腹の底で本能的に感じるフィーリングを指す言葉ですね。

また、「現場の肌感覚」という言葉があるように、理屈ではなく長年の経験に基づいて勘を働かせることができる、という場合も該当するでしょう。そんなときはjudging from one's actual experience（実際の経験に基づいて）のように、あえて具体的に言い表す手もあります。

は

オノマトペ

バタバタ

忙しいさま。慌ただしく物事を行うさま。

手足を激しく動かすなどするさま

I've been **swamped** as usual.
（相変わらずバタバタしていますよ）

忙しく作業に追われ、落ち着かない様子を表した「バタバタ」という表現は、突き詰めるとbusyという言葉に集約されると思いますが、ここではボキャブラリーを増やしてみましょう。

まず、busyよりもっとbusyな状態は**swamped**（多忙極まりない）やhectic（目が回るように忙しい、せわしない）で表されます。常に追い立てられて目まぐるしく動き回り、焦りや興奮を伴う忙しさです。swampedはI'm swamped[super busy] today!（今日はめちゃくちゃ忙しい!）、I'm swamped[extremely busy] with work [a deadline].（仕事［締め切り］に追われてバタバタしている）のように、busyに強調の形容詞を付けた形と互換可能です。一方hecticは、Things were so hectic this week!（今週はかなりバタバタだった!）というように、ものを主語にとることに注意してください。

be tied up（忙しくて手が離せない）やhave one's hands full（手一杯だ）もよく使われる表現です。予定がパンパン、やらなければならないことが目白押しで、身動きが取れないイメージですね。誘いや依頼を断るときなどにSorry, I'm tied up till 6 P.M.（午後6時までスケジュールがビッシリなんだ＝バタバタなんだ）と言えます。

「バタバタ」という音を表すなら、例えばpatterという語があります。アメリカの詩人Henry Wadsworth Longfellowの詩の一節には、I hear in the chamber above me, the patter of little feet.（子どもが走り回る音が頭上の部屋から聞こえる）という表現が出てきます。pitter-patter of little feetとも言います。

手足をバタバタさせる、というのであれば、The baby is thrashing his arms and legs.（赤ちゃんが手足をバタバタ動かしている）というように説明的に表現します。

破竹の勢い

故事・ことわざ

勢いが激しくてとどめがたい快進撃。

成果や功績、活躍ぶりが目覚ましいこと

A: Have you heard about Y Corp. embarking on a new business?

(Y社が新事業に乗り出したって聞きましたか?)

B: No, I haven't. They seem to have **unstoppable momentum**.

(いいえ、初耳です。Y社は破竹の勢いのようですね)

似た言い回しに「飛ぶ鳥を落とす勢い」というのもありますよね。「目を見張るほどの勢い」と解釈して、show a remarkable performance (目を見張る業績を出している) というのはどうでしょう?

そうですね。さらに「誰にも止められないほどの勢いがある」というニュアンスをプラスして、Their performance is remarkable; they seem unstoppable. のように言えると思います。あるいは、momentum (勢い、機運) を使って**unstoppable momentum**とすると、まさに「とどめがたい快進撃」といった感じが表せます。

なるほど、まさにNo one can stop me! (おれを止められるやつはいない!) というわけですね。

そうです。他にはon a rollというフレーズもよく耳にしますね。「乗りに乗っている、絶好調」といった意味合いで、成功が続いている快進撃の状態です。They're on a roll! でまさに「破竹の勢いだね、波に乗っているね」ということになります。

波長が合う

考え方や感覚がよく似ている。気持ちや意思が通じ合う

A: Emma and Kate are often chatting in the lounge.
（エマとケイトはよく一緒に休憩室で話していますね）

B: They seem to **get along very well together**.
（あの二人は波長が合うみたいですよ）

「波長が合う」は、電波などが波打つリズムを人の心の状態に例えた言い方です。感覚・考え方のリズムが合うということなので、「うまくやっている」と考えるとget along（仲良くする）でしょうか？

get alongだけでも意味は通じますが、もう少し強調して**get along very well together**のように言うといいと思いますよ。

あと、have good chemistry（相性がいい）とも言えますね。chemistryには「化学反応〔のような不思議な作用〕」の他に「相性」という意味もあります（☞p.17「阿吽の呼吸」）。

はい。他に、hit it off（意気投合する）という表現もあります。出会ってすぐに仲良くなる感じです。日本語で「馬が合う」と言いますが、この慣用句も「波長が合う」と同様、get alongやhit it offなどで言い表すことができます。

ハッパを掛ける

相手に気合を入れるために、

力強い言葉で激励したり鼓舞したりする

When my boss, who has been through a lot, **urges** me to do something, I can't help but give it all I've got.

（あの苦労人の上司から何とかするようハッパをかけられたら、頑張らざるを得ない）

訳考

「ハッパ〔発破〕」とは土木工事などでダイナマイトを使って障害物や建物を「爆破する」（blast）ことなので、この言葉から想起される力強さや勢いをうまく英語で表現したいところです。「強く促す、気持ちを駆り立てる」という意味の**urge**は、encourage（励ます、鼓舞する）よりさらに強いニュアンスで、まさに「ハッパをかける」に近い語感の言葉だと思います。

また、「気合を入れる、喝を入れる」と解釈し、psych ~ up（～の気持ちを高める）やpump up ~（～にやる気を注入する）と言ってもいいでしょう。psychは「心の準備をさせる」という意味の動詞で、pump upはもともと「タイヤなどに空気を入れる」という意味です。

「〔言葉や行動によって〕プレッシャーをかける」と解釈すれば、put pressure on ~（～にプレッシャーをかける）で表現することもできるでしょう。

四字熟語

八方美人

誰からもよく思われようと、如才なく振る舞うこと。

〔皮肉を込めて用いられることが多い〕

A: I don't think she is particularly capable, but she seems to be getting along with her colleagues.
（彼女は特段仕事ができるとは思わないけど、同僚とはうまくやってるみたいだね）

B: You know her. She always **tries to please everybody**.
（彼女を分かってるね。八方美人なんだ）

訳考

喜ばせる（please）を使って、be good at pleasing everybody（みんなを喜ばせるのがうまい）とか**try to please everybody**（みんなを喜ばせようとする）とすると、「誰にでもいい顔をする」というネガティブなニュアンスが伝わるでしょうか？

違う言い方としては、try to be all things to all people というのもあります。「全ての人にとっての全てであろうとする」、つまり「みんなに気に入られようとする」という意味です。

いわば「全方位外交」ですよね。人とあつれきを生まないようにするのは必ずしも悪いことではありませんが、大事な信用を失ってしまったら元も子もありません。

「全方位外交」の直訳はomnidirectional diplomacyですが、あまりピンとこないかもしれません。ただ、形容詞のdiplomaticは、人について用いると「如才ない、駆け引きがうまい」という意味になります。

早い者勝ち

人よりも先に物事をした者が利益を得ること

A: Look! It's written here: This offer is limited to the first 100 customers.

（見て！　ここに書いてある。「このオファーは先着100名様に限らせていただきます」って）

B: **First come, first served.** Let's apply now!

（早い者勝ちだね。さっそく申し込もう！）

「早い者勝ち、先着順」は説明調にCustomers will be served in the order of arrival.（客は先着順に応対される）と言い表すことも可能ですが、**First come, first served.**というフレーズが対訳としてすでに定着していますね。丁寧な言い方はIt's on a first-come, first-served basis.です。

別の解釈として、You should hurry up and apply or it will sell out.（早く応募しないと空きがなくなります）という言い方もできます。

ところで、先着順を勝ち取るために朝早くから列に並ぶ人たちもいますよね。このようなところから、「早い者勝ち」を「早起きすれば得ができる」というふうに捉えて、The early bird gets[catches] the worm.（早起きは三文の得）ということわざで表現することもありますよ。

面白いですね。ちなみに「数量限定、売り切れ次第終了」はbe available in limited quantityです。

腹が据わっている

身体部位

物事に動じない。度胸が据わっている

The general manager **has the guts** to stand up to the president.
（社長に立ち向かっていくなんて、部長は腹が据わっている）

「困難な状況にも動じず、常に落ち着いて行動できる」人のことですね。remain[stay] calm（落ち着いている）を使って、He remains[stays] calm under any circumstances.（彼はどんな状況でも落ち着いている）で十分問題ないですが、ここは日本語の「腹、肝」の語感に合わせてぜひgutという語を使ってみましょう。

「肌感覚」（☞p.303）でも触れましたが、gutは「〔本能的な〕直感、勘」を表したり、あるいは「〔根源的な〕胆力、度胸」を指すこともある語です。**have the guts**で「腹が据わっている、度胸がある」という意味になり、どっしりと構えているイメージが伝わります。日本語の「ガッツがある〔根性がある、簡単にはへこたれない〕」とも共通する部分があるでしょう。

また、faze（困難な状況下で慌てさせる、まごつかせる）やrattle（～を慌てさせる、平静さを失わせる）を使っても自然に表現できます。He never gets fazed[rattled] by anything.で「彼は何事にも動じず、落ち着いている」という意味になります。

腹の探り合い

身体部位

お互いに相手の意中をうかがい知ろうとすること

A: What do you think is their bottom line in terms of acquisition price?
（買収価格に対して、彼らの最低ラインはどの辺だと思いますか？）

B: I wish I knew. The point is both parties are **trying to probe each other's real intentions** first.
（それが分かればいいんですが。要は、腹の探り合いってところですかね）

「探る」という日本語を元に考えると動詞はprobeが思いつきますが、「腹」をどのように言うか、ですね。

「月面探査機」ならprobe the lunar surfaceですが、probe someone's abdomenのように言ったら、内視鏡検査でも受けるの？と勘違いされそう（笑）。

文字通りabdomen（腹部、腹腔）を探るわけではなく、「相手の考えをうかがい知ろうとする」ということですよね。ならば、探る対象をintentionsにして、**try to probe each other's real intentions**（お互いの本心を探ろうとする）とすればいいのでは？

そうですね。動詞はprobeの代わりにfind outでもいいと思います。また、「お互い」とはっきり言う必要がない場合には、try to find out someone's real intention（人の本心を知ろうとする）、try to find out what someone has in mind（人の考えていることを知ろうとする）のように言うのもいいと思います。

オノマトペ

ハラハラ

成り行きを心配して気をもむさま

I had been feeling **nervous** until I signed the contract.
（契約書にサインするまでハラハラしましたよ）

同義語「ヒヤヒヤ」とともに、「物事が無事に終わるまで、心配で落ち着かない」感じですね。be worried（心配な）ではちょっと足りない。不安で落ち着かない気持ちを伝えるには**nervous**やanxious、uneasyなどの語がしっくりくるでしょう。「胃が痛い」（☞p.38）や「キュンキュンする」（☞p.131）で触れたhave butterflies in one's stomach（ソワソワして居心地が悪い、ハラハラする）も、近い意味で使えます。

have one's heart in one's mouth（心臓が飛び出しそうなほどドキドキ［ビクビク・ハラハラ］する）というイディオムは、不安・驚き・興奮などの程度が非常に強く、「生きた心地がしない」くらいの意味合いです。この場合のハラハラはupset（動揺する）に近いでしょう。

不安な「ハラハラ」だけではなく、映画のアクションシーンや小説のストーリー展開にハラハラドキドキすることもありますね。そんなときはthrilled（緊張［興奮］している）を使って、The story made me thrilled and excited!（ハラハラドキドキで面白い物語だった！）のように言えます。また、主に映画の感想でよく用いられるI was (sitting) on the edge of my seat.というフレーズは、思わず椅子から腰が浮きそうになるほど魅了されてのめりこんでいる状態です。「手に汗握る、息をするのも忘れる」ようなハラハラドキドキ感ですね。

腹をくくる

身体部位

覚悟を決める

A: If not 10 percent, could you come to a figure close to that?
(10パーセントとまではいかなくても、それに近い数字は出せませんか?)

B: All right. We **are willing to settle** on an 8 percent margin.
(分かりました。8パーセントで腹をくくることにしましょう)

be embraced for ~ (～の心の準備をする) としてはどうでしょう?

うーん、それだと、何か大変なことが起こりそうなときに心の準備をするという意味になってしまいます。前向きな「よーし、思い切って」のニュアンスをもっと出したいですね。

では、make up my mind to settle on an 8 percent marginはどうでしょう? make up one's mind (決心する) やset one's mind on ~ (～に覚悟を決める) は、得たいものや達成したい目的のために、ある行動を起こすことを固く決意するという意味合いなので、「腹をくくる」感じが表せるのではないでしょうか?

Once she sets her mind on her business, there's no stopping her. (仕事に専念するといったん腹をくくると、何事も彼女を止められなかった) というような具合ですね。いいと思います。この例文においては、「よし、それではきつい条件も進んでのもうじゃないか」という前向きな覚悟なので、We **are willing to settle** on an 8 percent marginのように、be willing to ~ (進んで～する、いとわずに～する) を使うとさらにしっくりきますね。

針のむしろ

故事・ことわざ

非難や批判にさらされて、いたたまれないさま。

周囲から冷遇され、気の休まることのないさま

A: You don't look very well. Did anything happen at your workplace?

（元気ないね。職場で何かあったの？）

B: I upset one of our regular customers yesterday. I **was strongly criticized** by all my colleagues.

（昨日、常連客を怒らせてしまって。同僚から針のむしろ状態なんだ）

bed of needles[nails]（針の寝床）とか sitting on thorns（とげの上に座る）でも状況は伝わるとは思いますが。

あえて直訳することで、異文化の雰囲気を伝え、その言語の持つ表現を楽しんでもらうということはあり得ますね。

他にも、pillory（さらし台）という名詞があって、これが動詞では be pilloried（公衆の面前でさらし者にされる）という意味になります。でも、実際にはあまり使われているのを聞いたことがありません。

そうですね。この場合、一番無難に意味が伝わるのは、be blamed strongly（強い非難を受ける）、もしくは **be strongly criticized**（強く批判される）といったシンプルな言い方でしょう。

は

バリバリの

オノマトペ

仕事などを精力的にこなすさま。

第一線で活躍するさま。正統派

She is **in the frontline** as a qualified accountant.
（彼女は資格を持ったバリバリの会計士ですよ）

「バリバリの」という言葉からは、「第一線で精力的に活躍している」イメージが連想されます。「第一線の、最先端の」という意味の**in the frontline**という語がふさわしいでしょう。また、文脈によっては「〔人、組織、ブランドなどが〕世間に認められている」という意味のestablishedを使ってShe is an established qualified accountant.のように言い表すこともできるでしょう。

「精力的にバリバリと仕事をこなす」なら、energetic（精力的な）やvigorous（はつらつとした）を使ってHe is a very energetic[vigorous] businessperson.（彼はバリバリのビジネスパーソンだ）のように言えます。

「80歳でもまだまだ現役バリバリだ」なら、よく聞く言い方としては、still going strong（壮健である、元気にやっている、まだ大丈夫である）という表現があります。これを使ってShe is still going strong at 80 years old.のように言い表せます。

あるいは「バリバリの大阪弁を話す」ということであれば、speak with a distinctively strong Osaka accent（はっきりとした大阪弁のアクセントで話す）でニュアンスが伝わるでしょう。

万人受け

誰からも好評を得られ、人気があること

A: This event will definitely be well-received by the young, but I'm not sure about the elderly people.
（このイベントは若者には間違いなく受けるだろうけど、年配者にはどうかなぁ）

B: The event does not necessarily have to be **popular with everyone**.
（イベントは必ずしも万人受けしなくていいんです）

please everyone（皆を喜ばせる）が一番簡単でしょうか。「八方美人」（☞p.308）で紹介したフレーズに似ていますが、「万人受け」は物事について使うことが多い気がします。

はい。あるいは**popular with everyone**が使えるでしょう。popular（人気がある）は、例えば音楽や映画、小説や洋服などいろいろなものに使えます。

be liked by men and women of all ages（老若男女に好まれる）と言い換えることもできますね。「老若男女」にはmen and women, young and old alikeという表現もあります。

appealing to everybody（全ての人に訴えかける）という言い方もあります。appealingは「魅力的な、訴求力がある」という意味です。be popular with[be liked by] people from all walks of lifeというのも「万人受け」の意味で使えますね。all walks of lifeというのは、「あらゆる階層［種類］の人々、老若男女」、つまり全ての人という意味合いのイディオムです。

半端ない

イマドキ

中途半端ではなく徹底している様子。ものすごい

It was thanks to his **awesome** performance that the team was able to win the championship.
（チームが優勝できたのは、彼の半端ないパフォーマンスがあったからだよ）

「大迫、半端ないって」。2018年FIFAワールドカップロシア大会で活躍した大迫勇也選手を形容したこの表現は、世間の話題をさらいました。英語メディアで彼は次のように紹介されていました。His performances are often described as *hampanai* or, with extra emphasis, *hampanaitte*, a Japanese expression meaning "awesome" or "incredible."（彼のパフォーマンスは「半端ない」、あるいは特に強調した言い方で「半端ないって」と言われている。これは英語のawesomeあるいはincredibleに当たる日本語表現だ）。この言葉はロシアワールドカップの記憶としてずっと語り継がれそうですね。

awesome（素晴らしい）やincredible（信じがたいほどの）に副詞absolutely、extremelyを付けてさらに「半端なさ」を強調してもよいですし、他にもoutstanding（際立っている）、astonishing（驚くべき）などの形容詞も使えます。また、like no other（比類ない、唯一無二の ☞p.99「かけがえのない」）を使ってHe[His performance] is like no other!（彼は他にいないくらい半端ない！）と言うこともできるでしょう。

は

オノマトペ

ビシバシ

厳しく、容赦なく

The judo coach **whipped** all his students **into shape** before the tournament, and they all did very well.
（その柔道の指導者はトーナメントの前に生徒全員をビシバシ鍛え、皆見事な成績をおさめた）

例文は「コーチによる愛のムチ」といった感じのポジティブな意味の「ビシバシ」なので、**whip ~ into shape**（～を鍛えて望ましい形に仕上げる）というイディオムを使ってみました。whipは名詞で「むち」、動詞で「むちで打つ、励まして元気付ける」という意味です。

ネガティブな意味の場合は、「手心を加えずに容赦なく」と解釈すると、severely（厳しく）やrelentlessly（容赦なく）といった副詞に動詞のtrain（鍛える）と組み合わせて言い表すことができます。

また、hold back（遠慮する）とpull one's punches（手加減する）も、I don't hold back.、I don't pull any punches.のように否定形にすれば、「手加減しないぞ、ビシバシやるぞ」という感じが出せます。特にpull one's punchesは批判などを手加減したり、角が立たないように言葉に気を付けるという場合によく使われるので、「もっとビシバシ言ってやって」ならまさにDon't pull your punches.で言い表せます。

「違反行為をビシバシと取り締まる」なら、crack down hard on ~（～を厳しく取り締まる）が訳語として定着しています。The police are cracking down hard on violators.（警察が違反者をビシバシと取り締まっている）のように表現できます。

秘蔵っ子

とても大事にかわいがっている子。
大切にして目をかけている弟子や部下

A: Mr. Sato is instructing Julie in the art of flower arranging with great enthusiasm.
(佐藤先生はジュリーに生け花をずいぶん熱心に教えているね)

B: Yes. She is one of his **favorite apprentices**.
(うん。彼女は先生の秘蔵っ子の一人だから)

訳考

「大事にされている」というニュアンスを出したいですね。形容詞としてはtreasuredやcherishedが思い浮かびます。

大切にされている感じが伝わってきますが、カジュアルに言うなら**favorite**（お気に入りの）でも十分ですよ。ちなみに、フランス語から来た英語でprotégéという語があります。パトロンや師匠から庇護や教えを受けている人を指す語なので、これも使えます。女性形の場合は語末にeが付いてprotégéeとなります。

「師匠」はmaster、「弟子」はdiscipleでいいですか？

ネイティブはその語を聞くと、「イエス・キリスト」（the Master）と「その弟子たち」（his disciples）みたいな、宗教指導者と弟子の関係を思い浮かべるようです。伝統工芸や美術といった分野における弟子なら、**apprentice**（徒弟）を使いましょう。「師匠」はあえて言うならteacherやinstructorでしょうが、masterはよほどのことでなければ使わないようです。

人聞きが悪い

人が聞いたら、悪評が立つだろうと思われるさま

A: You made Sophie drink alcohol at the dinner party yesterday.
（昨晩の宴会でソフィーにお酒を強要したでしょう）

B: Don't say things like that. It **makes me look bad**.
（そんなふうに言わないでほしいな。人聞きが悪いよ）

make ~ look bad（～の印象を悪くする）、give people a wrong idea about ~（～について誤解を与える）といった感じでしょうか？

世間の聞こえが悪くてbad reputation（悪評）が立つことを気にする表現なので、It will cause a bad reputation for me.（私の悪評になる）のように言うこともできます。

人を悪しざまに言うと、結局は自分自身の評価を下げることになりますよね。Out of the mouth comes evil.（口は災いのもと）という言い方もあるくらいです。

いたずらにtalk badly of ~（～の悪口を言う）のは、考えものですね。

一筋縄ではいかない

普通のやり方では通用しない

A: We must also bear in mind that price negotiating here is a bit different from the Western way.
（ここでの価格交渉は欧米のやり方とは少し違うことも覚悟しなければなりません）

B: We can do it if we are aware that they are **tough** clients.
（一筋縄ではいかない相手であることを認識していれば大丈夫ですよ）

突き詰めると「簡単には通用しない」ということですよね。シンプルですが、not easy[straightforward] to deal with と言うのがぴったりくると思うのですが。

うーん、確かに意味は伝わりますが、もうひとひねりしてみましょうか。「一筋縄ではいかない」には「手ごわい」のニュアンスもあるので、**tough**（大変な）やformidable（手に負えない、恐るべき）、あるいはstubborn（頑固な、扱いにくい）といった語を使ってみるのはどうでしょう？

確かに、形容詞を工夫するだけで表情が出てきますね。例文の場合は「一筋縄ではいかない相手」ですからtough [formidable, stubborn] opponentですね。

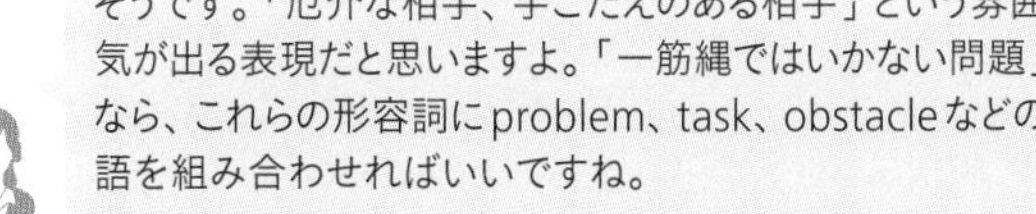

そうです。「厄介な相手、手ごたえのある相手」という雰囲気が出る表現だと思いますよ。「一筋縄ではいかない問題」なら、これらの形容詞にproblem、task、obstacleなどの語を組み合わせればいいですね。

独り勝ち

皆が負け、一人だけが圧倒的に勝利すること。
企業やチームなどが競争相手を引き離し、
好調に独走している状況

A: Regarding the best social contribution award, ABC Corporation's activities in Africa seem to have received overwhelming support.
(今回の社会貢献最優秀賞は、ABC社のアフリカでの活動に圧倒的な支持が集まったようです)

B: That was truly **an overwhelming victory**. We have to admit that their activities are very impressive.
(まさに独り勝ちですね。素晴らしい活動であることは認めざるを得ません)

「圧勝」と考えるとan overwhelming victoryでしょうか？ overwhelmingは、他を大きく圧倒するというイメージです。

いいですね。また、文字通り「勝者が一人だけ」という場合には、sole victor（唯一の勝者）という言い方もあります。

説明的に「独走している」と言うなら、leave the rest far behind（他を大きく引き離す）、be far ahead of（独走する）などの表現が使えますね。

ちなみに、選挙での「圧勝」には、landslide victory（地滑り的勝利）という決まった言い方があります。時事英語表現として覚えておくといいでしょう。

日の当たらない

恵まれた地位や環境でない。注目されない。

脚光を浴びない

A: In terms of human resource management, what do you think is the most important issue to be solved at present?
（人事の面で、今解決すべき最重要事項は何だと思う？）

B: We should think of how to motivate those who **are not in the spotlight** at the moment.
（今、日の当たっていない人たちにどうやってやる気を起こさせるか、ですね）

「縁の下の力持ち」と違って「日の当たらない」はネガティブな感じですね。「注目を浴びている」はbe in the spotlightですから、「日の当たらない」は**be not in the spotlight**でしょうか？

そうですね。文字通りの意味の「日なたで」と「日陰で」はin the sun、in the shadeと言いますが、これらはそのまま比喩表現にも使えます。例えばHis brother's success put him in the shade.（彼の兄弟の成功が彼を日陰に追いやった）のような感じです。

関連して「日の目を見ない」という表現もありますが、これもlightやshadeを使って表せるのでしょうか？

計画、文書、芸術作品などが「日の目を見ない」という場合にはnot see the light of dayと言い表せます（☞p.76「お蔵入り」）。see the light of dayで「今まで埋もれていたものが掘り起こされて光を浴びる、日の目を見る」という意味合いなので、その逆ですね。

は

火の粉がかかる

争い事の巻き添えを食い、不利益を被る

A: The general manager of your department and the material division are butting heads over the budget again.
（君の部の部長と資材部はまた予算のことでもめているね）

B: Here we go again. In any case, I've got to avoid any **fallout affecting** my department.
（また始まったんだ。いずれにしても、うちの部に火の粉がかからないようにしないといけない）

訳考

「火の粉がかかる」は、直訳してbe showered with sparksでも通じないことはないでしょうけど。

そうですね。でも言わんとするのは「とばっちりがくる」ということですよね。世界の紛争のニュースでよく出てくる「巻き添え被害」という意味の表現が使えるかも。

なるほど、collateral damageですか？

うーん、でも、軍事行動による一般市民の巻き添えを意味する語なので、やっぱり強過ぎるかな。ここは会話ですから、**fallout** (that) **affects ~**（～に影響する副産物、～への副次的な影響）を使って、もう少し柔らかくいきましょうか。もしくはシンプルに考えて、get involved in ~（問題などに巻き込まれる）を「火の粉がかかる」と解釈してもいいかもしれません。

は

火花を散らす

激しく口論する。勝敗を巡って互いに激しく争う

A: In today's meeting, neither side compromised easily.
（今日のミーティングでは、双方とも簡単には譲りませんでした）

B: Their differing views **sparked an argument**.
（異なる見解で火花を散らす議論になりましたね）

shoot[throw] sparks（火花を散らす）よりは、sparkを動詞として使って、**spark an argument**[a discussion]（激しい議論を引き起こす）のように表現した方が分かりやすいでしょうか？

そうですね。heated argument[discussion]（白熱した議論）という言い方も自然ですが、sparkの方がよりバチバチとした激しさが伝わりますね。

「口論する」（argue）という点に焦点を当てると、他にもbe at each other's throats（激しく口論する）あるいはbutt heads（頭突きをする＝衝突する、言い争う）などの言い方が思い浮かびます。口論に限らず、「火花を散らして争う、しのぎを削る」のような場合には、どう言えばいいでしょう？

ライバル同士が勝利や覇権を巡って激しく競い合う場合には、fight[compete] over ~「～を巡って争う、競う」と言えます。そこにfiercelyなどの副詞を付けるとさらに「火花を散らす」感覚が強まります。

微妙

イマドキ

きわどくてどちらとも言い切れない。何とも言いがたい。

いまひとつ良くないことの婉曲表現

This is not to everyone's taste, so it's **debatable** whether it will be liked by everyone in the country.

(これは万人向きではないので、その国で誰からもこの味が好まれるかどうかは微妙なところです)

touchy issueと言ってしまうと「厄介な問題、きわどい問題」というように「取り扱うのが面倒である」というニュアンスが強くなるので、**debatable**(議論の余地がある)、uncertain(不確かな、はっきりしない)などの語で婉曲に表現するのがいいでしょう。

また、くだけた表現ですがiffy(まだはっきりしていない、不確かな)という形容詞も「微妙」の意味に近いです。接続詞ifに接尾辞yが付いた形で、どちらに転ぶか見極めが難しいあいまいな状況を指す言葉です。

冷や汗

恥ずかしいときや、恐ろしいときにかく汗

A: Now that your sales network has expanded worldwide, use of the English language has become a must in your daily routine, hasn't it?

（これだけ世界中に販路が広がると、英語が日々必要になってきたのではないですか？）

B: That's right. I always break out **in a cold sweat** while in meetings.

（そうなんです。ミーティングではいつも冷や汗の連続ですよ）

形容詞一つで近い表現を探すならupset（動揺する、ヒヤヒヤする）でしょうが、「冷や汗」はそのまま**in a cold sweat**と言えてしまいますね。I'm always in a cold sweat during meetings.のように。

スリラーやサスペンス小説を読んでいると、この表現はよく出てきますね。I woke up from the nightmare in a cold sweat.（冷や汗をびっしょりかいて悪夢から目覚めた）とか。

break out（突発する、発生する）という句動詞はSweat broke out on my forehead.（額に汗が吹き出てきた）のような使い方をしますから、a cold sweatとも組み合わせられるのでは？

はい。break out in a cold sweat（冷や汗が吹き出る）のような言い方は確かに自然です。また、get into a cold sweatと言うこともありますよ。

180度変わる

それまでの生き方や考え方などが、がらっと変わること

A: It's been about three years since you came to Bangkok. How's life here?
（バンコクに来て3年くらい経ちますよね。生活はいかがですか？）

B: I'm doing fine, thank you. My vision of life has **changed 180 degrees** through living in Thailand.
（お陰様で元気にやっています。タイに住むことで人生観が180度変わりましたよ）

訳考

turn upside down（上下逆さまにする、ひっくり返る）だと混乱しているような含みがありますよね。大きな変化ですから、transform（変革させる）はどうでしょうか？

Living in Thailand has transformed my vision of life.（タイでの生活が人生観の転換になった）は申し分ない表現です。でも、実は直訳の**change**[turn around] **180 degrees**という言い方も結構自然に使われます。

日本語の「180度変わる」と共通したイメージが面白いですね。do[take] a 180 degree turn（☞p.259「手のひらを返す」）を使うなら、My life took a 180 degree turn.（私の人生は180度変わった）のように言うこともできるでしょう。

はい。他にも、a turnabout in my life（人生の大転機）のように、価値観や方針が劇的に変わることはturnabout一語で表すことができます。a career turnaround（キャリアの大転換）のようにturnaroundを使ってもいいでしょう。

は

四字熟語

百発百中

全て目標通りにいくこと

A: The New York area is extremely competitive, as ever.
（ニューヨークは相変わらず激戦区ですね）

B: We have to live with it. We should still keep on trying even if we don't **have a 100 percent success rate** in selling.
（仕方ありません。百発百中の顧客獲得というわけにはいかなくても、挑み続けなければ）

「百発百中」は、直訳するとalways hit the target（常に狙った位置に命中する）となりますが。

hit[meet, reach] a targetで「目標を達成する」の意味になりますから、文脈によってはWe can't always hit the target.（毎回目標を達成できるとは限らない＝百発百中とは限らない）のように解釈できる場合もありそうですね。「百発百中」を「失敗しない、的確である」のように解釈すると、さらに訳の幅が広がるのではないでしょうか？

そうするとnever fail（失敗しない）やright on（的確である）といった表現が思い浮かびますね。「百発百中でホームランを打つ」「百発百中で言い当てる」などは英語で、He never fails to hit a home run.、His comments are right on.のように言えます。

はい。あるいは、ずばりそのままですが、**have a 100 percent success rate**（100パーセントの確率で成功できる）という言い方も自然になされるようです。例文のようにin ~ing（～において）を付けたり、後にwhen it comes to ~（～のこととなると、～においては）と続けてもいいですね。

は

平謝り

ひたすら謝ること

A: A friend of mine advised me that the best way to maintain good relationships in Japan is to say "Sumimasen."

（日本で良好な人間関係を保つには「すみません」と言うのが一番、と友人に教わったんだ）

B: I don't believe in **making flat-out apologies** for no reason.

（訳もなく平謝りする、なんてどうかと思うけど）

土下座して謝ったり、許しを請うて平身低頭したり、といった日本特有の文化は、今ではずいぶん廃れてきたように思いますが、それでも全面的に「平謝り」しなければならないシーンはありますよね。

相手に大きな迷惑をかけてしまったとき、とにかく頭を下げてひたすら謝る、というのが日本的な感じですね。**make a flat-out apology**（全面的に謝罪する）という表現で、「ひたすら」の雰囲気が出せると思います。

土下座とはいかないまでも、頭を何度も下げて謝る光景は目にします。bow（頭を下げる、お辞儀する）を使って、bow over and over again while apologizing（何度も何度も頭を下げながら謝る）のようにも言えるでしょうか？

それはかなり「ぺこぺこ謝る」という感じがしますね。to indicate how sorry you are（どれだけ申し訳ないと思っているかを示すために）ということならありかもしれません。

便乗する

自分に都合の良い機会を捉えてうまく利用すること

A: A friend of mine started a drone-related business, but he's having a difficult time.
（ある友人がドローン関連の会社を立ち上げたんですが、苦労しているみたいです）

B: It may not be as easy as you think to make money by **jumping on the bandwagon**.
（流れに便乗して一儲けするのは大変かもしれませんね）

jump on the bandwagon（流行［時流］に乗る）はビジネスでもよく使います。これが一番近いかな。

ビジネススクールに行っていたとき、株価の熱狂を扱った授業で何度もjump on the bandwagonという表現が出てきました。これは、政治家が宣伝に利用した派手な「楽隊車」（bandwagon）に大衆がつられていく様子に由来するそうです。ルーズベルト大統領が書簡でこの表現を用いたことでも知られています。

「人の人気や影響力に便乗する」という場合であれば、ride on someone's coattailsという表現もあるようです。coattailは、燕尾服のように上着の裾が2つに分かれている部分を指します。

面白いですね。「便乗値上げ」という場合には、price gougingという経済用語がよく使われていますね。gougeは「不当に高過ぎる値段を付ける」という意味です。

は

貧乏くじを引く

不利益なくじを引く。損な役回りになる

A: Speaking of Indonesia, the project you're involved in looks extremely tough.
（インドネシアといえば、今度関わっているプロジェクトはずいぶん大変そうですね）

B: To tell you the truth, I feel like I **was assigned to do the dirty work**.
（正直言うと、貧乏くじを引かされた気分ですよ）

つまらない仕事をさせられるときに、draw the short straw（損な役割を担わされる）と言います。

日本語の「くじを引く」に当たるdrawが入っているので、その表現を使うのも面白いかもしれませんね。

short straw（短いわら）が「はずれ」というのも面白い発想ですよね。平易な言い方をするなら**be assigned to do the dirty work**（嫌な仕事を任じられる）でしょうか？

どれに当たるか分からないのがくじ引きですが、もし例文の話が意図的な配置だとすれば、そのようにストレートに表現した方が伝わるでしょう。また、「嫌な仕事」にはunpleasant workという言い方もありますが、be assigned toと一緒には使わないようです。

ファインプレー

スポーツ

時を得た見事な行動。うまく処理すること

Your **fantastic play** saved the day.
（君のファインプレーのおかげで助かったよ）

訳考

野球用語としての「ファインプレー」は英語だと主にbeautiful catchと呼ばれますが、fine playという言葉自体は、「見事なプレー」という意味で野球に限らずスポーツ全般で使われています。fine以外にも、good、nice、brilliant、spectacularなど、さまざまな形容詞が当てられます。

例文のような状況でもfine playを使うことは可能ですが、**fantastic play**を使うと「素晴らしい」という感じをより出すことができるでしょう。

フォローする

イマドキ

支援する。他の足りないところや仕損じたところを後から補う。

〔SNSで〕人のアカウントをフォローする

We need to have someone **support** us to make a comeback.

（ここは誰かがフォローしてくれないと劣勢を挽回できません）

英語のfollowには「〔人を〕カバーして助ける、フォローする」という意味はありません。このようなときは、奇をてらわずにhelp（助ける）や**support**（支援する）を当てるのがベストでしょう。

フォローと一口に言っても、さまざまな形がありますね。不在時などに一時的に仕事を代わってもらったり穴埋めをしてもらったりする意味の「フォロー」には、cover for ~（～の代わりをする）やstand in for ~（～の代理を務める）が使えます。Go and get some lunch. I'll cover for you.（お昼食べておいで、フォローしておくから）、Can you stand in for me at the meeting next week?（来週の会議、代わってもらえない？）のように言えます。

「仕事を引き継いでフォローする」ということであれば、take over from[for] ~（～の後［役目］を継ぐ）という表現が当てはまります。「金銭面での援助」という意味合いなら、bail ~ outという言い方があります。bailは動詞で「～を〔特に経済的な困難から〕救い出す」という意味です。

なお、SNSで使われる「フォローする」は、英語のfollowからきているので、follow someone's account（人のアカウントをフォローする）のように使うことができます。

不可抗力

四字熟語

人の力ではどうすることもできないこと

A: You seem to have told them that, as it had happened because of a software bug, there was nothing you could do about it.

（ソフトウエアにバグがあったのが原因だから仕方がないとの説明をなさったようですが）

B: I just wanted to explain our position, and I wasn't trying to imply that it was **inevitable**.

（あくまで事情を説明しただけで、不可抗力だったと言うつもりはありませんでした）

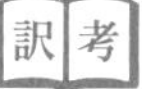

法律の世界では、「天災」(natural disaster)、「戦争」(war) などを称してforce majeure (不可抗力) とかact of God (神の仕業) と言います。

「不可抗力」は「避けられない」ということなので、**inevitable** (防ぎようがない)、accidental (偶発的、想定外の)、unavoidable (避けられない) などの語がふさわしいと思います。

なるほど。あるいは、「われわれの責任ではない」と解釈し、not responsible for ~ (～に責任はない) と言うこともできるでしょうか？

文脈によっては、有効な方法だと思います。例文の場合ならI wasn't trying to imply that we weren't responsible for the problem.となりますね。

二つ返事

快く、すぐに承知すること

A: By the way, how are things in other divisions? Is the project in Thailand going well?
（ところで、他の部の状況はどう？　タイのプロジェクトは順調に進んでいる？）

B: Z Corp. **is eager to** take part in it.
（Z社は、二つ返事でプロジェクトに参画すると言ってきたよ）

訳考

「二つ返事」は「気持ちよく、快く承諾する」と解釈できるので、eagerlyやreadilyといった副詞を活用したいですね。

eagerly[readily] accepted taking part in the project（プロジェクトへの参加を快諾した）ということですね。あるいは**be eager to ~**（しきりに〜したがっている）を使うと、よりこなれた感じがしますし、もっと積極的に参加したがっている感じが出ます。

なるほど。be willing to ~（喜んで〜する、進んで〜する）でも近いニュアンスが出せますね。

そうですね。他にはmore than happy to ~（喜んで〜する、〜できて大変うれしい）というフレーズも使えそうです。「二つ返事」って、どうも犬がしっぽをぶんぶん振ってYes! Yes!と飛びついてきてくれるイメージなんですが、このmore than happy to ~もそんな雰囲気があるなと思います。

二股を掛ける

身体部位

二つのうち一つを選択しようとせず、
両方に同時に関わり続けること。
主に恋愛関係で複数の異性と同時に付き合う状況を指す

A: According to the latest rumor, Natalie left Koji. I wonder why.
（最新のうわさによると、ナタリーが浩二と別れたんだって。どうしてかな）

B: Didn't you know Koji had been **two-timing** her?
（浩二が二股を掛けていたのは知らなかったの？）

恋愛関連の用語は得意分野じゃないんだけど、浮気なら cheating、二股なら**two-timing**ですよね。

放送通訳をしていると、cheatingはニュースなどではよく使われていますね。two-timingというのは正直聞いたことがなかったのですが、やはり不倫に関わる言い方のようです。

恋愛ではなく、もう少し一般的な話なら、play it both waysと言うのもありですね。

そうですね。ビジネス交渉などではそちらの表現の方がいいと思います。

物議を醸(かも)す

世間の議論を引き起こす

A: The media reports about this scandal don't look like they'll be ending anytime soon.
（このスキャンダルに関するメディア報道は終わりが見えません）

B: The statement by a government official also **caused controversy**.
（政府要人の発言も物議を醸していますね）

訳考

cause controversy（賛否両論を生む）、形容詞ならcontroversial（議論を引き起こす）でしょうか？

そうですね、「議論の余地がある」のであればdebatableですが、この場合はすでに論争が勃発しているということですから。

make controversial claims（物議を醸す主張をする）という言い方もよく聞きます。このところ、世界のあちこちでこうした発言をする指導者が台頭しています。

発言内容が不快感を呼ぶものである場合には、raise someone's eyebrowsという表現が使えます。眉毛をつり上げさせる表情から、「人に驚きや軽蔑、疑いを抱かせる」という意味になります。日本語の「眉をひそめる」と同じ発想なのが面白いですね。

踏み台にする

目的を達成するための足がかりとして、一時的に利用すること

A: Hey, I was told I'd be transferred to the marketing department next month.
（あのね、来月マーケティング部へ異動の内示が出たんだ）

B: Are you **using** me **as a stepping stone** in your career? I'm joking. Congrats!
（私を踏み台にしてキャリアアップするつもり？　なあんて、冗談。おめでとう！）

「踏み台」はsteppingstoneですが、これは日英同じ発想なので楽ですね。

はい。ネガティブな意味で、単に踏み台にして通過点にする場合には**use ~ as a stepping stone** [steppingstone]（～を踏み台にする）がいいでしょう。あと面白い言い方としては、stand on someone's shouldersというのがあります。イメージは、組体操のときに、下になってくれる人の肩に立っている感じ。要するに、「人の実績の上に立って、さらに業績を積み上げていく」という意味です。一見「踏み台」にしているようですが、これはネガティブな意味ではなく、「手本に倣う」といったポジティブな場面で使える表現です。

なるほど。「偉業を重んじる、先人の実績をリスペクトする」というニュアンスですね。

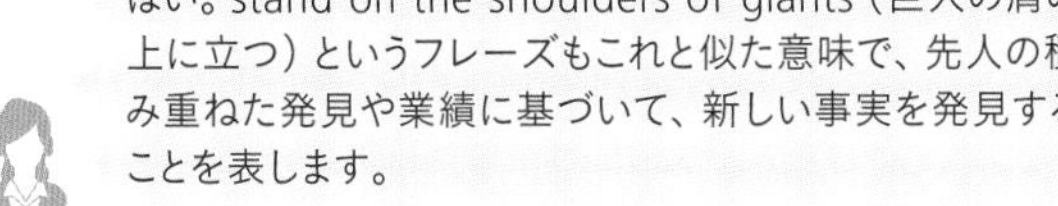
はい。stand on the shoulders of giants（巨人の肩の上に立つ）というフレーズもこれと似た意味で、先人の積み重ねた発見や業績に基づいて、新しい事実を発見することを表します。

踏みとどまる

しようとしていたことや言おうとしていたことを直前になってこらえる。現在いる場所や職位などにとどまる

I **stopped short at the last minute** before signing the contract.
（契約書にサインする直前に踏みとどまりました）

「まさに実行しようとしていたときに、何かに気付いて止める」ということは、普段の生活でもよくありますよね。こんなときは、**stop short**（はたと立ち止まる、踏みとどまる）です。「間際で」というニュアンスを強調するなら、**at the last minute**[moment]を付け加えましょう。

stop short of -ing（～する寸前で踏みとどまる、～するのを思いとどまる）という言い方も一般的で、I stopped short of signing the contract.（契約書にサインする寸前で踏みとどまった）のように言うことができます。

「その場所に残る」の英語としてはstay in placeという表現があり、例えば「大統領の職に踏みとどまる」はstay in the office of presidentのように言い表せます。

さらに、in placeを用いたshelter in placeという語句を併せて覚えておきましょう。学校や職場などで災害が起きたときの避難方法の一つで、外に出ると危険だと判断された際に「その場にとどまり、閉じこもる」という屋内退避策を意味します。

プラマイゼロ

ある物事において、損得が等しくなること。

同程度のポジティブな面とネガティブな面が相殺し合うこと

All in all there was **no loss or gain** for this project.
（結局はプラマイゼロで終わったプロジェクトだった）

訳考

「プラマイゼロ」は和製英語で、「得るもの、失うもの」という意味での「プラス、マイナス」はgain、lossで表します。したがって「プラマイゼロ」は**no loss or gain**[no gain or loss]、またはneither gain nor loss（得るものも失うものもなし）のように言えます。

「釣り合いの取れた、対等の」という意味の形容詞evenを使う方法もあります。breakevenで「プラス面とマイナス面が相殺し合ったイーブンの」という意味です。come out even（イーブンになる）、make ~ even（～をイーブンにする）と言ってもOKです。また、「相殺する」という意味のoffsetを使ってThe increase in pay costs was offset by higher productivity.（コストは増大したが、その分生産性が上がったのでプラマイゼロだった）のようにも表現できます。

さらに、「進んでいた物事が白紙に戻ってしまう」と解釈すれば、back to square one（振り出しに戻る）を使って、We are back to square one with[on] this project.（このプロジェクトは振り出しに戻った）という言い方をすることもできます。これはすごろくで最初の升目に戻ってしまうことに由来する表現です。

踏んだり蹴ったり

不運な出来事が重なるなど、続けざまにひどい目に遭うこと

A: Is it true that you went to a shrine to ward off bad luck? What happened?
（神社へ厄除けに行ったって本当？　どうしたの？）

B: Yes, I did. It was because **nothing's gone right** recently, and I thought it would help.
（うん、行ったよ。最近は踏んだり蹴ったりなんで、何か役に立つかと思って）

It never rains but it pours[When it rains, it pours].（降れば土砂降り）ということわざがありますね。**Nothing has gone right.**（何をやってもダメ）も使えるでしょうか？

いいと思います。他に、イディオムとしてよく聞くのがadd insult to injuryです。直訳は「傷口に侮辱を塗る」ですが、ちょうど「傷口に塩を塗る」「泣きっ面に蜂」という感じがします。inの音が重なるところに、悪いことはなぜか重なるといった雰囲気も感じられます。

英語ではこのようにリズムや韻を踏むことを大事にしますからね。

はい、どのような表現を選ぶかは、最終的にはリズムで判断する、というのが翻訳をする人たちの共通認識です。

閉塞感が漂う

先行きが見えず、重苦しい様子。行き詰まっている様子

A: The Asian division seems to be losing its momentum. I wonder if it's because we didn't succeed in entering the Vietnamese market.

（アジア部は勢いを失いつつあるように見えます。ベトナム市場参入が実現しなかったせいでしょうか）

B: That goes without saying. We **seem to be getting nowhere**.

（言うまでもありません。最近ちょっと閉塞感が漂っていますよね）

「閉塞感が漂う」に近い意味として、reach a deadlock、be deadlocked（暗礁に乗り上げた、行き詰まった）という言い回しが交渉などでよく出てきます。

be at a dead endやreach[come to] a dead end（行き詰まって身動きが取れなくなる）もよく聞きます。The negotiations have reached[come to] a dead end.（交渉が行き詰まった）のように。

ただ、閉塞感が「漂う」と言うように、deadlockやdead endと言い切ってしまえるほど決定的に行き詰まった段階ではないかもしれません。そう考えると、get nowhere（進展しない、らちがあかない）ぐらい？

そうですね。それにseem（～のように見える）を加えて、**seem to be getting nowhere**（行きつくところがなさそう）とするのが適当でしょう。

イマドキ

へこむ

くじける。傷つく。めげる。気持ちが沈む

I really think he is marvelous in the sense that we never see him **looking down** even in situations that might seem very tough.

（彼をすごい人だと思うのは、つらいだろうと思うことがあっても決してへこんでいるように見えないことだ）

「へこむ」は「心が折れる」（☞p.160）よりも、もっと軽い意味合いですね。いろいろな言い方ができますが、中でも一般的なのがfeel lowあるいはfeel downです（☞p.210「スゴスゴと」）。I'm feeling pretty[a little] low.（かなり［ちょっと］へこんでいる）のように、副詞によって程度を変えることも可能です。例文のように自分ではなく人について言うときは、動詞はfeelではなくlookを使い、**look down**とすることに注意しましょう。

feel blueは日本語でも「ブルーになる」と言うように、「〔何かあって、あるいは特に理由もなく〕憂鬱だ」というニュアンスで使えます。

「失望する」と訳されることの多いbe[feel] disappointedも、実際には「がっかりする、へこむ」程度の意味合いで頻繁に使われます。また、期待していた結果が得られず「意気消沈する」場合は、be[feel] downcastやbe[feel] discouraged[disheartened]という表現が合っています。ただし、これらの表現はHe looked discouraged when she told him he'd failed again.（彼はまたもや失敗したと彼女から告げられて、へこんでいるように見えた）のように、第三者を描写するときに用いられることが多いようです。

墓穴を掘る

身を滅ぼす原因を自らつくる

I shouldn't have turned down that promotion. It looks as if I'm **digging my own grave**.
（あの昇進を断るんじゃなかった。どうやら墓穴を掘ってしまっているようだ）

「墓穴を掘る」に当たる表現としては、**dig one's own grave** やdig a hole for oneselfがあります。日本語と同じ比喩表現なので覚えやすいですね。また、銃砲が逆発することが由来となったフレーズbackfire（期待に反した結果となる、〔言動が〕裏目に出る）も「墓穴を掘る」に近い意味の頻出表現です。My plans to make him jealous backfired (on me) when he started dating my best friend.（彼に焼きもちを焼かせようとしたのが裏目に出て、彼は私の親友と付き合い始めてしまった）のように使えます。

ビジネスや政治の場では、self-defeating（自滅的な）をよく見かけます。言動や戦略がかえって自らの首を絞めるという意味です。

また、イギリス英語ではサッカー用語のown goal（オウンゴール〔自陣のゴールにボールを入れて失点すること〕）を使って、score an own goal（自分の不利になることをする）のように言うこともあります。

保険を掛ける

万一うまくいかなかったときに備え、別の手段を用意する

A: As of today, the number of participants stands at less than 300. So, the size of the venue seems just about right.
（今日現在、参加者は300名弱となっています。なので、会場の大きさはちょうどいいと思います）

B: Perhaps we should book another room **just in case** the number gets bigger.
（人数が増えることに対して保険を掛ける意味で、大きな部屋も押さえておきましょう）

「保険を掛ける」と言っても、文字通りのpurchase insurance（保険を購入する）ではなく、「起こりうるリスクを抑える」という意味ですよね。hedge the risk（リスクヘッジする）、mitigate[reduce] the risk（リスクを軽減する）などはどうでしょうか？

どちらも使えますが、to hedge[mitigate, reduce] the risk of the room not being big enough, ...のように長くなり、回りくどい感じがします。

「何か予想外のことが起きたときのために」と言いたいのですから、**just in case**（万一に備えて、念のため）を使って表現することもできそうですね。

はい。do ~ just in case ...（…に対して保険を掛ける意味で～する）なら簡潔で分かりやすいと思います。for a rainy day（雨の日に備えて＝万一に備えて）というイディオムもありますね。contingency plan（偶発的な事態への対応策、危機管理計画）を立てておくことは、最低限のリスク対策ですね。

ボタンの掛け違い

最初に手順を誤ったことが原因で、後に不都合が生じたり、当事者の間で食い違いが生じたりすること

A: After we launched our program, we realized that we were not on the same page.
（プログラムを立ち上げた後になって、双方の認識が違っていることに気付いたんです）

B: If you don't mind, could you tell me what kind of **misunderstanding** occurred?
（差し支えなければ、どんなボタンの掛け違いがあったのか教えていただけますか？）

後になって生じるトラブルや誤解のことですから、単純に**misunderstanding**でいいのではないでしょうか？

賛成です。「ボタンの掛け違い」は比喩的な表現で、イメージが湧く言い方であることは確かなんですが、いちいちその情景をlike buttoning up wrong（ボタンを間違って掛けているような）と説明するより、言わんとすることをストレートに伝えるのが一番です。

鶴田先生のいつもの口癖だと、「簡潔に分かりやすく伝えたい」ですね。

そうです。短く言えるのであればそちらを取るのがいいですね。

オノマトペ

ぼーっとする

注意散漫で、集中力を欠いているさま。

放心しているさま。何も考えていない様子

I'm sorry. I **spaced out** so I missed the point.
（すみません。ぼーっとしていて聞き逃しました）

例文の「ぼーっとする」は、「上の空である、〔他のことを考えていて〕注意散漫である」という意味ですね。I wasn't following you closely.（話をしっかり聞いていませんでした）のように言っても問題ないのですが、こういうときによく使う表現に**space out**、zone outがあります。spaceとzoneは「区域、空間」を意味し、その外へout（外れていって）しまう状態、つまり意識がはるか彼方へ飛んでいってしまっている様子を指します。また、イギリス人がよく使う表現に、I've been miles away.（何マイルも先にいた＝ぼーっとしていた）というのがあります。例えば、エレベーターの中で同僚から声を掛けられて初めてその存在に気付き、Oh, I'm sorry. I've been miles away.（あ、すみません。ぼーっとしてて〔気付きませんでした〕）のように言ったりします。これに近い意味で、I was on another planet.（別の惑星にいた＝ぼーっとしていた）という言い方もあります。ユーモラスな表現ですが、英英辞書にも載っていて日常的に使われています。

「体調が悪くてぼーっとする」なら、合っているのはout of itでしょう。I'm really out of it because I drank too much[I have a fever].（飲み過ぎて［熱があって］ぼーっとする）のように、何か肉体的・精神的な理由や疲れなどが関係しているときに使います。

「眠い」という意味で「ぼーっとする」と言いたいときは、drowsy（眠気がする）が適しています。The room is so warm it's making me feel drowsy.（部屋が暖か過ぎてぼーっとしてきた）、Cold medicine can make you feel drowsy.（風邪薬を飲むとぼーっとして眠くなる）のように使います。「夜になって生理的に眠くなる」（sleepy）とは意味合いが異なることに注目しましょう。

は

骨をうずめる

身体部位

最後までずっと一つの場所にとどまる。

一つのことに生涯を捧げる

A: Considering your career, you must be receiving a lot of job offers from headhunters.
（君のキャリアを考えれば、ヘッドハンターからのオファーはたくさん来てるはずだよね）

B: Sort of, but I'm happy to **stay with** this company **for my entire** career.
（まあね。でも、この会社に骨をうずめてもいいと思ってる）

全体としては、I'm happy to finish my career with this company.（この会社で私のキャリアを終わらせることができて幸せだ）といった感じですが。

stay with ~ for one's entire career（キャリアの全てを～で過ごす）と表現しましょう。ビジネスの話でないときは、例えばHe decided to stay in his wife's country for his entire life.（彼は自分の妻の国に骨をうずめることに決めた）のように、for one's entire lifeと言えばいいですね。

「骨をうずめる」には、「身を捧げる」のような献身的なニュアンスも少しありますよね。そう考えると、devote（～を捧げる）を使ってdevote one's entire career life to a single company（一つの会社に骨をうずめる）と言い表すこともできそうです。

いいと思います。be determined to make ~ one's final home（～を終の住み処とする）も、「骨をうずめる」に近い意味合いですね。あるいは、I burned my bridges when I came to B Corp.（退路を断ってB社に骨をうずめる覚悟で来た）のように表現するのもありです。burn one's bridgesは「背水の陣を敷く」という意味です。

は

褒められて伸びる（タイプ）

良い点を積極的に褒めてもらうことでやる気を出し、成長する（タイプ）

Newly joined members to our club seem to **perform better when complimented**, so let's hold back any criticism and give them plenty of compliments.
（クラブの新メンバーは褒められて伸びるタイプみたいだから、批判は控えて、大いに褒めてあげよう）

「褒められて伸びるタイプ」は、**perform better when complimented**（褒められることで優れたパフォーマンスを発揮する）のように、直訳調に表現するとうまくいきます。I thrive on compliments. もまさに「私、褒められて伸びるタイプなんだ」という感覚で日常的に使われている表現です。「成長する、伸びて繁栄する」という意味の動詞flourishを使った、Praise the young and they will flourish.（若者は褒めて伸ばせ）という言葉もあります。

褒めて伸ばすか厳しく育てるかは、子育てや人材教育で議論を呼ぶテーマですが、「しつけ」（upbringing）という切り口で表現を見ていくと、「伸び伸びと育てられる」はhave an easy-going[a positive] upbringing、「甘やかされて育つ」はhave a spoiled upbringing、「厳しいしつけを受けて育つ」はhave a harsh[strict] upbringingのように言います。

ボロボロ

オノマトペ

徹底的に打ちのめされ、憔悴しきっている様子

You won't be productive if you overwork yourself. Don't **wear yourself out**.

(頑張り過ぎるのはかえって生産的じゃないよ。ボロボロになるまで自分を追い詰めないで)

服や道具などに限らず、人の身体や心に対しても使えるのが、wear out（使い古す、すり減らす）という句動詞です。I'm worn out (body and soul).（(身も心も) 疲れ切ってしまった＝ボロボロだ）のように言ってもいいですし、例文のように**wear oneself out**の形でも使えます。似た表現にbe burned out（燃え尽きている）があり、I'm burned out.と言えば「〔疲れ切って〕燃え尽きた＝ボロボロ」という意味になります。また、口語的ですが、「めちゃくちゃな状態、混乱した状況」を表す名詞messを使ってYou are such a mess.（もうボロボロだね）のように言ってもいいでしょう。

他にも、be exhausted（激しく疲労する）、feel overwhelmed by stress[workload]（ストレス［仕事量］に圧倒される）、feel drained（〔特に精神的な意味で〕精根尽き果てる）など、tiredでは追いつかないほど打ちのめされて疲れ切っている様子を表せる表現はたくさんあります。

ボロボロになってしまっている相手には、そっとTake it easy!（頑張り過ぎないでね）、Don't be too hard on yourself!（もっと自分を甘やかしてあげて）と言葉をかけてあげたいものですね。

本末転倒

重要な部分と些細な部分を取り違えること。
小さなことのために、大事なことがおろそかになること。
よかれと思って行ったことが望まない結果になること

A: She's been working so hard to get an MBA that her performance at the office has been getting worse.
（彼女はMBA取得を一生懸命目指しているけれど、本業がおろそかになっています）

B: That would be **getting her priorities wrong**.
（それは本末転倒ですね）

get your priorities backwards（優先順位を逆にしている）とか、turn the issue on its head（問題を逆さまにする）といった言い方になるでしょうか？

「本末転倒」は、「重要なはずのことが後回しにされる」ということなので、**get one's priorities wrong**（優先順位を間違える）でもいいですね。

例文では「自分たちの望む方に行かなかった」と伝えたいので、そのようにはっきりと言う手もありますよね？

ええ、そうだとしたら、That's against our wishes. なんて言ってもいいかもしれません。

🔊338

イマドキ

マウンティング

相手よりも自分が上位であることを言動でさり気なくアピールし、相手を威嚇・牽制すること

Here's how to deal with **condescending** colleagues at the office: Don't take it personally.

(職場でマウンティングしてくる同僚には、どう対処するか？　まともに受け取らないことです)

訳考

もともと「マウンティング」は、猿が集団社会の序列の中で自分の優位性をアピールする姿勢を指す語句ですが、それが転じて、「自分の方が立場が上であることを相手に分からせようとする」という意味合いで使われるようになりました。英語のmounting（mountのing形）は「乗る、上昇する」などの意味がありますが、和製英語の「マウンティング」の意味では使えません。

「マウンティング」と英語で言いたいときは、**condescend**を使いましょう。「自分の方が優位かつ重要な存在であるかのように振る舞う」という意味の動詞で、まさに「マウンティング」にぴったりな語です。condescend to ~で「～に対してマウントを取る」という意味になります。condescending treatment（見下すような扱い）、あるいはtreat in a lofty manner（傲慢な態度で扱う）というように説明してもよいでしょう。

また、「～を出し抜く、～より一歩先に出る」という意味の動詞one-upを使って、Some of my Mom friends always try to one-up me.（一部のママ友はいつもマウンティングしてくる）のように言うこともできます。

ま

巻き返しを図る

〔劣勢から〕挽回しようとする。後れを取り戻そうとする

A: It means that our success depends on our marketing strategy, doesn't it?
（成功はマーケティング戦略にかかっているということですか？）

B: Yes, there are ample chances for us to **play catch-up**.
（はい、巻き返しを図るチャンスは十分あります）

make a recovery（回復する）は文字通り「体調が回復する、怪我が治る」という場面で使われることが多い語ですし、かと言って、スターウォーズの"The Empire Strikes Back"（帝国の逆襲）のstrike backでは強過ぎますよね？

「強気で攻め落とす」という感じでインパクトがあっていいのですが、strike backは「仕返しする、反撃する」という意味で（☞p.298「倍返し」）、「巻き返しを図る」とはちょっと違います。「挽回する、後れを取り戻す」ということなので、**play catch-up**（後れを取り戻す）を使ってはどうでしょうか？

なるほど。catch upは確かに、catch up on the project（プロジェクトの巻き返しを図る）、catch up with one's competitors（競合他社に追いつこうとする）のように使えます。他にも、「〔後れている状況を〕好転させる」と解釈すれば、turn things aroundなども視野に入ってきますね。

いいと思います。We can still turn things around.（まだ状況を変えられる）のように言い表せば、「まだまだ勝負はこれから」という意欲を表現できますね。また、名詞のturnaround（☞p.328「180度変わる」）は「業績の好転」という意味にも使いますが、「ターンアラウンドによる企業再生」のようにカタカナ語にもなっています。

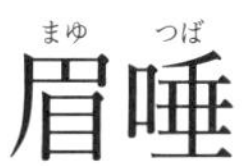

眉唾

身体部位

だまされる心配のあるもの。信用できないもの

The deal looks **fishy**. We have to be careful.
（この案件は眉唾だ。気を付けた方がよさそうだな）

訳考

これぞ、直訳してもチンプンカンプンの典型的な例でしょう。意味をひもとくと「胡散くさい、怪しい」ということですが、このような状況にぴったり当てはまるのが**fishy**（なんだか怪しい、嘘くさい）という形容詞です。suspicious、dubious（疑わしい）ほど直接的な表現ではなく、「どうも裏がありそうだ、だまされそうな感じだ」というときに使える語です。例文のようにlooksやsoundsなどと組み合わせたり、There's something fishy.（なんだか胡散くさい、眉唾ものだ）のように言ったりもできます。

あるいは、比喩的にpitfall（落とし穴、予想外の危険）を使ってThe deal looks likely to have some pitfalls.（この案件にはどうも落とし穴があるような気がする）と言い表しても面白いかもしれません。

イディオムとしては、take ~ with a pinch of salt（～を話半分に聞く）があり、ここでの「塩」（salt）は解毒剤を指すようです。You should take what she says with a pinch of salt.（彼女の言うことはあまり真に受けちゃダメだよ）のように、要は「話を半信半疑で聞く」ということです。

また、cock-and-bull story（でたらめな話、眉唾話）という言葉もあります。なぜ雄鶏と雄牛が登場するのか、語源は諸説あるようです。

満場一致

四字熟語

その場の全員の意見が食い違いなく同じになること

A: How is the progress of the factory relocation to Taiwan?
（台湾への工場移転の件はどうなりましたか？）

B: It was **unanimously** approved at the board meeting.
（取締役会で満場一致で可決されました）

「満場一致で」は**unanimously**で決まりですね。

はい。形容詞のunanimousも使えます。「満場一致で賛成を得る」なら、have an unanimous approvalです。会議でこうなると実に気持ちが良いものです。

採決による満場一致なら、unanimous voteとも言えますね。国際連合の前身である国際連盟は、Decisions could be made only by unanimous vote.（満場一致を原則にした）ために行き詰まってしまったという経緯がありますが。

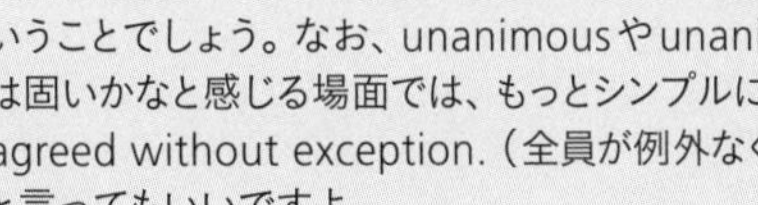

関係者全員が合意できるのが理想ですが、現実は違うということでしょう。なお、unanimousやunanimouslyでは固いかなと感じる場面では、もっとシンプルにEveryone agreed without exception.（全員が例外なく賛成した）と言ってもいいですよ。

見切り発車

議論が十分になされていないまま決断を下し、実行に移すこと

A: I hear government approval hasn't been granted.
（まだ政府の認可は下りていないようですね）

B: Not yet. I'm afraid we can't **go ahead without the green light**.
（まだなんです。見切り発車するわけにはいかないし）

jump the gun（早まった行動をとる）という言い方があります。徒競走でピストルの合図より先にスタートを切る「フライング」を指しますが、電車や車で発進するイメージの「見切り発車」と共通するニュアンスを持っていると思います。

いいですね。あるいは、**go ahead without the green light**（ゴーサインなく先に進む）という言い方もあります。green lightは計画などを進めてもよいという「許可、ゴーサイン」のことで、go ahead without the approval（承認なし先に進む）と同じ意味になります。

「見切り発車」には、「ことを急いて行う」というニュアンスも感じられます。

その場合には、start hastily（性急にことを始める）という表現がいいですね。「焦って行動を早まる」という意味合いです。

水掛け論

双方が互いに理屈を言い張って、
いつまでも解決に至らない議論

A: My sister and I debated over an hour about whose turn it was to clean the kitchen. Both of us stood firm, saying "But I did it last time."
（昨日妹と1時間以上ももめたんだ、次は誰がキッチンを掃除する番かって。お互いに「前回自分がやった」って言って譲らなかったよ）

B: Sounds like a typical **petty argument**.
（典型的な水掛け論って感じだね）

「いつまでも決着しない不毛な言い合い」という意味では、endless[pointless] argumentでよさそうですが。

議論がずっと続く様子を表すのであれば、running argumentという表現もあります。ただ、例文の場合は「些細な、つまらない議論」というニュアンスもあるので、**petty argument**としてはどうでしょうか？　あるいはsilly[stupid] argumentでもいいと思います。

そうした水掛け論も、お互いを非難し合うような状況に発展していれば、blame game（責任のなすり合い）ですね。We shouldn't play[fall into] a[the] blame game.（責任の押し付け合いはやめよう）のように言い表せます。

blaming culture（非難し合う習性）は百害あって一利なしですね。あと、男女間の証言が食い違っていて、証人や証拠がないのでどちらの言い分が正しいか確かめようがない状況を、a he-said-she-said situationと言います。「らちがあかない議論」という意味では、まさに水掛け論といった感じでしょう。

三つ巴（どもえ）

三つのものが絡み合って対立していること

A: This area is known as a fierce battlefield for supermarkets.
（この地域は大手スーパーの激戦区といわれていますね）

B: There is a **three-way battle** among the majors.
（ええ、大手の三つ巴の争いが起きています）

「3社が入り乱れて」という感じはthree-way（三方向）で表せるでしょうか？

はい、**three-way battle**で「三つ巴の争い」の意味になります。three-wayの後には、battleの他にもcompetition（競争）、fight（戦い）、playoff（最終決戦）など、状況に応じた語を持ってくることができます。

例文のような状況はコンビニの出店競争でもよくありますね。駅前に大手のコンビニが2店あるのに、さらにもう1店進出してくるとか。

わが家の近くでまさにそれが起こっていましたよ。three-way battle of the three major convenience stores（大手コンビニの三つ巴の争い）でした。

脈あり

身体部位

良い見込みがあること。期待が持てること。相手が好意や恋愛感情を持ってくれている可能性がある状態

A: The secretary of the president of Z Corp. emailed me that she was in the middle of adjusting the CEO's schedule.
（Z社の社長秘書から、CEOの予定を調整しているというメールが来ましたよ）

B: You may **have a chance**.
（それは脈ありかもしれないね）

pulse（脈）を使わずに、**have a chance**[hope]と素直にいきましょうか。

もともと「脈あり」という言い方をしたのは、病人や負傷者が意識不明でも「脈拍がある」（have a pulse）なら命が助かる可能性があるからです。そこから転じて「希望が持てる、見込みがある」ことをいうようになったわけです。

はい。案件に見込みがあるという場合なら、You've got a chance.、There's a chance. などの表現も的確です。

いいと思います。恋愛感情で「脈あり」すなわち「見込みがある、うまくいけば付き合えるかもしれない」ということなら、You've got a chance with him. というように「with＋人」を後ろに付けるといいでしょう。また、知覚動詞seemを活用してHe seems to be into you.、He seems to have a crush on you.（彼、あなたに気があるみたいだよ）のように言っても、「脈あり」をうまく表せますね。

イマドキ
身体部位

感動や興奮で、胸が熱くなるような状態

The last scene of that movie **touches** me no matter how many times I watch it.
（あの映画のラストは何度見ても胸熱だ）

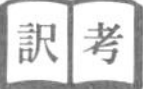

「胸熱」とは、もともと2010年の『ネット流行語大賞』の10位にランクインした言葉です。ボーカロイド『初音ミク』のファンがネット上でつぶやいた感想「何か胸が熱くなるな」からきています。人は感動するとしばしば「言葉を失う」（get speechless）ように、英語でもこのようなときはあまり難しく言わずに、**touch**[move]（～の心を揺さぶる）あるいはdeeply touch[move]（～の心を深く揺さぶる）などとシンプルに表現するのがポピュラーなようです。

でも、せっかくなので「胸がじんわり熱くなる、胸にこみ上げてくる」という微妙なニュアンスを言い表してみたいですね。「胸が熱くなる瞬間」は、a heartfelt momentというフレーズで表せます。「胸が詰まって、泣きそうになる感じ」ならchoke upです。This song really chokes me up.（この歌を聞くと胸が熱くなる）のように使えます。chokeとは「〔通路や水路を〕詰まらせる、息苦しくさせる」という意味の動詞です。

胸を張る

身体部位

自信を持つ。堂々とする

Your English is excellent, so you should **stand tall** and speak with confidence.
（君の英語力は素晴らしいから、もっと胸を張って、自信を持って話せばいい）

「背中を丸めて歩く」（slouch）の反対とも言える表現。物理的に「背筋を伸ばす、胸を張る」という場合はstraighten one's backやsit[stand] up straightですが、同時に「自信を持って堂々と胸を張る」という抽象的な意味も含んでいるのが**stand tall**という表現です。

何をやるにも、self-belief（自分を信じること）とconfidence（自信）は大切ですね。You can be more confident.のように言っても同様の意味を表せます。

proudlyという副詞もこのような場合に使えますね。アメリカの国歌“The Star-Spangled Banner”（『星条旗』）にも、What so proudly we hailed at the twilight's last gleaming（胸を張って、朝焼けの光が残る空に星条旗を掲げた）という歌詞が出てきます。

あるいはシンプルに形容詞proudを使って、You should be proud of your English.（自分自身の英語力に誇りを持つべきだ）というのも英語らしい表現です。

村八分

仲間外れにすること

A: Jane isn't being accepted by the local community, and she seems to be ignored.
（ジェーンはその地域のコミュニティーに溶け込めずに、避けられているみたいなんです）

B: Are you saying she is **being ostracized**? Do you know why?
（村八分ということですか？　なぜなんでしょう？）

ちょっと難しい単語ですが、**be ostracized**（のけ者にされる）がぴったりですね。

はい。古代ギリシャで住民を追放するための投票に使われた、陶器の破片を意味するostrackonという単語からきている表現、それがostracizeです。

コミュニティーにはそれぞれの不文律や暗黙の了解があって、それを守らないと受け入れてもらえない、ということですね。他の言い方としては、leave ~ out of the group（～を集団から外す）、あるいはleave ~ out of the loop（～を仲間外れにする）などがいいんじゃないでしょうか？loopとは「仲間」の意味です。

いいと思います。洋の東西を問わず地域社会に受け入れられて生きていくためには、実にさまざまな苦労がありますね。これは今も昔も同じです。簡単に言うなら、be excluded（排除される）、be left out（仲間外れにされる）。be left out in the cold（寒空の下にさらされる、のけ者にされる）という表現もあります。この例文ならAre you saying she is being left out in the cold?のように言えます。

身体部位

目が点になる

ひどく驚いて呆気にとられる

My jaw dropped to the floor when I saw the annual report.
（年間報告書を見て目が点になりました）

漫画の一コマにあるような、「驚いて呆気（あっけ）にとられた」表情です。「驚いた」という点に焦点を当ててbe shocked [stunned, astonished]としてもいいですが、せっかくなので日本語の語感に合わせて身体の一部を使った表現を学んでみましょう。

口をあんぐり開けて呆気にとられる様子を表しているのがleave one's mouth wide open（口をぽかんと開ける、開いた口がふさがらない）やone's jaw drops（顎が外れるほどびっくりする）です。後者は**one's jaw drops to the floor**（顎が床につくほど仰天する）のように強調することもあります。まさに漫画のようなコミカルな表現ですね。

あるいは、「息をのむ」という意味の動詞gaspを使って、I gasped at it.（ハッと驚いて息をのんだ）のように言うこともできます。

これらのフレーズの類似表現であるbe at a loss for words（驚きで言葉を失う）、be caught off guard（不意を突かれて驚く）、be taken aback（面食らう）も、併せて覚えておきましょう。

目からうろこ

身体部位
故事・ことわざ

何らかのきっかけで、今まで分からなかった物事が急に理解できるようになること。なるほどと感心すること

The story the general manager told us was a real **eye-opener**.
（部長の話は、本当に目からうろこでした）

訳考

この表現は聖書の話に由来しています。サウロ（後の伝道者パウロ）が天の光に打たれて失明したとき、イエスの弟子の一人が彼の目に手を置くと「目から魚の『うろこ』（scale）のようなものが落ちて目が見えるようになった」というのです。ここから、「目からうろこ」は、あるきっかけによって物事の事態が急に理解できるようになることの例えとして使われようになりました。

例文は、「感心して目が開かれる」というニュアンスを **eye-opener**（目を見開かせてくれるもの）、あるいは inspiration（刺激、示唆、着想）で表しています。

「固定観念が取り除かれた」という意味なら、It took the scales off my eyes.、The scales fell from my eyes. と、そのまま聖書の文句が使えます。

身体部位

目線を合わせる

視点を合わせる。

同じ視点に立って、相手の立場から物事を考える

A: How do you think we can increase our market share in the fiercely competitive Chinese market?
(どうやったら激戦区ともいえる中国市場で市場シェアを伸ばせると思いますか?)

B: It's important to **put ourselves in the consumers' shoes**.
(消費者に目線を合わせることが鍵だと思います)

focus on ~ (~に焦点を定める) やtarget on ~ (~を照準に定める) では、会社サイドから見た言い方になってしまいますよね?

そうですね。「目線を合わせる」ですから、「相手の立場に立つ」というニュアンスを加えたいところです。from the consumers' point of view (消費者の視点から) とか、from the consumers' angle (消費者の角度で) でも悪くはないんですが、もう一声ほしいような…。

「相手の立場に立つ」という意味で使われるbe in someone's shoesを使ってはどうでしょうか? 「相手の靴の中に自分自身を入れてみる」という、なかなか印象的なイディオムです。

なるほど、いいですね。**put oneself in someone's shoes** (相手の立場に立って考える) というのは、顧客獲得だけではなく、スピーチや交渉を成功させる上でも忘れてはならないエッセンスですね。

目をつぶる

身体部位

過失や欠点などを見て見ぬふりをして、とがめないでいる。

大目に見る

A: "Sato" and "Kato" sounded similar, and I got confused.
（「佐藤」と「加藤」の音が似ていて、混乱してしまいました）

B: I'll **give you a break** this time. Please make sure it won't happen again.
（今回は目をつぶります。同じ間違いは犯さないようにしてくださいね）

turn a blind eye to[on] ～は正しいけどあまり使わない印象です。I'll **give you a break** this time.（今回は大目に見るよ）、あるいはI will overlook the mistake this time.（今回は見過ごしてあげよう）がいいでしょうね。

turn a blind eyeは「見て見ぬふりをする」という意味で、例えば「企業の身内で起きたことをあえて見逃す」というような文脈で使われるフレーズです。今回の例文では、意識的に温情で過失を問わないということですね。そうであれば、I won't hold you accountable.（あなたに責任を取らせない）でもいいと思います。

なるほど。何か過失があった場合にどこまで責任を問うのか、これはリーダーたる者の本質が問われる局面ですね。真の指導者であれば、The buck stops here.（責任は自分が取る）と言うでしょう。buckは「責任」という意味で、ハリー・トルーマン米大統領がこのせりふを自分の執務室に座右の銘として掲げていたことでも知られています。

イギリスのボリス・ジョンソン首相が使ったときにも話題になりましたね。どこまで、どのように責任を取るのか、これは古今東西の指導者の命題です。

持ってる

イマドキ

強運など何か特別なものを持っている

Some people **have just got it**; they seem to be able to bring in good luck just when we need to win big.
(ここ一番の大勝負のときに、強運を呼び込む「持ってる」人っているよね)

訳考

「持ってる」は、強運を呼び込む性質を持つ人のことを言うようですが、英語でも**have just got it**と言えば「強運の持ち主」というニュアンスが出ます。勝利や成功を引き寄せる何か特別な力をitという抽象的な語で暗に指し示しているというわけです。ただ、have just got itは文脈によっては別の意味にもなり得ます（「分かった」「ゲットした」など）。そのため、have got what it takes to be ~（～になる素質がある、～になるための器量がある）のように、より具体的で確実な言い方を選んでもいいと思います。

他の表現も見ていきましょう。be born under a lucky star（幸運の星のもとに生まれてきた）と言えば、まさに「強運の持ち主」という感じが出ますね。lead a charmed life（幸運に守られた人生を送る）は、特に「事故や災害などの危険な局面でも不思議な力に守られて難を逃れる」というニュアンスです。

「持ってる人は持ってるよね」とちょっとうらやましげに言いたくなったときは、Some people have all the luck. というフレーズを使ってみましょう。

盛る

イマドキ

話を大げさにする

She is a nice person, but sometimes I find she **exaggerates**.

（彼女はいい人なんだけど、時々話を大きく盛ることがあるね）

「盛る」とは、「尾ひれをつける」（pad outあるいはembellish）のように、「どんどん大げさに話をふくらませる」ことを言います。言葉通りの意味で一番よく使われている表現は**exaggerate**（誇張する）でしょう。overexaggerateと言うこともありますが、基本的には同じ意味になります。

「盛る」に近い意味のイディオムとしては、lay it on thick（厚く積み上げる）があります。自分の話や経験を大げさに言う、あるいは、人をべた褒めするという意味で、thick（厚い）と「盛る」のイメージが共通する面白い表現です。

overstateも「誇張する」という意味ですが（☞p.75「大風呂敷を広げる」）、こちらは特に「相手をある考え方の方向へ仕向ける［説得する］ために大げさに話す」というニュアンスも持ち得ます。ニュースでは政治家の誇張された発言をよく耳にしますが、その様子はしばしば、overstate [bend, stretch] the truth（事実を歪曲する、内容を引き延ばして盛る）などの表現で形容されたりします。

名詞でa stretch（引き延ばして言うこと、言い過ぎること）という語もあり、That's a bit of a stretch.と言われたら、「それはちょっと言い過ぎじゃないかな」ということですね。

ま

問題のすり替え

議論の内容を、意図的に本題とは違う方向へ持っていくこと。

論点のすり替え

A: The manager insisted this trouble was just caused by a computer error.
（課長は、今回のトラブルはコンピューターの不具合が原因で起こったにすぎないと言い張っていました）

B: She's **dodging the point**. I think she doesn't want to admit that she screwed up.
（それは問題のすり替えですよ。自分が失敗したことを認めたくないんです）

訳考

この表現は「ある問題点の所在を別のところにずらそうとする」ということですね。

set up[create] a straw manという言い方があります。straw manとは「かかし」のことですが、この場合は「身代わり」の意味です。「身代わり」の論点をでっち上げ、話をすり替える詭弁的手法のことですね。日本語でも「ストローマン論法」という名称が付いています。

なるほど。シンプルに言うと、change the subject（話題を変える）、**dodge the point**（論点をそらす）といったところですね。

You're dodging the point.（問題をすり替えないでください）だとややストレート過ぎる場合は、婉曲的にThat seems a little off topic.（話が少しそれているようです）くらいにしておくと無難でしょう。また、「問題のすり替え」は文脈によっては「責任の所在をずらそうとする」とも解釈できるので、shift the blame (to ~)、pass the buck (to ~)（～に責任転嫁する）というフレーズも選択肢に入ってきそうです。

356

矢面に立つ

非難、抗議などを集中的に浴びる立場に立つ

A: The scandal at XYZ University sounds beyond belief.
（XYZ大学の不祥事はちょっと信じがたいですね）

B: It's definitely the management who will **bear the brunt of** the criticism.
（批判の矢面に立つことになるのは間違いなく経営陣でしょう）

will be the target of all arrowsと直訳しても何のことだかピンときませんよね。ここは、the brunt（攻撃の矛先）から成るイディオム**bear the brunt of ~**（～の攻撃や批判などにさらされる）でどうでしょう？

いいと思います。批判の矛先となって、辛辣（しんらつ）な言葉を真正面から集中的に受けるイメージですね。

また、「責任を問われる」という意味合いで考えると、be asked[forced] to take the blame[responsibility]（責任を取らされる）という言い方も可能です。

ニュースで耳にする面白い表現は、throw ~ under the busです。直訳すると「～をバスの下に投げ入れる」ですが、意味するところは「悪意で、あるいは自分の利益のために～を裏切る」。受け身の形でbe thrown under the bus（犠牲になる、裏切られる）と言うこともできます。

やきもきする

気をもんでイライラする

A: My train was delayed by 20 minutes, but I was in time for the interview in the end.
（電車が20分遅れましたが、面接には間に合いました）

B: You must have **become anxious** with the delay.
（遅延にはやきもきしたことでしょう）

「やきもきする」は問題の大小を問わず「心配する、心配になる」ということですから、**become anxious**がいいでしょうか？

はい、ここはシンプルにanxiousでいいと思います。電車の遅延には本当にやきもきさせられて、電車の中で走りたいくらいの気持ちになります（笑）。

そういう気持ちのときに、have butterflies in one's stomachも使えますね（☞p.38、「胃が痛い」、p.131「キュンキュンする」、p.312「ハラハラ」）。

have one's heart in one's mouthという言い方もですね（☞p.312「ハラハラ」）。知り合いのアメリカ人が真夜中に車を運転中、周囲にガソリンスタンドも何もないところでエンストを起こしそうになって、I had my heart in my mouth.（心臓が口から飛び出しそうだった）そうです。心臓が口から飛び出すなんて、日本語と同じような表現をするところが面白いですね。

焼け石に水

故事・ことわざ

悪化した状況に対して、
多少の援助や努力では役に立たないこと

A: A home run, at last! But we're already in the bottom of the eighth inning.
（ようやくホームラン！　でも、もう8回裏です）

B: It's just **a drop in the bucket**. We still need eight more runs to catch up.
（焼け石に水ですね。まだ8点差もあります）

これは**a drop in the bucket**[ocean]（バケツ［海］に落ちる一滴）が定番フレーズでしょうか？

そうですね、まずはこれでいいと思います。別の言い方もちょっと考えてみましょう。「徒労に終わる」という言い方であれば、end in vain（無駄骨）、come to nothing（何にもならない）などがあります。

なるほど、いろいろな表現があるものですね。中国では、無駄なことの例えで「牛に琴を弾いて聴かせる」（対牛弾琴）という言い方をするようです。これは「馬の耳に念仏」（☞p.60）とか「豚に真珠」（pearls for swine）といった、「無用な努力」の例えに近いですね。

はい、しかし「焼け石に水」は「無駄な努力」という意味もさることながら、「この程度のことでは全然量的に足らない」という量の上の不足も含んだ言い方です。やはりa drop in the bucket[ocean]がイメージ的にも合っていますね。

イマドキ

ヤバい

素晴らしい。すごい。ひどく悪い。危険である

The cake from that bakery is really **incredible**. I could have it seven days a week!

（あのパン屋のケーキ、マジ、ヤバい。週7日食べてもいいくらい！）

「ヤバい（やばい）」はもともとは「危ない」という意味でしたが、転じて「非常に悪い」という意味が加わり、さらに今日では、「すごくいい、格好いい」といった真逆の意味でも使われるようになりました。話し手の意思によって意味が七変化する非常に使い勝手の良い言葉ですが、それだけに、英語にするときにはそれがどのような「ヤバい」なのかを把握する必要があります。

例文のように「素晴らしい」とポジティブな意味で使う場合は、**incredible**（信じられない）、amazing（すごい）、awesome（素晴らしい）、terrific（すごくいい）cool（いかしてる）、などの形容詞が合うでしょう。反対に、もし例文の店のケーキがI've heard many people have gotten sick from eating it.（あそこのケーキを食べた後にお腹をこわした人がたくさんいるらしいよ）のようなものであれば、awful（ひどい）、terrible（ひどい、恐ろしい）、dangerous（危険だ）などのネガティブな「ヤバい」の出番です。

ところで、awesomeとawful、terrificとterribleはそれぞれ形が似ていると思いませんか？　これらの語の語幹となっているawe-とterr-には「畏れ、恐れ」という意味があり、つまり畏怖の念を感じるほど突き抜けて良い、あるいは悪いということなのです。「危ない」という語源を持つ日本語の「ヤバい」とも共通する感覚がありますね。

やる気満々

意欲に満ちあふれているさま

A: Three days to go before the friendly match with A University. We're going to win this time.
(A大学との親善試合まであと3日だ。今回は勝ちにいこう)

B: Of course! We're **full of energy and enthusiasm**.
(もちろん！　やる気満々だ)

平たく言えばbe motivated（やる気のある）ですが、be full of enthusiasm（熱意にあふれている）とかbe full of energy（エネルギーにあふれている）のように言った方が「満々」な感じが伝わるでしょうか？

そうですね。**full of energy and enthusiasm**（エネルギーと熱意にあふれている）のように言葉を重ねて強調してもいいと思います。

willing（意欲のある）を使った定番表現be ready and willing to ~も「やる気満々」の意味で使えますね。あるいは、例文のように勝負前の意気込みを表す場合であればhave the determination to win（勝つ決意を固めている）という表現でも一生懸命な感じが出ます。

「やる気」が最後の決め手になって勝利するという筋書きは、スポーツでもビジネスでも大いに受けますね。The more difficult the situation, the greater the determination to win.（状況が困難であればあるほど、勝つ決意は固い）。

有終の美を飾る

最後まで立派に成し遂げる。

最後に優秀な成績や成果を残す

A: I was quite shocked to see Jeff leave, but it was a good choice for his career move so we couldn't stand in his way.

（ジェフの転職はとてもショックでしたが、彼のキャリアにはプラスなので引き止めることはできませんでした）

B: He **left the job on a high note**, bringing success to his last project.

（彼は最後のプロジェクトを成功に導いて、有終の美を飾りましたね）

finish beautifully（美しく終える）、do such a good job（いい働きをする）、do one's job to perfection（完璧にやり遂げる）などの表現が思い浮かびます。

finish beautifullyはあまりビジネスっぽく聞こえないかな。後の二つは悪くないですが、「最後の場面である」という意味合いをプラスしたいところですね。

end ~ on a high note（好調な状態で～を終わる）だとちょっとニュアンスが違いますよね？

スポーツで試合やシーズンを好調な状態で乗り切った、あるいはビジネスで一区切りの会計期間などをいい状態で終えた、というようなときにはふさわしい表現ですよ。X Corp. ended this fiscal year on a high note.（X社は今年度を有終の美で終えた）のように使います。引退の場合は、end one's job[career] on a high note（有終の美を飾って引退する）と言えます。ただ、例文のように転職について表現するなら…、少し手を加えて、**leave the**[one's] **job on a high note**でいきましょう。

優柔不断

四字熟語

ぐずぐずして決心がつかないさま。また、そのような性格

A: We should book our plane tickets for our summer vacation before the price increases.
（夏休みの航空券、値段が高くなる前に買わないと）

B: That's what I keep telling Harry, but he's so **indecisive**, saying that he might not even be able to take a summer vacation this year.
（ハリーに再三言っているんだけど、今年は夏休みを取ることさえできないかもなんて言って、優柔不断なんだ）

「優柔不断」を表すには**indecisive**（なかなか決断できない、決断力のない）、wishy-washy（なあなあの、煮えきらない態度の ☞p.249「中途半端」）あたりが妥当ではないでしょうか？

どちらもいいですね。他には、sit on the fence（様子見、どっちつかずの態度を取る）も近い意味合いだと思います。I'm still sitting on the fence.と言えば、文脈次第で、「優柔不断なせいでどちらか一つに決められずにいる」、あるいは「あえて中立の立場を保って様子を見ている」のどちらの意味にもなります。

なるほど。または、He doesn't seem to be able to make up his mind.（彼は自分の意見を決められずにいる）と、ちょっと長いけど説明を加えてもいいかもしれないです。

説明を加えた方がいい場合、手短に言った方が効果的な場合、どちらもあるのでうまく使い分けましょう。得意先の決断が遅くて商談が進まないようなときは、ストレートに「優柔不断」と言ってしまうよりも説明調の方が無難ですね。

横やりを入れる

人の話や行動に、横から口を差し挟んで邪魔する

A: That guy, yet again. As always, his comments were irrelevant.
（またしてもあの人ですよ。いつも通り、的外れな発言でしたね）

B: His **interference** confused everyone, but our initial direction remains the same.
（彼が横やりを入れたせいで皆混乱しましたが、当初の方向性は不変です）

「話を遮る」という意味ではinterrupt（割り込む、遮る）ですが、「横やり」のニュアンスにはいまひとつ。

「反対意見を述べる」という含みを持たせる必要がありますね。「横やり」は単に中断するだけではなく、「ちょっと困った介入」というニュアンスなので。

ということは、interfere（干渉する）でしょうか？　フレーズとしては、butt in（お節介をする、口を差し挟む）という表現も思い浮かびました。

はい。interfereの名詞形**interference**（干渉、妨害）を使って簡潔に表現できます。butt inなら、He suddenly butted in and confused everyone.（彼は急に口を挟んできて、皆を混乱させた）のように言うこともできますね。

よしなに

よいように。不都合が生じないように。適当に

Please do **as you think best**.
(なにとぞ、よしなによろしくお願いします)

訳考

　このちょっぴり古典的なフレーズ、日本のビジネスシーンで、あるいは日常的にもよく使われそうですが、実に英語にしにくいですよね。こういうときは、一体何をよろしくとお願いしているのか、話し手の意図を考えてみることが英訳の際のヒントになります。

　例えば、話し手が相手の助けを期待しているのであれば、I would appreciate your kind support.（あなたの親切なご支援をお願いします）、Your help would be much appreciated.（助けていただければ幸いです）のように言うことができます。

　あるいは、相手に判断を委ねて、相手が考える最良の方法をとってほしい、いわば「よきにはからえ」と言いたいのであれば、Please do **as you think best**.（あなたが最良と思うやり方で対応してください）、Just get it done as you see fit.（あなたが適切だ［ふさわしい］と思う方法で進めておいてください）と言えます。

　話し手の意図を考えてみるとどのような英語で表現すべきか見えてくる―これはどんな場面にでも当てはまる原則です。

寄る年波には勝てぬ

故事・ことわざ

年を取ることからは逃れられない

As I get older, I'm painfully aware that **aging always wins**.

（年齢を重ねてきていて、寄る年波には勝てぬとつくづく感じる今日この頃です）

「寄る年波には勝てぬ」は、シンプルに解釈するとYou can't stop yourself from aging.（誰も年を取ることから逃れることはできない）ということです。年齢を重ねるにつれて体力的な衰えを痛感する様子を強調して、**Aging always wins.**（いつの世も勝利するのは老いだ）のように言ってもいいでしょう。あるいは、Nothing can stop aging, other than dying.（老いに打ち勝てるのは死だけ）という表現もあります。

日本語では、年齢を重ねるさまを「〔じわじわと押し寄せる〕波」を使って表現しますが、、英語ではwaveとは言いません。もっとも、少し違う言い方ではありますが、日本語の「歳月人を待たず」に当たるTime and tide wait for no one.（誰も時間が過ぎるのを止めることはできない＝時は刻々と過ぎ去る）ということわざでは、波ならぬ「潮」（tide）が使われています。

弱音を吐く

困難に耐えられなくなって、
意気地のないことや泣き言を言う

A: No good! If we play like this in tomorrow's match, it will be a disaster.
（ダメだ！　明日の試合もこんな感じじゃ、ボロボロになります）

B: Come on, don't **whine**! Pull yourself together.
（さあ、弱音を吐くのは止めて！　しっかりするんだ）

complainは「文句を言う」ですからちょっと違いますね。become discouraged（弱気になる）とかmake weak comments（弱々しいことを言う）の方が近いでしょうか？

もっと近いのは、「メソメソと文句を言い続ける」というニュアンスの語**whine**ですね。イギリスでは近い意味のmoanもよく使われるようです。音が同じであるwhineとwineを掛け合わせたDon't whine, just (drink) wine.（弱音はワインで流し込め）なんていう名言（迷言？）もありますよ。

面白いですね。whineと語感が似ていますが、弱音を吐く人、つまり「弱虫」は名詞でa wimp（意気地なし、怖がり）です。これを応用してDon't be a wimp.のように言うこともありますね。

あるいは、「びびるな」というニュアンスで、Don't be a chicken.（弱虫になるな）、Don't chicken[wimp] out.（尻込みするな、おじけづくな）と言うのもありです。chicken [wimp] outは「意気地がなくて、やろうとしていたことに対して臆してしまう」という意味で、I was supposed to make the speech, but I chickened[wimped] out at the last minute.（スピーチをすることになっていたが、直前になっておじけづいた）というように使えます。

弱みにつけ込む

相手の欠点など弱い部分に乗じて、
自分の利益のために利用する

A: Z Corp. is probably desperate to get funding for the project.
(Z社は何としてもこのプロジェクトのための資金が必要なんだと思う)

B: You may be right. But we shouldn't **take advantage of their weakness**.
(そうだろうね。でも、彼らの弱みにつけ込むべきではないよ)

訳考

相手を利用するということなので、take advantage of ~ がフィットする気がします。

そうですね。汎用性の高いフレーズで、文脈によってフラットな意味・悪い意味どちらの「利用する」にもなります。ここでは**take advantage of someone's weakness**とすればいいでしょう。

それ自体がネガティブなイメージを持っている語句をあえて選ぶなら、exploit（～を悪用する、搾取する）やplay on ~（～を不当に利用する）でしょうか？ exploit ~ [someone's weakness]（～を利用する［人の弱みにつけ込む］）、play on someone's vulnerability（人の弱みを利用する）のように言えますよね。

いいと思います。あとは、冒頭のadvantageを使った表現なら、説明調ですがuse someone's failure(s) to one's advantage（人の失敗を自分の利益のために使う）という言い方もありますよ。

楽勝

労力をかけることなく、たやすく行えること。簡単なこと

Oh, we are only required to write two pages for our term paper! This is gonna be **a piece of cake**.
（わあ、今度の期末レポート2枚しか書かなくていいんだって！　楽勝）

楽勝は「簡単に勝てる」、つまり容易に行えるということです。同じ意味で「朝飯前」という日本語がありますが、これに当たる英語が**a piece of cake**（朝飯前）です。That's a piece of cake!（朝飯前だね！）のように言うことができます。あるいは、No sweat.（楽勝、お安い御用）という言い方も非常によく聞きます。この場合のsweatは「骨の折れる仕事」を表しています。

「楽勝」を意味するフレーズは他にもたくさんあります。It's as easy as ABC. と言えば、「〔誰でも知ってる〕ABCと同じくらい簡単だ」という意味です。ABCの部分をpie（パイ）に替えて、It's as easy as pie. と言ったりもします。パイをぺろっと食べるくらいカンタン…という感覚ですね。

また、easy-peasyというフレーズを耳にしたことがあるでしょうか？　peasyには特に意味はなくただの言葉遊びですが、語呂がいいので声に出してみたくなりますね。easy-peasyの後にlemon squeezy（搾ったレモン）を付けることもあります。これは昔イギリスの洗剤会社のCMで、出演している女の子が"Easy-peasy, lemon squeezy!"と口ずさんだことが由来とされています。

リア充

イマドキ

リアル〔現実〕の生活が充実している人。特に、恋人がいる人

He always hangs out with a great variety of friends and has an extremely fun girlfriend. He **has an amazing social life**!

（あいつはいつもいろんな友達とつるんでるし、めちゃくちゃ楽しい彼女もいて、本当にリア充だよな！）

訳考

「リア充」は、「リアル」と「充実」の造語としてあっという間に若者の間で広まりました。インターネット上のコミュニティーに没頭するあまりリアルな世界が充実していない人の対義語として生まれた言葉と言われています。人付き合い、恋愛、趣味、仕事などにおいて現実の生活が充実しているという意味で、**have an amazing social life**（素晴らしい社会生活を送る）やhave a fulfilling life（充実した生活を送る）と解釈できます。

normie（複数形normies）というネットスラングにも触れておきましょう。normal（普通の、標準の）という単語にieを付けて名詞化したもので、「社会に順応して普通に人生を送っている人」を指します。インターネット上にしか居場所がない人の対義語として使われています。

ちなみに、「現実の生活」を意味するin real lifeの頭文字を取った "IRL" というネットスラングがあります。I have a lot of followers on Instagram, but I've never met them IRL.（インスタグラムでフォロワーがたくさんいるけど、リアルで会ったことはない）というように使えます。

リベンジ

イマドキ

仕返し。失敗したことにもう一度挑戦すること

It was our lapse in concentration that made us lose against their team. Next time we'll definitely **revenge ourselves**.

（あいつらのチームに負けてしまったのは気の緩みからだ。次回は絶対にリベンジするぞ）

「リベンジ」はrevengeという英語からきた和製英語ですが、こうしたカタカナ言葉の常として、元の英語とは違った進化を遂げています。英語でrevengeと言うと日本語の「報復、仕返し」に匹敵するくらいシリアスな意味合いになるので、使うときにはやや注意が必要です。例文のように負けて悔しい思いをした選手が「次回こそは絶対に雪辱を果たす、借りを返す」のように言うなら、**revenge oneself**が実際に使われます。

一方で、日本語の「リベンジ」はそこまで重くなく、「再挑戦する」くらいの比較的前向きなニュアンスで使われるケースも多いです。そのような場合は、try againくらいニュートラルな言葉の方がふさわしいでしょう。「風邪のせいでイベントに参加できなかったので、次こそはリベンジしたい！」なら、Unfortunately, I couldn't attend the event because I had caught a cold. I'll be sure to make it next time! と言えます。

冷却期間を置く

感情を静めて対立を落ち着かせるため、一時的に休止期間を置く

A: So, how's your relationship with your boyfriend going after that fight you had?
(それで、けんかの後彼氏との関係はどうなの？)

B: Well, we're **having a cooling down period**.
(あのね、冷却期間を置いているところなんだ)

「ほとぼりが冷めるのを待つ」(wait out the storm) という表現がありますよね。「冷却期間を置く」も「ほとぼりが冷めるのを待つ」も、少し距離を置いて様子を見る感じです。ある程度のトラブルなら時間が解決してくれますし。

wait until things calm down (物事が静かになるのを待つ) という言い方もできます。例文のように恋愛にフォーカスした表現なら、take time apartもよく使われますね。「距離を置いて過ごすための時間を持つ」ということなので、いわば「冷却期間」です。

あるいは、「冷却期間」を直訳したcooling down[off] periodでも通じますか？ **have a cooling down [off] period**のように。

大丈夫ですよ。cooling off periodの方は、日本語にもなっている「クーリングオフ制度」の意味で使われることが多いですが、人間関係に関する「冷却期間」の意味にもなります。take some time to cool down[off]とも言います。

レガシー

イマドキ

先人が残した精神的・物理的遺産。受け継いだもの。
後世で実績として評価されることを期待して行う計画など

A: What will happen to the new facilities after the Olympic Games are over?
（新しい施設は、オリンピックが終わったらどうなるんですか？）

B: They will be passed on to the next generation as a kind of **legacy**.
（一種のレガシーとして次世代に引き継がれていきます）

英語のlegacyは、ビジネスではlegacy asset（負の遺産）のように「過去の遺物、時代遅れのもの」といったネガティブな意味で使われることが多いですね。

過去のしがらみから生じる負担を「レガシーコスト」（legacy costs）と言うように、カタカタ語で使われる際も確かに「負の遺産」の意味です。一方で、レガシーには「未来への遺産」というポジティブな意味もあります。

「首相としてのレガシーをつくる」といった例ですね。その場合は、世代から世代へ受け継がれていく「業績」ということなので、achievementsと言えます。

もともとの英語のlegacyでも、もちろん通じますよ。例えばObama era legacyと言えば、「オバマ大統領が自身の時代に残したレガシー〔実績〕」となります。例文でも**legacy**が当てはまりますが、オリンピックが残した「施設」が「遺産」であるということなので、heritage、inheritance（遺産、継承物）と言い表すこともできます。

レッドカード

イマドキ
スポーツ

禁止行為に対する厳しい処分や処罰

You'll get slapped with **a red card** for such an act of harassment.
（今のハラスメント行為はレッドカードものです）

かつてはスポーツ用語といえば野球に関するものが多かったのですが、最近ではサッカー用語もだいぶ浸透してきた印象です。悪質な反則を行ったプレーヤーに対して審判が提示する「レッドカード」（red card）は「即刻退場」（be[get] sent off、be expelled）を意味し、He got a red card and was sent off.（彼はレッドカードを食らって退場した）のように言います。

「レッドカード」は、日常生活でも比喩的に「厳しい処罰」という意味で定着していますね。これはそのまま、**a red card**で通じます。get slapped with a red cardで「厳しく罰せられる」という意味になります。be given[shown] a straight red（〔重大な禁止行為を犯して〕即刻解雇される、追い出される）というイディオムも、レッドカードに由来する表現です。

連チャン

イマドキ

同じ物事が連続して起こること

A hangover? It's your own fault. You went out drinking two days **in a row**.

（二日酔い？　自業自得だ。2連チャンで飲みに行っていたんだから）

訳考

「連チャン」という言葉は、麻雀で一人のプレーヤーが連続して親（＝荘）を務める「連荘（レンチャン）」からきているそうです。物事が連続して起こることを表す表現にはいくつかありますが、よく使われるフレーズは**in a row**（連続して、続けざまに）です。rowは「列」の意で、文字通り「一列になって」という意味もあります。

形容詞のconsecutive（連続した、立て続けの）を使えば、two consecutive daysのように言うこともできます。あるいは、副詞のrunning（連続している、連載の）を使ってtwo days runningと表してもいいでしょう。

また、back-to-back（連続した）という表現がスポーツ中継などではよく使われます。例えば、チームが2試合続けて勝ったときに、back-to-back victory（連勝）のように言います。

良いことが連続するならいいのですが、残念ながら「悪いことが連チャンで起こる」という場合もありますね。そのような場合に思いつくのは、It never rains but it pours [When it rains, it pours].（降れば土砂降り）ということわざです（☞p.342「踏んだり蹴ったり」）

老婆心

親切心から、必要以上に世話を焼くこと

A: I understand what you're trying to say, but I don't think it matters to me.

（言いたいことは分かりますが、私には関係ないことです）

B: I'm just saying this **out of kindness**. It's up to you whether you accept my advice.

（私は老婆心から言っているだけです。受け止めるかどうかはあなた次第ですよ）

老婆心＝親切心。外国では年上から年下にという発想自体がないので、「親切心で」と解釈したらどうでしょう？ I'm just saying this **out of kindness**.（親切心から申し上げているのです）のように。

賛成です。漢字文化圏、特に儒教文化圏では目上の者、目下の者という考え方が一般的ですが、そうではない欧米文化圏の人に説明するときには、このように読み替えた方が分かりやすいです。

それにしても、男性のときにも「老婆心」というのは、「おばあさんはお節介なもの」という、いわゆるジェンダーステレオタイプなのでしょうか？

よく考えると不思議な言葉ですよね。「老婆心」には「不必要かもしれないお節介」という謙遜も若干含まれているようです。I know it's not my business, but ~（お節介かもしれないですが～）とか、I just want to give some advice to you, but ~（口出しにすぎないのですが～）というようなニュアンスですね。

分かりやすい(人)

イマドキ

考えていることや感情が表れやすい(人)

She **gives herself away** through her obvious expressions.
（彼女はすぐに顔に出て、実に分かりやすいですね）

　この言い方、筆者自身は大いに思い当たるところがあります。例えば「またご飯でも行きましょう」という社交辞令や、お世辞を本気に受け取る人は「分かりやすい人」と形容されるようです。give awayという句動詞がありますが、他動詞では「〔秘密などを〕ばらす、暴露する」という意味なので、**give oneself away**と言えば「分かりやすい人」の訳語としてふさわしいと思います。Her eyes give her away. と言えば「彼女の本心は目を見れば分かる」という意味になります。

　あるいは、wear one's heart on one's sleeveという表現を使ってShe wears her heart on her sleeve. と言ってもいいでしょう。直訳は「彼女は袖に心を付けている」ですが、つまり「気持ちや感情が誰の目にも分かるほどはっきりと表れている」ということです。

　また、read someone like a bookというイディオムもあります（☞p.251「つかみどころがない」）。本に書かれていることを読むかのごとく相手の考えが分かる、ということですね。もしI can read you like a book. と言われたら、あなたはすぐ顔に出るタイプなのかもしれません。

わが道を行く

自分の思いのままに歩む。他人の評価や意見を気にしない

A: For me, work is important, but I feel I need time for myself. Mountains and lakes are indispensable in my life.

（私にとっては仕事も大切だけど、ゆとりも必要。山と湖は人生に欠かせないね）

B: I envy you. I wish I could **lead my life in my own way**.

（うらやましい。私も自分らしくわが道を行けたらなあ）

「わが道」というとフランク・シナトラの"My Way"がすぐ思い浮かびます。ここは**lead one's life in one's own way**（自分らしく生きる）でどうでしょう？

いいと思います。「自分らしく生きたい」をさらに言えば、I want to be myself.（自分らしくありたい）、I want to stay true to myself.（自分に正直でありたい）と言い表すことも可能です。

pathあるいはroadを使った表現もありますね。walk one's own path[road]でまさしく「わが道を行く」という意味です。

「わが道を行く」は、場合によっては「自分を周囲の人に合わせない」(don't adjust who you are)、「自分を曲げない」(stand your ground) ということでもあるので、時として ネガティブな意味で用いられることもありますが…。私は嫌いじゃないですよ、「わが道を行く人」(the person who goes his[her] own way)！

和気あいあい

四字熟語

和やかな気分が満ちている様子

A: It's surprising how the atmosphere changes with new hires.
（新人が入ってくると雰囲気が変わるのが驚きだなあ）

B: I envy your department's **cheerful and productive atmosphere**.
（君の部署は和気あいあいとした雰囲気でいいね）

日本語の場合「あいあい」という言い方が彩りを添えているんですよね。「ムードが明るい」様子を形容するのはcheerfulですが、例文の場合は職場ですから、企業に求められるproductive（生産性のある）という要素をプラスしてみましょうか？

いいですね。**cheerful and productive**で、立派な褒め言葉になります。和やかなムードだからこそ生産性も上がる、ということですよね。「雰囲気」は**atmosphere**あるいはmoodどちらでもいいでしょう。

「友達と和気あいあいと過ごした」という場合なら、I had a good time with my friends. でも申し分ないですが、a good timeをa lively and fun time（賑やかで楽しいひととき）に変えると「和気あいあい」の感じがもっと出ますね。

もう一つ紹介すると、「接着剤」で知られるbondには「接合、絆」の意味もあって、bonding timeと言えば「家族や友人と絆を深める時間」のこと。I had[enjoyed, spent] some bonding time with my cousins last weekend.（先週、いとこたちと集まって和気あいあいと過ごした）のように使えます。

身体部位

脇を固める

物事がうまくいくように、周りの人間が盤石な体制で支援する

A: I'm proud that I was chosen as the leader of the project, but I'm a little worried that I don't have the required skills.
（プロジェクトリーダーに抜擢されたのは誇らしいですが、私に務まるかどうか少し不安です）

B: I'm sure everything will be fine. More-experienced team members will **support you behind the scenes**.
（大丈夫ですよ。経験豊富なメンバーが脇を固めますから）

「脇を固める」は演劇の「脇役」から来た言葉らしいですね。脇役が主役をサポートするということですから、シンプルにsupportでよさそうですね。

はい。「（脇を固める）裏方の人たち」をpeople behind the scenesと言いますから、これを応用して、**support ~ behind the scenes**と表現すれば「中心人物を引き立てながらサポートする」というニュアンスが出せるでしょう。

周囲で「脇を固める」ことができても、肝心の本人の「脇が甘い」なんてこともありますよね。この「脇が甘い」はどのように言い表せるでしょうか？　不意を突かれたとき、We were caught a little off guard.（びっくりした、ガードが甘かった）などと言いますが…。

会議でDon't let your guard down.（油断するな、気を抜くな）という表現を聞いたことがありますが、これを応用すれば、let one's guard downで「油断する、脇が甘い」という意味で使えるでしょう。

渡りに船

故事・ことわざ

困っているときに、必要なものがちょうど都合よくそろうこと

A: When I was looking for a personal tour guide in Paris, I met a friend of mine by chance. She spent the whole day showing me around the city.
（パリで個人ガイドを探していたとき、友達に偶然出会ったんです。一日かけて市内を案内してくれたんですよ）

B: You were lucky! **That was just what you needed.**
（それはラッキー！　渡りに船でしたね）

godsend（思いがけない幸運）とか、lifesaver（苦境を救ってくれる人）という言い方もありますけど、**That's just what ~ need.**（それこそまさに～が求めているもの）やThat's perfect timing!（最高のタイミングです！）の方が分かりやすいかもしれません。このように状況説明をした方がピンとくる場合もありますね。

余談ですが、昔、アメリカで運転免許を取るために路上で練習中、緊張している私に教官がHere, can I save your life?（これで苦境を救えるかしら？）と言って、Lifesaversという名前のキャンディーを差し出してくれたんです。キャンディーがリング形で、「救命具の浮き輪」（lifesaver）にちなんで名付けられているのですが、このときはまさにShe's a real lifesaver.（彼女に命を助けてもらった）と思いました。

A friend in need is a friend indeed.（必要なときにそばにいる友達こそが本当の友達）という、韻を踏んだ言葉もありますね。

はい。「渡りに船」は、「必要なものが与えられる」ということなので、needという単語が一番しっくりきます。

割に合わない

労力や元手と結果が引き合わない

A: If we increased our order by 20 percent, would you consider discounting your sales price by 10 percent?
（もし注文を20パーセント増やすとしたら、販売価格の10パーセント引き下げをご検討いただけるでしょうか？）

B: To be honest, it **doesn't pay** for us to do that.
（正直申し上げて、それをすると割に合いません）

「数字が合わない、計算［勘定］が合わない」という意味のThe numbers do not add up. という言い方を聞いたことがありますが、「割に合わない＝差し出したものと比較すると得るものが少ない」とは少しニュアンスが違うでしょうか？

うーん、割に合わないことを婉曲的に伝えたいときに「計算が違っている」という意味で使えなくもないですが、もっと直接的な言い方をした方がよさそうですね。

「もたらされる利益がない」と考えるなら、not be of any interest to ~（～に少しも益がない）でしょうか。あるいは **~ don't pay**（～は割に合わない）、It's not worth ~.（～に見合う価値がない）などのフレーズが思い浮かびます。

いいと思います。~ don't payは、My current job doesn't pay.（今の仕事は割に合わない＝大変な割に給料や成果が少ない）のように使えます。また、It's not worth ~. は、It's not worth the price.（値段に見合わない）、It's not worth doing that.（それはするに値しない）のように、worthの後にいろいろな語や節を持ってくることができます。

われ関せず

自分には全く関係がない、

知ったことではないという態度を取ること

A: Isn't Mr. Tamura's team joining this project?
（田村さんのチームは本プロジェクトに加わらないのですか？）

B: They're **showing no interest**. I expected them to be more cooperative.
（われ関せずなんです。もう少し協力的にやってくれると期待していたんですが）

「どうでもいい」という投げやり感をどう出すかですね。自分のことならI don't care.がストレート。一般的なのはhave nothing to do with ~（〜とは何も関係ない）とか、**show no interest**（関心を示さない）でしょうか？

一言で言ってしまうと、indifferent（無関心）という態度を取られたということですね。

「愛する」の反対語は「無関心」と言いますよね。

そうなんです、関心を持ってもらうことが全ての始まりです。英語の勉強でも、まずは積極的に何かとっかかりを見つけていこうという態度が大事です。「われ関せず」は語学学習にとってはふさわしくない態度ですが、ここの訳語としては柴田先生がおっしゃるようにshow no interestでいいと思います。

コラム

英語で話しているときに、日本語だったらこんな慣用表現を使うのに、と思うとき、ありますよね。この本では「ディスる」といったカジュアルな表現も含めて幅広く扱っていますが、柴田先生が活躍されているビジネスの領域では、こうした表現を英語にする際、どんな点に気を付けておられますか？

日本の文化や商慣習から来る独特の言葉ですね。例えば、「結論先にありき」「忖度する」「根回し」など。これらはそもそも外国にはない概念です。一方、「あめとむち」「机上の空論」「適材適所」のように、発想そのものは万国共通のものもあります。ただ、いずれの場合も、そのまま英語にしても意味が通じないので、そのエッセンスを簡潔に英語にするようにしています。

「和製英語」も注意が必要ですよね。「オフレコ」などは元の英語に近いまれな例ですが、ほとんどのカタカタ語は、日本語に取り入れられた外国語が元の言葉とは違った意味を持ち、日本語として独自の変化を遂げてきたものです。

revenge（復讐する）は、日本語では「リベンジ」（もう一度チャレンジする）という意味で使われるようになっていますし、他にも、tension（緊張）から来る「ハイテンション」は興奮しているという意味に進化(?)を遂げていますね。

英語と日本語で共通点があるのは、例えば身体部位に関わる表現などです。gut-wrenching（「断腸の思い」）のgutなどにはまさに共通の感覚が見られます。また、頭脳スポーツである将棋やチェスになぞらえた表現も相通じるところがあると思います。それでもやはり、社会の成り立ちや文化伝統の違いによって異なる表現をする場合があることを押さえておく必要はありますが。

英語では法律社会ならではといった例えもありますね。lay down the law（「頭ごなしに」）なんかはその一つです。動物を使う例えなんかもありますね。狐がずるいという固定観念は共通していますが、英語ではsly old fox、日本では「狸が化ける」となります。これは異文化考察にもつながり興味深いところです。

仕事をしていると知らない表現が日常的に出てきますが、言葉は本当に面白くて奥が深いと思います。読者の皆さんにも、言葉をさらに楽しみ、また、より豊かなコミュニケーションを目指していっていただきたいと願っています。

ビジネスコミュニケーションでも、「うまい！一本取られた」（Touché.）というような言葉をかけられると、それが決めの一言になることが往々にしてあります。大事なときに「決める一言」を身に付けるためにも、ぜひ本書を活用していただければと思います。

柴田真一 Shinichi Shibata

神田外語大学キャリア教育センター特任教授。NHKラジオ講座「入門ビジネス英語」講師。上智大学外国語学部ドイツ語学科卒。ロンドン大学大学院経営学修士(MBA)。みずほフィナンシャルグループ、目白大学教授・英米語学科長を経て現職。専門は国際ビジネスコミュニケーション、国際ビジネス論。著書に『英米リーダーの英語』(鶴田知佳子と共著。コスモピア)などがある。

鶴田知佳子 Chikako Tsuruta

東京女子大学教授。東京外国語大学名誉教授。会議通訳者。NHKやCNNなどの放送通訳者。日本通訳翻訳学会評議員。国際会議通訳者協会(AIIC)会員。上智大学外国語学部フランス語学科卒。コロンビア大学経営学修士(MBA)。アメリカ公認証券アナリスト(CFA)。著書に『英米リーダーの英語』(柴田真一と共著。コスモピア)、『45分でわかる!オバマ流世界一のスピーチの創りかた』(マガジンハウス)などがある。

英語で言いたい日本語の慣用表現

発行日:2020年6月25日　初版発行
著者:柴田真一、鶴田知佳子

編集:株式会社アルク　出版編集部
校閲・執筆協力:川野友里恵
校正:Margaret Stalker、Peter Branscombe、渡邉真理子
AD・デザイン:山口桂子 (atelier yamaguchi)
ナレーション:Chris Koprowski、Helen Morrison、Michael Rhys
音声編集:高木弥生

DTP:株式会社創樹
印刷・製本:図書印刷株式会社

発行者:田中伸明
発行所:株式会社アルク
〒102-0073　東京都千代田区九段北4-2-6 市ヶ谷ビル
Website:https://www.alc.co.jp/

・乱丁本、落丁本は弊社にてお取り替えいたしております。Webお問い合わせフォームにてご連絡ください。
https://www.alc.co.jp/inquiry/

・定価はカバーに表示してあります。
・製品サポート:https://www.alc.co.jp/usersupport/

本書は『英語で伝えるオジサン的ビジネス表現』(2007年アルク刊)を大幅に加筆修正し、構成およびタイトルを変えたものです。

PC: 7020006
ISBN: 978-4-7574-3639-8